中国法院2024年度案例

国家法官学院　最高人民法院司法案例研究院　/ 编

执行案例

中国法制出版社
CHINA LEGAL PUBLISHING HOUSE

《中国法院2024年度案例》通讯编辑名单

刘晓虹 北京市高级人民法院
王　凯 北京市高级人民法院
张　荷 天津市高级人民法院
徐翠翠 河北省高级人民法院
崔铮亮 山西省高级人民法院
杨智勇 内蒙古自治区高级人民法院
周文政 辽宁省高级人民法院
苏　浩 吉林省高级人民法院
王　妍 黑龙江省高级人民法院
牛晨光 上海市高级人民法院
缪　芳 江苏省高级人民法院
左一凡 江苏省高级人民法院
谷昔伟 江苏省南通市中级人民法院
宋婉龄 江苏省无锡市中级人民法院
杨　治 浙江省高级人民法院
蒋　莹 浙江省高级人民法院
刘伟玲 安徽省高级人民法院
林冬颖 福建省高级人民法院
李智芹 江西省高级人民法院
李　宁 山东省高级人民法院
张　琦 河南省高级人民法院
宋淼军 湖北省高级人民法院
黄　娅 湖北省宜昌市中级人民法院
唐　竞 湖南省高级人民法院
李　雪 广东省高级人民法院
邹尚忠 广西壮族自治区高级人民法院
韦丹萍 广西壮族自治区高级人民法院
黄文楠 海南省高级人民法院
吴　小 重庆市高级人民法院
任　梦 四川省高级人民法院
杨俊杰 云南省高级人民法院
赵鸿章 云南省昆明市中级人民法院
颜　源 贵州省高级人民法院
戚　雷 贵州省贵阳市中级人民法院
王丽萍 西藏自治区高级人民法院
郑亚非 陕西省高级人民法院
张旦旦 甘肃省高级人民法院
王　晶 青海省高级人民法院
康　莹 宁夏回族自治区高级人民法院
石孝能 新疆维吾尔自治区高级人民法院
洪超胜 新疆维吾尔自治区高级人民法院生产建设兵团分院

序

党的二十大擘画了全面建成社会主义现代化强国、以中国式现代化全面推进中华民族伟大复兴的宏伟蓝图，强调全面依法治国是国家治理的一场深刻革命，必须更好发挥法治固根本、稳预期、利长远的保障作用，在法治轨道上全面建设社会主义现代化国家。为落实习近平总书记“一个案例胜过一打文件”的重要指示精神，人民法院始终把完善中国特色案例制度，加强司法案例研究作为推进全面依法治国、支撑和服务中国式现代化的重要途径，通过发布具有普遍指导意义的典型案例，统一法律适用、提高审判质效，提升司法公信力，努力让人民群众在每一个司法案件中感受到公平正义。为更好满足社会各界和人民群众多元化司法需求，把习近平法治思想落实到人民法院审判工作全过程各方面，人民法院案例库于2024年2月27日正式上线并向社会开放，这是进一步完善中国特色案例制度的重要举措，是最高人民法院推出的新的“公共法律服务产品”。

“中国法院年度案例系列”丛书以及时记录人民法院司法审判工作新发展、新成就为己任，通过总结提炼典型案例的裁判规则、裁判方法和裁判理念，发挥案例鲜活生动、针对性强的优势，以案释法，以点带面，有针对性地阐释法律条文和立法精神，促进社会公众通过案例更加方便地学习法律，领悟法治精神，发挥司法规范、指导、评价、引领的重要作用，大力弘扬社会主义核心价值观，积极服务人民法院案例库建设，加强案例库案例研究，促进统一法律适用、提升审判质效，丰富实践法学研究，增强全民法治意识和法治素养，展现新时代我国法治建设新成就。

“中国法院年度案例系列”丛书自2012年编辑出版以来，已连续出版13年，受到读者广泛好评。为更加全面地反映我国司法审判执行工作的发展进程，顺应审判执行实践需要，响应读者需求，丛书于2014年度新增金融纠纷、行政纠纷、刑事案例3个分册，2015年度将刑事案例调整为刑法总则案例、刑法分则案例2个分册，2016年度新增知识产权纠纷分册，2017年度新增执行案例分册，2018年度将刑事案例扩充为4个分册，2022年度将土地纠纷（含林地纠纷）分册改为土地纠纷（含环境资源纠纷）分册。自2020年起，丛书由国家法官学院与最高人民法院司法案例研究院共同编辑，每年年初定期出版。在全国各级人民法院的大力支持下，丛书编委会现编辑出版《中国法院2024年度案例系列》丛书，共23册。

“中国法院年度案例系列”丛书以开放务实的态度、简洁明快的风格，在编辑过程中坚持以下方法，努力让案例书籍“好读有用”：一是高度提炼案例内容，控制案例篇幅，每个案例字数基本在3000字左右；二是突出争议焦点，尽可能在有限的篇幅内为读者提供更多有效、有益的信息；三是注重释法说理，大多数案例由法官撰写“法官后语”，高度提炼、总结案例的指导价值，力求引发读者思考，为司法审判提供借鉴，为法学研究提供启迪。

“中国法院年度案例系列”丛书编辑工作坚持以下原则：一是以研究案例库案例为首要任务。自今年起，“中国法院年度案例系列”丛书优先选用人民法院案例库案例作为研究对象，力求对案例库案例裁判要旨的基本内涵、价值导向、法理基础、适用要点等进行深入分析，增强丛书的权威性、参考性。二是广泛选编案例。国家法官学院和最高人民法院司法案例研究院每年通过各高级人民法院从全国各地法院汇集上一年度审结的典型案例近万件，使该丛书有广泛的精选基础，通过优中选优，可提供给读者新近发生的全国各地多种类型的典型性、疑难性案例。三是方便读者检索。丛书坚持以读者为本，做到分卷细化，每卷案例主要根据案由（罪名）分类编排，每个案例用一句话概括裁判规则、裁判思路、裁判理念、裁判方法或焦点问题作为主标题，让读者一目了然，迅速找到目标案例。

中国法制出版社始终全力支持“中国法院年度案例系列”丛书的出版，给了编者们巨大的鼓励。2024年，丛书将继续提供数据库增值服务。购买本书，扫描前勒口二维码，即可在本年度免费查阅往年同类案例数据库。我们在此谨表谢忱，并希望通过共同努力，逐步完善，做得更好，探索出一条充分挖掘好、宣传好人民法院案例库案例和其他典型案例价值的新路，为广大法律工作者和社会公众提供权威、鲜活、精准的办案参考、研究素材，更好地服务司法审判实践、服务法学教育研究、服务法治中国建设。

“中国法院年度案例系列”丛书既是法官、检察官、律师等法律工作者的办案参考和司法人员培训辅助教材，也是社会大众学法用法的经典案例读本，同时也为教学科研机构开展案例研究提供了良好的系列素材。当然，编者们在编写过程中也难以一步到位实现最初的编写愿望，客观上会存在各种不足甚至错误，欢迎读者批评指正。我们诚心听取各方建议，立足提质增效，不断拓宽司法案例研究领域，创新司法案例研究方法，助推实现中国特色司法案例研究事业的高质量发展。

国家法官学院　最高人民法院司法案例研究院

2024 年 5 月

目　录

Contents

一、对不动产的执行

二、对动产的执行

三、对金钱和账户的执行

四、对债权的执行

五、特殊情况下的执行

六、执行期限

一、对不动产的执行

1

比例原则在拍卖被执行人唯一住房中的适用

——朱某与覃某执行异议案

【案件基本信息】

1. 裁判书字号

广西壮族自治区柳州市中级人民法院（2022）桂02执复60号执行裁定书

2. 事由：执行异议

3. 当事人

复议申请人（案外人）：朱某

被执行人：覃某

【基本案情】

2013年4月10日，案外人朱某与被执行人覃某共同以办理银行按揭方式购买位于柳州市某小区9幢1单元801室房屋一套，房屋面积98.23平方米，总购买金额为489081元，购买时首付为总价款的30.07%，总房款的69.93%即342000元办理银行按揭贷款。该房屋为案外人朱某与被执行人覃某的唯一不动产。案外人朱某与被执行人覃某育有三名子女，其中两名未成年子女就读于附近学校。

2021 年 12 月 29 日，广西壮族自治区柳州市柳南区人民法院（以下简称柳南法院）以销售伪劣产品罪，判处覃某有期徒刑一年，并处罚金 6 万元。因覃某未能支付罚金，柳南法院刑事审判庭移送强制执行。

法院在执行被执行人覃某罚金一案中，裁定查封案涉 801 室房屋，并作出（2022）桂 0204 执 445 号执行裁定书，裁定对案涉 801 室房屋进行拍卖。案外人朱某对柳南法院查封、拍卖裁定不服，向柳南法院提出执行异议，主张案涉房屋是其与覃某共有，且为其家庭唯一住房，要求解除对案涉 801 室房屋的查封及停止拍卖。

柳南法院经审查作出（2022）桂 0204 执异 37 号执行裁定书，认为虽案涉 801 室的不动产登记在覃某及朱某二人名下，案涉房屋为其二人共有，但案涉房屋系不可分割之物，根据《最高人民法院关于人民法院民事执行中查封、扣押、冻结财产的规定》第十二条第一款："对被执行人与其他人共有的财产，人民法院可以查封、扣押、冻结，并及时通知共有人"的规定，法院对覃某享有部分所有权的房屋采取执行措施并无不当，朱某可基于共有人身份主张优先购买权及其他权利，但其基于共有人身份享有的权利并不能排除执行。另外，参照《最高人民法院关于人民法院办理执行异议和复议案件若干问题的规定》第二十条第一款第三项的规定，案涉房屋即便系覃某、朱某的唯一住房，在保障被执行人及所扶养家属维持生活制定相应安置方案后，仍可对案涉房屋采取执行措施。据此，柳南法院裁定驳回案外人朱某的异议请求。

案外人朱某对（2022）桂 0204 执异 37 号执行裁定不服，向广西壮族自治区柳州市中级人民法院提起复议。广西壮族自治区柳州市中级人民法院经审查，作出（2022）桂 02 执复 60 号执行裁定书，裁定：中止（2022）桂 0204 执 445 号执行裁定对案涉 801 室房产的拍卖。

【案件焦点】

拍卖被执行人名下唯一住房时，应当根据比例原则，审查拍卖的适当性、必要性及衡量性，找准利益平衡点，避免过度执行。

【法院裁判要旨】①

广西壮族自治区柳州市中级人民法院经审理认为：根据《最高人民法院关于人民法院民事执行中查封、扣押、冻结财产的规定》第四条规定："对被执行人及其所扶养家属生活所必需的居住房屋，人民法院可以查封，但不得拍卖、变卖或者抵债。"复议申请人主张案涉房屋是其与被执行人在婚姻存续期间购买的，属于夫妻二人平均共有的唯一生活住房，二人无其他房产，案涉房屋日常居住人为被执行人、申请人及其3个未成年子女，其中两个未成年子女就近入读于当地学校，是一家5口人生活必需的唯一住所。案涉房屋套内面积为98.23平方米，总房款的69.93%需银行按揭，案涉房屋是保障复议申请人和被执行人及其共同扶养家属最低生活标准所必需的居住房屋和普通生活必需品。鉴于该案涉房屋系复议申请人生活必需的唯一住所、房屋面积小、实际出资价值低和银行按揭等实际，如拍卖处置，支付银行按揭和复议申请人50%的相应份额后，再作出保障被执行人及所扶养家属维持生活的安置方案，所剩无几，可能无法执行6万元的罚金。另需执行的违法所得27000元，没有证据显示用于复议申请人和被执行人2013年购买的案涉房屋，现被执行人覃某已刑满释放，可中止拍卖行为，由被执行人提供执行担保或做出其他履行方案。复议申请人对执行标的案涉房屋解除查封、拍卖的理由部分成立。法院对复议申请人主张案涉房屋为其和被执行人及所扶养家属生活所必需的居住房屋中止拍卖的主张予以支持，对解除查封案涉房屋的主张不予支持。

广西壮族自治区柳州市中级人民法院依照《最高人民法院关于人民法院民事执行中查封、扣押、冻结财产的规定》第四条，《最高人民法院关于刑事裁判涉财产部分执行的若干规定》第十四条、第十六条，《最高人民法院关于人民法院办理执行异议和复议案件若干问题的规定》第八条、第十七条、第二十四条之规定，裁定如下：

中止（2022）桂0204执445号执行裁定对案涉801室房产的拍卖。

---

① 本书【法院裁判要旨】适用的法律法规等条文均为案件裁判当时有效，下文不再对此进行提示。

【法官后语】[①]

根据《最高人民法院关于人民法院办理执行异议和复议案件若干问题的规定》第二十条之规定，金钱债权执行中，符合特定情形的，被执行人以执行标的系其本人及所扶养家属维持生活必需的居住房屋为由提出异议的，人民法院不予支持。其中第三种情形为“申请执行人按照当地廉租住房保障面积标准为被执行人及所扶养家属提供居住房屋，或者同意参照当地房屋租赁市场平均租金标准从该房屋的变价款中扣除五至八年租金的”。

该条规定打破了“被执行人唯一住房不得执行”的误区，但同时有使得执行法院以此为依据，对案外人以唯一住房为由的异议申请一概予以驳回的风险。本案中，柳南法院在（2022）桂0204执异37号执行裁定书中亦依据该条规定，认为在保障被执行人及所扶养家属维持生活制定相应安置方案后，仍可对案涉房屋采取执行措施。

然而，基于被执行人的生存权高于债权这一权利顺序原则，人民法院在执行被执行人名下唯一住房时，应当坚持比例原则，强制执行的同时，最大限度减少对被执行人权益影响。对此，应当从以下三个方面进行审查：

1. 适当性原则。在执行程序中，适当性原则要求执行措施的选取必须达到满足执行标的到位之目的。本案为罚金类执行案件，能够对被执行人财产包括不动产在内予以变现从而支付罚金，是本案所有执行行为的目的。案涉房屋面积为98.23平方米，参照同地段小区房屋一般市场价格，案涉房屋仅价值45万元左右，扣除案外人朱某所共有的50%份额以及银行抵押贷款后，所剩无几。同时，在近年来房地产市场持续低迷的背景下，二手房价格偏低，法拍房屋常见以70%评估价二拍交易甚至以更低价格变卖处置的情形。如对案涉房屋拍卖处置，极大可能无法留有剩余价值予以支付罚金。故拍卖案涉房屋难以实现执行到位的执行目的。

---

① 本书【法官后语】对此类法律问题涉及的法律法规等内容进行了时效性更新，下文不再对此进行提示。

2. 必要性原则。要求所选择的执行措施必须对债务人造成的侵害最小，也即最小手段原则。本案中，被执行人覃某于2022年6月29日刑满释放，其具有劳动获取收益的能力。对于罚金，可通过其提供执行担保或做出分期履行等其他履行方案予以支付。覃某在执行异议程序中，亦承诺以工作收入分期支付罚金。因此在选择执行财产时，应当遵循必要性原则，选择其他替代执行措施，减少对被执行人权益的侵害。

3. 衡量性原则。即狭义比例原则，要求执行措施不仅满足适当性和必要性原则，而且要求所采取的执行措施给公民造成的权利损害与所欲达成的目的之间均衡。本案中，拍卖案涉房屋的目的为支付6万元罚金，金额与房屋总价值相比相对较小，但拍卖案涉房屋将严重危及覃某及其家人的生存权及受教育权。案涉801室房屋为案外人朱某与被执行人覃某及其三名子女的唯一住房，面积仅为98.23平方米，人均面积未超过当地人均住房面积的60%，且其中两名未成年子女就近就读。如拍卖案涉房屋，将直接危及其五人的居住生存及未成年人的学习教育。因此，拍卖案涉房屋以支付罚金的目的，与拍卖行为给覃某及其家人造成的权利损害之间不成比例。

"有恒产者有恒心"，人民法院在执行过程中应当强化善意文明执行理念，严格规范公正保障各方当事人合法权益；坚持比例原则，找准双方利益平衡点，避免过度执行。

编写人：广西壮族自治区柳州市柳南区人民法院　邓媛

2

没有订立书面合同，夫妻一方接受父母赠与登记在一方名下的不动产不宜认定为夫妻共同财产

——林某媛诉廖某峰执行异议之诉案

【案件基本信息】

1. 裁判书字号

广西壮族自治区贵港市港北区人民法院（2022）桂0802民初6164号民事判决书

2. 案由：执行异议之诉

3. 当事人

原告：林某媛

被告：廖某峰

第三人：廖某斌

【基本案情】

林某媛是林某祥之女，与廖某斌是夫妻关系，双方于2012年10月24日登记结婚。2015年，某房地产公司的楼盘推出“1套住宅+1个车位”的购房团购活动，活动要求购房者按时到富某公司缴纳住宅定金60000元、车位定金20000元。林某祥如期在3月21日从银行领取8万元现金交款至富某公司，富某公司出具收款凭证并记载付款人为：林某媛。2015年5月12日，林某媛与富某公司签订《商品房预售合同》，约定林某媛购房款总价为488397元，扣除定金60000元外，余款428397元均由林某祥通过银行转账的方式分三次转账至富某公司的银行账户。2019年10月8日，林某媛与富某公司签订了《商品房

买卖合同》，约定林某媛购买地下室负2层B657号车位，总价款为80000元，扣除定金20000元外，余款60000元是由林某祥通过银行转账的方式于2016年12月18日转账至富某公司的银行账户。2020年7月30日，林某媛与富某公司签订了《商品房买卖合同》，约定林某媛购买地下室负2层B711号车位，总价款为39500元。该车位款亦是由林某祥通过银行转账的方式于2020年7月11日转账至富某公司的银行账户。以上房屋及两个车位均登记在林某媛名下，共有情况为单独所有。

2022年3月9日，廖某斌因与廖某峰之间存在民间借贷纠纷，法院于2022年3月9日作出（2021）桂0802民初6503号《民事判决书》，判决廖某斌偿还廖某峰借款本金156940元及利息。因廖某斌拒不履行法定义务，廖某峰遂向法院申请强制执行。法院2022年5月16日作出（2022）桂0802执1278号之二《执行裁定书》，认定登记在林某媛名下的案涉房屋以及车位属于林某媛与廖某斌的共有财产。法院又于2022年5月31日作出（2022）桂0802执1278号之三《执行裁定书》，裁定拍卖案涉房屋以及车位。林某媛于2022年8月3日向法院提出执行异议，后被法院驳回，2022年9月23日林某媛遂向法院提起执行异议之诉。

【案件焦点】

案涉房屋及车位是林某媛的父亲赠与其个人所有，还是其与丈夫廖某斌共同所有，是否应当执行。

【法院裁判要旨】

广西壮族自治区贵港市港北区人民法院经审理认为：根据《中华人民共和国民法典》第一千零六十三条规定："下列财产为夫妻一方的个人财产：……（三）遗嘱或者赠与合同中确定只归一方的财产……"《最高人民法院关于适用〈中华人民共和国民法典〉婚姻家庭编的解释（一）》第二十九条第二款规定："当事人结婚后，父母为双方购置房屋出资的，依照约定处理；没有约定或者约定不明确的，按照民法典第一千零六十二条第一款第四项规定的原则处理。"

本案中，林某媛提供的《团购协议书》、《商品房预售合同》、《商品房买卖合同》、林某祥的银行转账、支付流水证明等证据，足以证实林某媛购买案涉房屋及车位的所有款项均系其父亲林某祥支付，林某祥亦作为证人到庭作证，明确其系赠与林某媛个人所有。虽然林某媛与林某祥未签订书面的赠与合同，但根据物权公示原则，案涉房屋及车位登记在林某媛名下且明确为其单独所有，应视为林某祥赠与林某媛个人所有，属于林某媛的个人财产。廖某斌拖欠廖某峰的借款系其个人债务，并非夫妻共同债务，林某媛作为案涉房屋及车位的权利人，其权利真实合法，有权要求排除执行，故法院依法支持原告要求停止执行案涉房屋及车位的主张。廖某峰抗辩林某祥的资金来源不明、不能证明系其真实出资以及林某祥没有足够的赠与意思表示，与法院查明事实不符，法院依法不予采纳。

综上，依照《中华人民共和国民法典》第一千零六十三条、《最高人民法院关于适用〈中华人民共和国民法典〉婚姻家庭编的解释（一）》第二十九条第二款、《最高人民法院关于人民法院办理执行异议和复议案件若干问题的规定》第二十四条、《最高人民法院关于适用〈中华人民共和国民事诉讼法〉的解释》第三百一十条的规定，判决如下：

不得执行登记在原告林某媛名下的案涉房屋和车位。

【法官后语】

由于执行法律关系纷繁复杂，在执行过程中可能会侵犯部分案外人的合法权益，执行异议之诉正是法律对于案外人的保护和救济途径。在案由分类中，执行异议之诉属于特别诉讼一类。本案的实质是在执行异议之诉程序之下确认房屋的所有权问题，以此排除人民法院对房屋、车位的强制执行。

夫妻关系存续期间的劳务报酬、投资收益、继承或者受赠的财产一般认为均属于夫妻共同财产范畴，但《中华人民共和国民法典》第一千零六十三条第三项规定的除外。该法条规定："下列财产为夫妻一方的个人财产：……（三）遗嘱或者赠与合同中确定只归一方的财产"。本案最大的争议焦点就来源于此，未提供有效的书面赠与合同导致缺乏明确的赠与夫妻一方的意思表示，赠与合同缺乏有效要件不能成立。对于父母为婚内子女赠送房屋，其所有权究竟应当认定为夫妻一方财产还是夫妻共同财产，这是审判实践中的一大难点问题。

要明确这个问题，就要对《中华人民共和国民法典》出台前，《中华人民共和国婚姻法》及其司法解释有个清晰的认识。在《中华人民共和国民法典》出台前，《中华人民共和国婚姻法》第十八条第三款、《最高人民法院关于适用〈中华人民共和国婚姻法〉若干问题的解释（二）》第二十二条、《最高人民法院关于适用〈中华人民共和国婚姻法〉若干问题的解释（三）》第七条第一款均对父母赠与婚内子女不动产有着明确的规定，确立以登记认定父母赠与意思表示的裁判规则，即父母所赠不动产，且登记在一方名下的，应视为子女一方的个人财产。

本案在司法审判实践中值得总结的审理要点主要有几个方面：

一、赠与合同可以口头形式约定

由于赠与合同属于不要式合同，法律并不要求赠与合同双方签订书面合同，也可以口头的方式约定。虽然赠与合同可以口头方式约定，但是在一些案件中赠与方与受赠方很难举证自己的赠与意图与接受赠与意思表示。就本案而言，还必须查明合同履行过程中出资来源与受赠物的公示效力，综合判断不动产所有权归属问题。

二、明确出资来源

在执行环节，部分夫妻为了逃避执行义务，往往会隐瞒、转移共同财产，房屋作为主要的共同财产，则是隐瞒、转移的重点。因此，在没有书面赠与合同的情况下，认定房屋是否为父母赠与子女一方的个人财产，则要明确具体的出资方。本案中原告出具了由其父亲账户转账给富某公司的购房款及车位款，能够反映出其赠送房屋及车位的真实意图，符合证据证明标准，可以认定房屋出资系原告父亲真实意思表达。

三、不动产登记在夫妻一方名下

登记外观主义是不动产物权变动最典型的特征之一，受赠房屋登记在夫妻一方名下，具备了个人独立享有特定物权的公示效力，这种效力具有排他性，是个人享有不动产物权的标志。如受赠房屋登记在夫妻双方名下，则不动产性质就会转为共同共有，应当认定为夫妻共同财产。

编写人：广西壮族自治区高级人民法院　杨晓宁

3

以物抵债取得房产的实际控制人符合一定条件可以排除房产执行

——王某水、张某军诉王某德等案外人执行异议之诉案

【案件基本信息】

1. 裁判书字号

浙江省台州市中级人民法院（2023）浙10民终34号民事判决书

2. 案由：案外人执行异议之诉

3. 当事人

原告（上诉人、案外人）：王某水、张某军

被告（被上诉人、申请执行人）：王某德

被告（被上诉人、案外人）：黄某章、葛某勇、黄某霞、王某芳、葛某妮

【基本案情】

被告黄某章、王某芳系夫妻关系，黄某章、黄某霞系父女关系。原告王某水、张某军与被告黄某章原系合伙关系，后原告王某水、张某军退伙，被告黄某章应支付给两原告退伙款100万元。因没有能力支付，故由两原告与被告葛某勇、黄某霞于2013年9月9日签订《立改套房屋买卖协议书》，协议约定葛某勇、黄某霞自愿将其所有在温某市某药厂内（系前某村立改套）的两间房屋（约240平方米）转让给两原告所有，转让价格为100万元，后续转让房屋的建

设费用、相关配套费用及转让费用由原告支付。被告葛某勇、黄某霞并向两原告出具收条一份，载明："今收到王某水、张某军购买城东街道前某村立改套房款壹佰万元整"，但该100万元两原告并未实际支付。协议签订后，两原告陆续支付了后续的建房款。现被告黄某章、葛某勇、黄某霞、王某芳、葛某妮在前某村分配的两套不动产（即本案案涉不动产）现由两原告占有使用。2022年3月2日，被告葛某勇、黄某霞、王某芳、葛某妮签署了约定书，自愿放弃对案涉两套不动产的共有权。现两套案涉不动产登记在被告黄某章名下。

另查明，王某德与黄某章民间借贷纠纷一案，法院于2021年12月6日作出（2021）浙1081民初11181号民事判决书，判令黄某章偿还给王某德借款106万元及利息。判决生效后，因黄某章未履行付款义务，王某德向法院申请执行。法院于2022年2月21日立案执行。在执行过程中，法院于2022年3月3日依法裁定查封案涉房产。原告于2022年5月16日提出执行异议，要求停止对案涉不动产的强制执行。法院于2022年5月23日作出（2022）浙1081执异62号执行裁定，裁定驳回原告的异议请求。原告不服该裁定，向法院提起案外人执行异议之诉。

再查明，浙江省温岭市人民法院于2021年12月27日作出（2021）浙1081民初9812号民事判决书，判决确认两原告与被告黄某章、葛某勇、黄某霞于2013年9月9日签订的《立改套房屋买卖协议书》有效。被告黄某章、葛某勇、黄某霞不服，提起上诉，浙江省台州市中级人民法院于2022年4月18日作出（2022）浙10民终374号民事判决书，判决驳回上诉，维持原判。

【案件焦点】

原告对案涉房产是否享有足以排除强制执行的民事权益。

【法院裁判要旨】

浙江省温岭市人民法院经审理认为：本案的主要争议焦点为原告对案涉房产是否享有足以排除强制执行的民事权益。第一，根据不动产物权登记生效主义原则，原告与被告签订的《立改套房屋买卖协议书》虽被确认合法有效，但案涉房产仍登记在被告黄某章名下，故案涉房产的所有权人仍为被告黄某章，原告仅享有债权性质的过户请求权。故对原告要求确认案涉房产及其车位权益归其所有的诉请，法院不予支持。第二，《最高人民法院关于人民法院办理执行异议和复议案件若干问题的规定》第二十八条对物权期待权作了规定，但作为对抗执行的民事权益的特殊规定，其适用范围相对有限，只有在买受人与登记物权人在查封前签订合法有效的买卖合同、合法占有房屋并支付全部购房款、因不能归责于买受人的客观原因不能办理过户登记时才能适用。具体到本案，原、被告签订的《立改套房屋买卖协议书》的目的是消灭被告黄某章欠原告的退伙款债务，并非单纯的房屋买卖，案涉房产的交付仅是以物抵债的实际履行方式，在完成房产变更登记前，以物抵债即使被认定合法有效也不形成优于其他债权的利益，在执行异议之诉中对此予以保护，将破坏债权平等受偿原则。故本案并不适用于《最高人民法院关于人民法院办理执行异议和复议案件若干问题的规定》第二十八条的规定，故对原告要求停止执行案涉房产及协助办理变更登记的诉请，法院不予支持。至于原告提起的关于撤销被告葛某勇、黄某霞、王某芳、葛某妮无偿放弃案涉房产份额的行为的诉请，因该项诉请并不在执行异议之诉的审理范围内，故法院在本案中不作处理。综上，原告就案涉不动产不享有足以排除强制执行的民事权益。依照《中华人民共和国民事诉讼法》第二百三十四条和《最高人民法院关于适用〈中华人民共和国民事诉讼法〉的解释》第三百一十条第一款第二项规定，判决如下：

驳回原告王某水、张某军的诉讼请求。

原告王某水、张某军不服，向浙江省台州市中级人民法院提起上诉，浙江省台州市中级人民法院经审理认为：案外人执行异议之诉，案外人应当提出排除对执行标的执行的诉讼请求，在此基础上，可以同时请求确认其对执行标的主张的实体权利。《最高人民法院关于适用〈中华人民共和国民事诉讼法〉的解释》第三百零五条规定，案外人提起执行异议之诉的，以申请执行人为被告。被执行人反对案外人异议的，被执行人为共同被告；被执行人不反对案外人异议的，可以列被执行人为第三人。本案一审中，上诉人王某水、张某军起诉被上诉人葛某勇、黄某霞、王某芳、葛某妮，提起第二项、第三项、第四项诉讼请求，不符合案外人执行异议之诉的起诉条件，应驳回起诉。王某水、张某军起诉王某德、王某章主张停止对案涉房产执行，确认案涉房产分别为两上诉人所有，属于本案审理范围。因此，本案争议焦点为：案涉房产能否确认为张某军、王某水所有，两上诉人是否享有可以排除案涉房产强制执行的民事权益。

一、关于案涉房产能否确认为张某军、王某水所有。《中华人民共和国物权法》[①] 第九条和《中华人民共和国民法典》第二百零九条均规定，不动产物权的设立、变更、转让和消灭，经依法登记，发生效力；未经登记，不发生效力，但是法律另有规定的除外。本案两上诉人因与王某章等人交易而受让案涉房产，取得案涉房产所有权应当依法登记。现尚未办理过户登记，两上诉人主张确认案涉房产为其所有，于法无据。

二、关于两上诉人是否享有可以排除案涉房产强制执行的民事权益。根据立改套房屋买卖协议书等证据，两上诉人与黄某章等人约定案涉房屋转让价格100万元的同时，约定后续房屋建造费用等由两上诉人支付。两上诉人已实际支付房屋建造费用72多万元。虽然当时两上诉人与黄某章等人将购房款100万元与合伙结算债务100万元相抵，但房屋买卖的合同目的并非仅为“以房抵债”。案涉房屋为两上诉人摇号选取、装修并入住多年，结合两上诉人在案涉房产被查封前积极主张不动产权过户登记等案情，二审中两上诉人严格按照合同约定向执行法院缴纳100万元，可以认定两上诉人对案涉房产享有的权利与《最高人民法院关于人民法院办理执行异议和复议案件若干问题的规定》第二十八条的规定相符。因此，两上诉人对案涉房产的权利可以排除本案执行。

综上所述，王某水、张某军的上诉请求部分成立，一审判决结果予以纠正。依照《中华人民共和国民事诉讼法》第一百七十七条第一款第二项、《最高人民法院关于适用〈中华人民共和国民事诉讼法〉的解释》第三百一十条第一款第一项之规定，判决如下：

---

① 该法已被废止。

一、撤销浙江省温岭市人民法院（2022）浙1081民初5974号民事判决；

二、不得执行案涉房产；

三、驳回上诉人王某水、张某军的一审其他诉讼请求。

【法官后语】

金钱债权执行中，债权人对通过以物抵债方式实际占有房屋，已按合同约定支付部分价款并将剩余价款按人民法院要求交付执行并已实际控制该房屋，且非因自身原因未办理过户登记的，其享有的物权期待权能否排除执行？实践中对适用《最高人民法院关于人民法院办理执行异议和复议案件若干问题的规定》（以下简称《执行异议和复议规定》）第二十八条存在分歧，原因是未将该规定第二十六条至第二十九条进行系统解释，笔者拟作梳理，为统一裁判尺度抛砖引玉。①

一、《执行异议和复议规定》第二十八条规定的不动产，是否包括以物抵债方式取得的房屋

对于登记在被执行人名下的不动产，是否为一般意义的不动产？抑或通过交易取得的不动产？要厘清范围，应结合《执行异议和复议规定》的第二十七条、第二十九条进行体系解释。第二十七条的适用对象是设定了担保物权等优先受偿权的不动产，第二十九条适用的对象是登记在被执行的房地产开发企业名下的商品房。判断第二十八条、第二十九条是否属于第二十七条但书规定的例外情形，是第二十八条不动产范围的重要基础。

《执行异议和复议规定》第二十八条规定的不动产范围在执行实践中存在两种观点。一种观点认为，《中华人民共和国民法典》未规定物权期待权，第二十八条之所以要保护这种法理上的权益，其核心在于保护买受人的居住利益，系对生存权利的特别关注，故不动产应限定为居住用房，且通常系交易取得。如果系

① 金钱债权执行中，买受人对登记在被执行人名下的不动产提出异议，应当符合下列情形：一是在人民法院查封之前已签订合法有效的书面买卖合同；二是在人民法院查封之前已合法占有该不动产；三是已支付全部价款，或者已按照合同约定支付部分价款且将剩余价款按照人民法院的要求交付执行；四是非因买受人自身原因未办理过户登记。

争不动产非以居住为目的通过交易取得，而是在债权债务关系中，通过以物抵债的方式取得，其本身具有生产、经营属性，对此类不动产不宜作出优先保护。[①]另一种观点认为，不动产应理解为一般意义上的不动产，对取得的方式不应作过多的限制，在范围的解释上不应做限缩解释。法条文义上并未明确将执行标的限定为交易取得的居住用房，那么通过以物抵债方式取得的房屋也应当符合第二十八条规定的不动产。[②]

本案的典型意义在于系争不动产的取得方式非为传统交易模式，而是非常态的以物抵债行为，取得方式是否对排除执行的范围产生影响，是本案值得思考和探究的关键。据前述两种观点，将得出截然不同的结果。本案裁判认为不动产的范围不应限定为以交易方式取得的居住用房，而应为一般意义的不动产，且对其取得方式不应作限缩解释，只需符合《执行异议和复议规定》第二十八条规定的四项要件，即可排除执行。首先，从文义解释出发，《执行异议和复议规定》第二十八条中的不动产无任何限制性定语，物权期待权也未限定在生存价值基础上，故理解为一般意义上的不动产更为妥当。其次，从体系解释出发，若限定为以交易取得的居住用房，会与《执行异议和复议规定》第二十九条的规定存在逻辑上冲突，即《执行异议和复议规定》第二十九条明确限定对象为商品房，结合该条第二款所购商品房系用于居住且买受人名下无其他用于居住的房屋来看，背后所保护的法益应是消费者的生存权利，若《执行异议和复议规定》第二十八条限缩为居住用房，则没有分开规定的必要，而实际上两条规定排除执行的情形有明显差异。最后，从目的解释来看，《执行异议和复议规定》第二十八条中的表述未限制买受方式，不宜私自认为立法上将买受人限缩解释为交易买受人。持限缩观点的认为，非以交易方式取得的住宅用房，其目的并非为居住，保护位阶应与普通金钱债权无异，尤其是以物抵债方式取

① 此类观点比较有典型意义的判决是北京市第三中级人民法院（2019）京03民终3113号民事判决书。

② 最高人民法院（2020）最高法民申7026号等系列案件民事裁定书、新疆维吾尔自治区高级人民法院伊犁哈萨克自治州分院（2021）新40民终148号民事判决书持此类观点。

得的房屋，更是商业经营行为。从《执行异议和复议规定》第二十八条立法目的来看，物权期待权赋予符合法定条件的买受人对不动产的物权期待权以排除执行的效力，其目的是保护无过错不动产买受人的物权期待权，既然买受的方式并未明确限制，以物抵债方式取得的不动产，在满足了《执行异议和复议规定》第二十八条规定的四要件的情况下，其保护位阶仍然可优先于普通金钱债权。

二、名为买卖协议，实为以物抵债协议的，能够排除执行

《执行异议和复议规定》第二十八条的第一个要件是"在人民法院查封之前已签订合法有效的书面买卖合同"，那么，若名为买卖协议，实为以物抵债的，买受人提出异议，能否排除执行？

在执行实践中，两种观点皆而有之，一种观点认为，签订合法有效的书面买卖合同是充分必要条件，如果双方没有签订合法有效的书面买卖合同，则不符合排除执行的第一要件，买受人的物权期待权不应保护。① 另一种观点认为，买卖合同不仅包括合法有效的书面买卖合同形式，也包括其他以取得房屋为目的的以物抵债合同形式，仅因为不是以传统交易而是以以物抵债形式取得房屋，就对受让人要求排除执行的申请不予支持，有失公平。② 笔者认为，《中华人民共和国民法典》第四百六十九条第一款规定，"当事人订立合同，可以采用书面形式、口头形式或者其他形式"。房屋买卖亦未限定必须以传统的交易方式取得，在传统交易方式以外，通过其他方式取得的是否合法，如果仅仅依据是否存在传统交易形式的书面买卖合同就直接判断能否排除执行则过于机械。在本案中，结合双方陈述的以物抵债行为和双方签订的买卖协议，其偿债行为的真实性没有异议。在拆迁安置房屋建好后，黄某章出具书面委托书，由王某水等人直接参与住房分配抓阄选房，确定房号

---

① （2020）黔27民初71号民事判决书、（2020）渝01民终6号民事判决书、（2021）粤1802执异19号持此类观点，以上案例均来自中国裁判文书网。下文无特别说明的，都来自中国裁判文书网。

② （2021）陕01执异926号民事判决书持此类观点。

后，王某水等人对房屋进行装修并实际居住至今，那么即便王某水等人取得房屋的方式并非传统意义的交易行为，但其取得房屋的目的仍然是居住，与《执行异议和复议规定》第二十八条保护的生存权利并无不同，应当视为具备进一步排除执行的必要条件。

三、合法占有以实际居住还是实际控制为标准

合法占有一般理解为对不动产的合法管理和支配。在实践中，实际占有不动产并支付全部价款的，一般没有争议。但对于实际控制而未实际居住的，存在分歧。一种观点认为，仅签订房屋买卖合同或者签署房屋交接确认书，不能提供其他证据证明实际占有房屋的，不宜被认定为合法占有。① 另一种观点认为，占有即为管理和支配，拿到房屋的钥匙、办理物业的入住手续，即使并未实际居住，也应视为对房屋有了事实上的管理和支配权。② 笔者认为，《执行异议和复议规定》第二十八条规定的第二个要件，重点在于判断合法占有是否成立。合法占有的表述没有以实际入住或使用作为占有的唯一必要条件。其一，占有的应然之义包含直接占有和间接占有，只要其占有是合法的，无论买受人是直接占有还是间接占有，都符合《执行异议和复议规定》第二十八条规定的第二个要件，对于占有的外观判断，应以实际控制为标准，无论是否实际居住，只要买受人能够证明其已经取得事实上的管理和支配权即可。其二，合法占有分歧较大的还有一种情形，即房屋未经竣工验收即实际交付买受人占有，能否理解为《执行异议和复议规定》第二十八条规定的合法占有？根据《中华人民共和国建筑法》第六十一条第二款、《建设工程质量管理条例》第十六条第二款的规定，建设工程竣工经验收合格后方可交付使用，未经验收或者验收不合格的，不得交付使用。但现实生活中，未经竣工验收合格即交付买受人实际使用的情况也时有发生，这种情况下的占有能否认定为合法占有，存在较大争议。

---

① （2020）粤质 01 民终 20630 号民事判决书持此类观点。

② 江必新、刘贵祥主编的《最高人民法院关于执行异议和复议案件若干规定的理解和适用》第 424 页、（2016）最高法民申 2736 号民事裁定书、（2019）最高法民申 2261 号民事裁定书持此类观点。

经梳理最高院近两年裁判，发现有一种倾向性观点，即案外人对未经竣工验收即实际占有的不动产享有《执行异议和复议规定》第二十八条规定的足以排除执行的民事权益。[①] 笔者认为，实践中有大量房屋买卖合同签订后无法过户的情形，根本原因在于开发商开发的房屋无法通过竣工验收，买受人对此没有过错，倘若以开发商的过错去评价买受人占有的合法性，并据此认定此类情形不能排除执行，那么买受人的合法权益难以得到保护，于社会而言，亦显失公平。

四、价款支付的比例是否应超过合同约定总价款的50%

全款支付价款的一般争议不大，没有支付任何价款或支付了部分价款的，买受人能否排除执行存在争议。价款支付问题，应从两方面考虑：其一，从文义解释出发，买受人没有支付任何价款的，即使按照法院要求将全部价款交付执行，也不符合规定；其二，只要部分履行，即使不足50%，只要将剩余价款按法院要求交付执行的，也符合规定。

系争房屋的约定抵价款是100万元，全部系股份欠款抵价，但无据可查，实践中应作如下判断：首先，受让人主张全部价款以债务折抵，能否认定符合条件？王某水等人与黄某章等人存在合伙关系，在退伙结算后，双方的退伙款是否为100万元，外部第三人难以知晓，结合系争房屋的地基价值，双方之间存在债权债务关系应当可以认定，至于是否为100万元，目前难以确认。结合王某水等人支付的建房款72万元，2019年至2021年物业费7286元，确定双方就债务抵扣的客观存在，符合盖然性规则，价款已实际付清应当予以认定。其次，考虑系争房屋价值涨幅较大，受让人按法院要求将有争议的价款交付执行，那么无论本案价款是否全部支付，受让人均已按规定补足价款，符合《执行异议和复议规定》第二十八条第三个要件。

值得思考的是，若无支付任何价款，买受人愿意将全部价款交付执行的，是否符合第三个要件？如果申请执行人同意，无价款支付的买受人能否排除执

---

① （2020）最高法民申7026号系列案件民事裁定书、（2020）最高法民申4346号系列案件民事裁定书、（2019）最高法民申5659号系列案件民事裁定书、（2019）最高法民申1562号民事裁定书持此类观点。

行？《执行异议和复议规定》第二十九条有50%的限制，《执行异议和复议规定》第二十八条的部分履行是否也受到50%的约束？

买受人合法占有房屋，却没有支付任何价款有悖于日常交易习惯，要求有部分价款支付更能证明交易的真实性。前两个问题，实际上是伪命题，买受人没有支付任何价款，又实际支付全部价款交付执行，于申请执行人而言，执行清偿和交付价款清偿，在结果上无差异，在不损害国家、集体、第三人利益的情况下，应予准许。第三个问题，一般意义上的不动产应当包括房地产开发企业名下的商品房，《执行异议和复议规定》第二十八条和第二十九条关于支付比例的规定，遵循一般规定和特殊规定的适用规则，两种的法律效果相同，当事人可以选择适用，受让人支付的款项虽未达到总价款的50%，但符合《执行异议和复议规定》第二十八条第三要件。

五、非因买受人的原因未能办理过户登记的司法认定

未能办理过户登记的原因应综合主、客观因素进行认定。① 主观上审查买受人是否故意或存在怠于不办理产权变更登记，或因自身没有尽到合理注意义务，导致产生产权变更登记不能等情形。表现为买受人为逃税而故意不办理变更登记、为拖延尾款支付而怠于办理变更登记、明知自己受限购政策制约而执意购买无法办理变更登记、明知房屋本身过户有年限限制而购买导致无法办理变更登记、没有注意到他人设定的抵押造成变更登记障碍等。客观上审查是否存在登记机构、出卖人及其他不属于买受人所能控制的原因而导致变更登记障碍等情形，表现为房屋未竣工验收合格而实际交付无法取得初始房产登记的、系争房屋所在土地未取得土地使用权证、出卖人不配合提供购房原始凭证、房屋被法院查封、出卖人被采取刑事强制措施限制人身自由、下落不明无法取得联系等。

---

① 《全国法院民商事审判工作会议纪要》第一百二十七条第二款规定："一般而言，买受人只要有向房屋登记机构递交过户登记材料，或向出卖人提出了办理过户登记的请求等积极行为的，可以认为符合该条件。买受人无上述积极行为，其未办理过户登记有合理的客观理由的，亦可认定符合该条件。"

实践中，可以如下方式进行递进式研析。首先，买受人有无向登记机构递交过户登记材料，但该案例非常罕见。一来即使买受人向登记机构提交过材料，因变更登记并未实际办理，登记机构一般不保存此类材料；二来在线上办理未普及的情况下，买受人很难举证曾实际提交过登记材料，除买受人审慎保留相关证据外，如登记机构的受理凭证、登记机构的过户登记申请书、登记机构出具的买受人实际前往该单位办理过户登记的情况说明、登记机构的完税凭证等。[①] 其次，买受人有无向出卖人提出办理过户登记请求。主要存在三种情形，第一种是出卖人代为办理产权证，常见于开发商代办；第二种是买受人自行办证，需要出卖人予以协助；第三种是中介方协助办理，能够间接佐证未能办理过户的原因。具体从三方面进行审查认定，第一方面，买受人提供微信、短信、电话录音、邮件等聊天记录能否证明存在要求出卖人协助办证，或者提供办证所需材料的实施；第二方面，买受人提供函件、纪要、律师函等及送达证明；第三方面，出卖人自认买受人向其主张权利的，法官需审慎适用自认规则，结合全案证据综合认定。[②] 最后，买受人无法办证的客观原因。客观原因可以申请登记机构或者规划行政管理部门出具相关说明；出卖人原因需要由出卖人举证证明买受人陈述的客观障碍不存在；至于买受人主张的比如自身疾病、合理时间内未来得及办理变更登记的，可以认定为非因买受人自身原因。

审查本案时需要解决两个问题，其一是政策原因的无法过户。一般存在两种情形：一种是买受人购买资质的限制；另一种是不动产过户时限的要求。案涉房屋不存在购买资质的限制，但要求产权证先行登记在被执行人名下后才能办理变更登记，拆迁的商品房买卖没有法律和政策限制，因尚未完成初始登记即被法院查封导致无法办理过户登记的情形则属于非因买受人原因。其二是出卖人原因的无法过户。本案的典型意义在于以物抵债的房屋是被拆

---

① （2020）黑01民终4915号民事判决书、（2019）湘02民初132号民事判决书、（2021）豫15民终1774号民事判决书、（2021）粤05民终406号民事判决书契合上述操作。

② （2020）粤03民终11422号民事判决书、（2020）川09民终1246号民事判决书、（2020）京03民终5089号民事判决书契合上述操作。

迁置换的房屋，其建设交付需要较长的周期，在以物抵债的过程中被其他债权人申请保全的情形较多，在此种情形下，是否能够排除执行，具有较大的裁判指引价值。

本案第四要件的判断，综合运用了主客观相结合的审查方式，虽然以物抵债双方难以证明债务具体金额的真实性，但结合双方后续的行为，可以进一步判断是否存在债权债务关系，无论抵价款是否与受让款完全匹配，现受让人按照法院的要求将争议的价款交付执行，仅以常理上的不合理来归咎受让人的原因，得出未办理过户登记过错在受让人更不合理，在盖然性判断上，更应得出本案未办理过户登记并非因买受人的原因。

编写人：浙江省台州市黄岩区人民法院　陈泳滨

浙江省温岭市人民法院　许梦诗

4

案涉房屋是否享有足以排除强制执行的实体权益

——陈某案外人执行异议案

【案件基本信息】

1. 裁判书字号

云南省昭通市中级人民法院（2022）云06执异32号执行裁定书

2. 事由：案外人执行异议

3. 当事人

异议人（案外人）：陈某

申请执行人：永某县开发投资有限公司

被执行人：昭通南某房地产开发经营有限公司

【基本案情】

案外人陈某异议请求称：请求法院中止对异议人所有的永某县某A6幢1号房屋的预查封。永某县开发投资有限公司答辩称：一、执行裁定书是法院执行行为的合法体现，没有违反法律规定。二、被答辩人对被执行案涉A6幢1号房屋不在执行范围内的主张缺乏事实和法律依据。三、答辩人认为人民法院应当继续执行。

昭通南某房地产开发经营有限公司（以下简称南某房产公司）答辩称：案涉A6幢1号房屋系陈某2012年于南某房产公司购买所得，且于2012年5月18日签订了书面的《商品房购销合同》。该合同也于2012年5月24日备案。购房款被答辩人也以现金及贷款形式全额支付给答辩人，被答辩人出具相应收款凭据。虽双方未办理房产所有权变更登记，但房屋实际所有权人系被答辩人。被答辩人所述系事实。请法院查明事实后依法予以处理。

法院经审理查明：法院于2019年12月2日作出（2019）云06民初94号民事判决书，后当事人向法院申请强制执行。执行过程中，法院于2020年11月27日作出（2020）云06执294号之一执行裁定书裁定：对南某房产公司价值人民币2000万元的资产予以查封、冻结、划拨、扣押、扣留、提取、拍卖或变卖。2022年9月1日陈某向法院提出异议申请，法院同日决定立案。2022年11月4日法院向永某县不动产登记中心发出协助查询通知书，查明案涉房屋于2022年4月1日被法院查封，查封期限为2022年3月31日至2025年3月30日。法院依法要求陈某提交案涉房屋首付款和尾款支付凭证，并于2022年11月3日组织陈某与永某县开发投资有限公司到昭通市中级人民法院进行质证及进一步调查本案案涉房屋的具体情况。经过质证，永某县开发投资有限公司认为：在永某县开发投资有限公司与南某房产公司借款合同纠纷一案中，查封的房屋很多，不确定案涉房屋是否被查封，永某县开发投资有限公司查封房屋的材料都是南某房产公司提供的，异议人陈某立案时提交的证据不能形成完整的证据链，永某县开发投资有限公司只能提交如上答辩状，其证据的认定，由法庭予以核实。

【案件焦点】

陈某对案涉房屋是否享有足以排除强制执行的实体权益。

【法院裁判要旨】

云南省昭通市中级人民法院经审理认为：异议人陈某主张案涉房产为其购买，在本案中对案涉标的的权属提出实体异议，目的是阻却法院对该标的查封。《最高人民法院关于人民法院办理执行异议和复议案件若干问题的规定》第二十八条规定："金钱债权执行中，买受人对登记在被执行人名下的不动产提出异议，符合下列情形且其权利能够排除执行的，人民法院应予支持：（一）在人民法院查封之前已签订合法有效的书面买卖合同；（二）在人民法院查封之前已合法占有该不动产；（三）已支付全部价款，或者已按照合同约定支付部分价款且将剩余价款按照人民法院的要求交付执行；（四）非因买受人自身原因未办理过户登记。"根据上述规定，判断异议申请人陈某对案涉房屋是否享有足以排除强制执行的民事权益，需要从上述规定的四个方面具体查明。经审查，在本案中：1. 案涉 A6 幢 1 号 1-3 层房屋于 2022 年 4 月 1 日被昭通市中级人民法院查封，陈某与南某房产公司就该房屋签订商品房购销合同时间为 2012 年 5 月 18 日，陈某提交的证据能证明其在人民法院查封之前就案涉 A6 幢 1 号 1-3 层房屋与南某房产公司签订合法有效的书面买卖合同。2. 南某房产公司与陈某均陈述自商品房购销合同签订后案涉房屋就被交付给陈某，另有陈某提交的证据能证明其对案涉房屋合法占有。3. 陈某提交的证据能证明其已经支付案涉房屋全部价款 896000 元。4. 本案中不存在因陈某自身原因未办理登记的证据和事实。异议人陈某对查封案涉房产提出异议，请求解除案涉房产的查封，符合上述规定情形且其权利能够排除执行，法院予以支持。

云南省昭通市中级人民法院依照《中华人民共和国民事诉讼法》第二百三十四条，《最高人民法院关于人民法院办理执行异议和复议案件若干问题的规定》第十七条第二项、第二十八条之规定，裁定如下：

解除对案涉 A6 栋 1 号房屋的查封。

【法官后语】

当事人不履行生效法律文书确定的义务，案件经申请进入执行程序后，执行法院在执行被执行人财产时，可能会对其不动产进行查封。但在执行过程中，被执行人为房地产公司时，查封的被执行人名下的不动产可能已与消费者签订了《商品房买卖合同》，当消费者作为案外人提出执行异议时，《最高人民法院关于人民法院办理执行异议和复议案件若干问题的规定》第二十八条和第二十九条对买受人物权期待权在执行程序中的优先保护作出了规定，法院应当针对个案情况选择适用上述规定并根据具体要件审查案外人是否就案涉房屋享有排除人民法院强制执行的实体权益。

《最高人民法院关于人民法院办理执行异议和复议案件若干问题的规定》第二十八条规定："金钱债权执行中，买受人对登记在被执行人名下的不动产提出异议，符合下列情形且其权利能够排除执行的，人民法院应予支持：（一）在人民法院查封之前已签订合法有效的书面买卖合同；（二）在人民法院查封之前已合法占有该不动产；（三）已支付全部价款，或者已按照合同约定支付部分价款且将剩余价款按照人民法院的要求交付执行；（四）非因买受人自身原因未办理过户登记。"通说认为，该条规定是对一般买受人物权期待权保护的规定，适用该条规定审查案件时，需要满足四个要件，其中主体要件方面，异议申请人即买受人不要求必须是消费者，可以为个人或企业，被执行人不要求必须是房地产企业，可以为个人或企业。第二十九条规定："金钱债权执行中，买受人对登记在被执行的房地产开发企业名下的商品房提出异议，符合下列情形且其权利能够排除执行的，人民法院应予支持：（一）在人民法院查封之前已签订合法有效的书面买卖合同；（二）所购商品房系用于居住且买受人名下无其他用于居住的房屋；（三）已支付的价款超过合同约定总价款的百分之五十。"通说认为，该条规定是对消费者物权期待权保护的规定。适用该条规定审查案件时，需要满足三个要件，其中主体要件方面，异议申请人即买受人是从房地产开发企业处购买房屋的消费者，被执行人是房地产开发企业，基于此，二手房买卖也就不受本条规定保护。另，该条规定中的"买受人名下无其他用于居住的房屋"一般是买受人在被执行房屋所在地长期居住，且其名下无其他能够用于居住的房屋。且因为该条规定是针对消费者的，所以不要求占有及支付房屋全部价款，相对第二十八条，第二十九条条件更为宽松。

当异议申请人以消费者身份在金钱债权执行中提出排除法院强制执行的异议申请时，其提出的异议存在第二十八条和第二十九条规定适用竞合情况的，其可选择适用第二十八条或第二十九条规定，法院应当依照其选择适用的规定进行具体审查，不能以买受人不符合其未选择适用的规定而驳回其请求。

本案中，异议申请人和被执行人的主体要件符合第二十八条和第二十九条规定，存在法条适用竞合情况，但异议申请人并未选择适用哪一规定。从异议申请人提交的证据来看，若适用第二十九条规定审查本案，其不满足第二十九条的“所购商品房系用于居住且买受人名下无其他用于居住的房屋”要件，异议申请人的权利不能排除法院强制执行。但若适用第二十八条规定审查本案，其提交的证据符合第二十八条规定的四个要件，其权利能够排除法院的强制执行。为了不造成当事人的累诉，本案适用第二十八条规定从签订合同的时间、案款支付情况、占有状态及过错情况四个方面对异议申请人是否享有排除人民法院强制执行的实体权益进行审查，从而得出裁判结果，后经与各方当事人沟通得知15日异议期满后无人提起执行异议之诉，法院遂向永某县不动产登记中心发出协助执行通知书请协助解除案涉房屋的查封。

在购房消费者的生存权与债权人的债权发生冲突时，在价值顺位上，现行法律、司法解释规定购房消费者的权利能够排除法院的强制执行。需注意的是，若金钱债权案件执行中，无法选定优先权的，则异议申请人满足第二十八条或第二十九条规定之一的，其权利即可排除法院的强制执行，但若执行案件中存在法定优先权的，其只满足第二十八条规定的，则不能排除法院的强制执行。例如，执行案件中存在抵押权，而异议申请人的申请只满足第二十八条规定的，因第二十八条仅针对一般买受人期待权，未针对消费者物权期待权，抵押权又具有优先性，故异议申请人的权利不能对抗抵押权。本案也对规避出售人恶意转让案涉房产的风险及提醒购房消费者在受让不动产时应尽足够的善意义务有一定意义。

编写人：云南省昭通市中级人民法院　虎娅

5

案外人对无证房屋的实体权益可以排除执行

——王某华、朱某凤诉中某银行股份有限公司扬州国贸支行等案外人执行异议之诉案

【案件基本信息】

1. 裁判书字号

江苏省扬州市中级人民法院（2022）苏10民终2584号民事判决书

2. 案由：案外人执行异议之诉

3. 当事人

原告（案外人、被上诉人）：王某华、朱某凤

被告（申请执行人、上诉人）：中某银行股份有限公司扬州国贸支行

被告（被执行人、被上诉人）：殷某东、亿某贸易公司

【基本案情】

2015年8月13日，江苏省扬州市邗江区人民法院（以下简称邗江法院）对中某银行股份有限公司扬州国贸支行（以下简称中某银行国贸支行）诉殷某东、亿某公司金融借款合同纠纷一案，判决殷某东给付中某银行扬州国贸支行借款本息合计998万余元、律师费30万元，亿某公司承担连带清偿责任；殷某东如未履行给付义务，中某银行国贸支行有权以殷某东位于扬州市某路397号的房产折价或者拍卖、变卖所得价款优先受偿。在案件审理中，法院于2015年5月19日向扬州市邗江区房管局送达了保全裁定及协助执行通知书：查封殷某东名下位于扬州市某路397号房产。2016年6月20日，邗江法院裁定：拍卖、变卖被执行人殷某东名下位于扬州市某路397号的房产以偿还债务，但网拍流

拍。2018 年 12 月 3 日，邗江法院恢复执行，对殷某东名下位于扬州市某路 397 号迎新路南侧、某路西 3 层 4-9 轴、4 层 1/4-9 层及无证建筑进行拍卖，并于 2019 年 1 月 15 日以最高价 872.20 万元成交（其中抵押的有证建筑成交价格为 819 万元；无证建筑物成交价格为 53.2 万元）。

2016 年 8 月，朱某凤作为甲方、殷某东及亿某公司作为乙方、王某华作为丙方，签订协议书一份，约定：乙方将经营场所地中自建无产权部分房产及其使用权转让给甲方，以乙方所欠甲方借款的部分利息 200 万元；2018 年 8 月 31 日之前，甲方、丙方同意乙方的承包经营人无偿使用受让的房产；2018 年 8 月 31 日后，每年应缴纳不少于 50 万元的使用费。甲方将依据本协议第二条受让的乙方部分房产中的宾馆后一栋楼（约 1000 平方米）交付给丙方执管。2016 年 8 月 10 日，郭某康向王某华提交申请一份，载明："因承包的亿某公司及殷某东锦某之星旅馆，承包期截至 2018 年 8 月 31 日，经营用房其中包含：发包人亿某公司和殷某东，自建无产权部分房屋，现向你们申请自建无产权部分无偿使用至 2018 年 8 月 31 日止，到期后立即归还自建无产权部分房屋，如需使用另签书面租赁协议"，注明按事先承包合同到期后，如需续租，按协议书约定将租金中人民币 50 万元付给协议中甲方、丙方。2016 年 8 月 9 日，朱某凤与王某华签署交接单，载明将案涉无证建筑物交付给王某华执管，王某华有权占有、使用、收益，交接后王某华同意免除 200 万元债务。2018-2019 年，朱某凤、王某华的委托人受领郭某康、殷某东委托他人支付的款项 82.5 万元。

朱某凤、王某华提出异议后，邗江法院于 2021 年 7 月 26 日作出（2021）苏 1003 执异 172 号执行裁定：驳回王某华、朱某凤的异议请求。王某华、朱某凤不服该裁定，提起执行异议之诉，请求：1. 对扬州市某路 397 号迎新路南侧、某路西侧无证建筑物停止执行；2. 确认上述无证建筑物属于王某华、朱某凤所有或将拍卖款拨付给王某华、朱某凤。

【案件焦点】

1. 案涉以无证房屋抵债的协议是否有效，如协议有效，是否已实际履行；2. 基于代物清偿关系取得无证房屋财产性权利的债权人，可否优先其他债权人，主张排除对无证房屋变现价值的执行。

【法院裁判要旨】

邗江法院经审理认为：本案中，王某华、朱某凤与殷某东及亿某公司之间存在民间借贷债权债务关系。为清理该债权债务关系，三方达成以转让案涉无证建筑物的占有、使用、收益等权利的方式抵偿部分所欠债务，并不违反法律及行政法规的相关规定，应为合法、有效。一方面，殷某东及亿某公司虽不享有案涉无证建筑物的所有权，但其长期占有、使用并以租赁方式取得收益，故该无证建筑物应为殷某东及亿某公司具有使用价值的财产，殷某东及亿某公司有权以转让该财产占有、使用、收益权利的方式抵偿所欠债务。另一方面，协议签订后，王某华、朱某凤已实际控制案涉无证建筑物并受领承租人交付的租金，可见，王某华、朱某凤与殷某东及亿某公司之间代物清偿的法律关系已然形成。而案涉无证建筑物为禁止抵押的财产，中某银行国贸支行并不享有对该建筑物的抵押权。换言之，中某银行国贸支行对殷某东及亿某公司享有的债权并不优先于王某华、朱某凤基于代物清偿产生的债权。一审法院在依法处置殷某东及亿某公司资产时，已将案涉无证建筑物经司法拍卖程序变现为拍卖款53.2万元，而王某华、朱某凤受领的租金收益尚未达到协议约定抵偿的200万元债务总额，尚余部分超过53.2万元。故王某华、朱某凤主张排除对案涉无证建筑物执行的目的已不能达成，但主张对上述拍卖款得以优先受偿，有事实和法律依据，依法予以支持。中某银行国贸支行辩称案涉协议是在案涉无证建筑物被法院查封后签订，涉嫌恶意串通、逃避债务，但并未提供证据加以证实，依法不予采信。

邗江法院依照《最高人民法院关于人民法院办理执行异议和复议案件若干问题的规定》第一款第五项，《中华人民共和国民事诉讼法》第六十七条、第一百四十七条之规定，判决如下：

一、不得执行法院司法拍卖平台拍卖殷某东及扬州亿某贸易有限公司扬州市某路397号迎新路南侧、某路附属无证建筑物成交款53.2万元；

二、确认法院通过司法拍卖平台拍卖殷某东及扬州亿某贸易有限公司扬州市某路397号迎新路南侧、某路附属无证建筑物成交款53.2万元归王某华、朱某凤所有；

三、驳回王某华、朱某凤的其他诉讼请求。

【法官后语】

无证房屋主要是指未办理产权初始登记的房屋，其形成原因复杂多样，既有擅自建设形成的非法建筑，也有因过去法规不健全或确权登记工作开展不力形成的建筑物。无证房屋虽未办理产权证，但仍具备财产价值，依据《最高人民法院关于转发住房和城乡建设部〈关于无证房产依据协助执行文书办理产权登记有关问题的函〉的通知》（法〔2012〕151号），对于国有建设用地上建造的无证房屋，不论是否具备办理初始登记的条件，均可依其现状处置。

实践中，以买卖、抵债等方式转让无证房屋的现象广泛存在。既然无证房屋能够作为执行标的进行处置，相关权利人能否提出执行异议之诉，以其实体权利阻却对无证房屋的执行，是本案反映出的值得研究的问题。对此，有观点认为，对于系属非法建筑的无证房屋，案外人提起案外人执行异议诉讼，势必涉及对非法建筑物权属及内容的判断，属于有关行政机关的职权范围，人民法院不应予以受理；已经受理的，应驳回起诉。但从执行异议之诉看，其是对执行标的物享有足以排除强制执行权利的案外人，认为执行行为侵害其合法权益，请求法院不许对该标的物实施执行的诉讼。违章建筑等无证建筑，本身体现了一种利益，是个人的动产和劳动结合在一起，虽然没有法律意义上的所有权，但对于公民所享有的财产之外的利益，在法律上也应该受到保护。在就无证建筑提起的案外人执行异议诉讼中，足以排除执行的实体权利并非对无证建筑的所有权，而是对其所有以外的占有、使用、收益等权益，对于无证建筑的这些相关利益，人民法院应依法保护。因此，案外人以其对该无证房产享有排除执行的实体权益为由提起执行异议及执行异议之诉的，人民法院应依法受理，并对是否许可执行或不予执行该执行标的作出裁判，但不得就无证房产予以确权或判决案外人对此享有所有权。

在案外人就无证房产请求排除执行的诉讼中，审查判断的重点应当确认案涉无证房产是否属于被执行人的责任财产范畴，以及案外人对案涉标的是否享有排除执行的权益。本案中，案涉无证房屋为有证房屋的附属建筑，申请执行人虽对有证房屋享有抵押权，但并不享有对无证房屋的抵押权。同样，对有证房屋采取的查封措施不当然及于附属的无证房屋。在对案外人对无证房屋是否享有真实权益中，重点审查了以物抵债协议的真实性，房屋的实际占有、使用、收益情况，在确认权益真实的前提下支持了案外人排除执行的诉请。

编写人：江苏省扬州市邗江区人民法院　成谷信　陈丹瑶

6

案外人基于一般物权期待权不能排除抵押权人对不动产提起的强制执行

——马某林、阙某娣诉吴某亮等执行异议之诉案

【案件基本信息】

1. 裁判书字号

江苏省无锡市中级人民法院（2022）苏02民终2042号民事判决书

2. 案由：执行异议之诉

3. 当事人

原告（上诉人、案外人）：马某林、阙某娣

被告（被上诉人、申请执行人）：吴某亮

第三人（被执行人）：凌某芬、陶某南

【基本案情】

2016年6月29日，马某林、阙某娣与凌某芬、陶某南签订《个人房屋转

让买卖合同》，约定购买凌某芬、陶某南名下坐落于江苏省无锡市某区某苑8号1302室的不动产（以下简称案涉房产），并于当日支付全部购房款191814.4元后居住使用至今。因案涉房产系拆迁安置房未满五年，受政策影响暂不能办理过户登记手续。2018年7月5日，马某林、阙某娣向江苏省无锡市新吴区人民法院提起诉讼，请求判令凌某芬、陶某南协助其办理案涉房产的过户登记手续。在诉讼过程中，马某林、阙某娣发现案涉房产存在抵押无法办理过户手续，遂变更诉讼请求为确认房屋买卖合同有效，江苏省无锡市新吴区人民法院作出判决对合同效力予以确认。

经查明，2003年12月29日，马某林、阙某娣领取了坐落于江苏省无锡市某区某新村12号的房屋所有权证，拥有其他可用于居住的房屋。2017年4月13日，凌某芬、陶某南作为产权人领取了案涉房产所有权证。2017年4月17日，案涉房产办理了抵押他项权证，抵押权利人为吴某亮，债权数额50万元。

吴某亮与凌某芬、陶某南借款合同纠纷一案，江苏省无锡市中级人民法院（2019）苏02民终3104号民事判决作出后，凌某芬、陶某南未按期履行，吴某亮遂向江苏省无锡市锡山区人民法院（以下简称锡山法院）申请强制执行。2020年7月17日，锡山法院依法对凌某芬、陶某南名下案涉房产进行查封，并根据吴某亮的申请启动评估拍卖程序。马某林、阙某娣遂以其系案涉房产实际所有权人为由提出执行异议，要求排除执行。锡山法院经审查认为马某林、阙某娣的异议理由不能成立，裁定驳回异议请求。马某林、阙某娣不服该裁定，遂提出案外人执行异议之诉。

【案件焦点】

案外人马某林、阙某娣对案涉房屋是否享有受法律保护的实体权利，及该权利能否对抗申请执行人吴某亮经依法设立的抵押权。

【法院裁判要旨】

江苏省无锡市锡山区人民法院经审理认为：马某林、阙某娣虽与凌某芬、陶某南签订房屋买卖合同、支付全部购房款并实际占有使用案涉房产，但尚未办理完成不动产过户登记，故二人对案涉房产仅享有物权期待权，该权利本质上仍为债权。根据“物权优先于债权”的基本原则，在吴某亮对案涉房产享有经依法登记设立的抵押权的情形下，马某林、阙某娣的物权期待权不能排除抵押权人吴某亮对案涉房产的强制执行。依照现行法律规定，当买受人符合商品房消费者的情形时，基于对生存权这一更高价值的维护，一定程度上赋予消费者对买受房屋的物权期待权优先于抵押权予以保护，但这属于法律特别规定的例外情形，作为一般房屋买卖合同的买受人，不应扩大适用该规则。结合本案实际情况，马某林、阙某娣在案涉房产上所享有的权利并不能也不应优先于抵押权。故马某林、阙某娣要求确认二人为案涉房产的所有权人并排除对案涉房产强制执行之诉请，缺乏事实与法律依据，应不予支持。

江苏省无锡市锡山区人民法院依照《中华人民共和国民事诉讼法》第二百二十七条、《最高人民法院关于适用〈中华人民共和国民事诉讼法〉的解释》第三百一十二条之规定，驳回马某林、阙某娣的诉讼请求。

马某林、阙某娣不服一审判决，提起上诉。江苏省无锡市中级人民法院经审理认为：目前法律基于对购房者名下唯一住房，从保护商品房消费者基本生存居住权利益出发，在符合《最高人民法院关于人民法院办理执行异议和复议案件若干问题的规定》（以下简称《执行异议和复议规定》）第二十九条规定情形下，案外人基本生存居住权可对抗申请执行人担保物权的执行。但因马某林、阙某娣购买的案涉房屋非两人名下唯一居住用房屋，故马某林、阙某娣就案涉房屋的主张不符合《执行异议和复议规定》第二十七条“但法律、司法解释另有规定的除外”规定情形。马某林、阙某娣对案涉房屋不享有足以排除强制执行的民事权益，故其要求人民法院停止执行案涉房屋并确认案涉房屋归其所有的诉讼请求，于法无据，不予支持。锡山法院认定事实清楚，适用法律正确，应予维持。

江苏省无锡市中级人民法院依照《中华人民共和国民事诉讼法》第一百七十七条第一款第一项的规定，判决如下：

驳回上诉，维持原判。

【法官后语】

执行法院在处置被执行人房产时，房产上可能存在的抵押权人、共有权人、物权期待权人等各类权利主体常提出执行异议，要求予以保护确认或者解除执行措施。本案即是在房屋处置过程中，不动产物权期待权与抵押权发生权利冲突时的一种情形。《执行异议和复议规定》第二十七条规定，申请执行人对执行标的依法享有对抗案外人的担保物权等优先受偿权，人民法院对案外人提出的排除执行异议不予支持，但法律、司法解释另有规定的除外。该规定确立了享有担保物权的申请执行人的优先受偿地位，同时基于对某些特定权益优先保护的必要，通过“但书”予以排除。《执行异议和复议规定》第二十八条规定了一般不动产物权期待权排除强制执行应具备的四项条件；第二十九条规定了消费者购房物权期待权排除强制执行的特殊情形。其中，第二十九条符合第二十七条“但书”之情形，即基于生存权不仅能够排除普通债权执行，也能够排除优先权；而第二十八条则是一般规定，善意买受人具备相应条件的，仅能排除普通债权人对不动产的强制执行。故对于物权期待权人提出的执行异议，应结合案情、标的物属性判断其是否属于善意买受人，及是否存在生存权、居住权等特殊保障的问题，从而就其所享权利与所要在执行程序中对抗的权利作出顺位排列。

一、消费者物权期待权与抵押权的顺位排列

基于生存权至上的考量，商品房消费者的不动产物权期待权优先于抵押权。在当前预售商品房占比较重的销售程序中，消费者在信息整合和议价能力上均处于劣势地位，但为购置房产所付出的代价却超乎寻常。基于“物权法定主义”与“不动产登记生效主义”原则，办理过户登记前，消费者确未取得房屋所有权，而在此阶段如对所售房屋享有抵押权的抵押权人对房屋申请强制执行，势必影响消费者安身立命的根本，故此立法者在权利保护的优先性上作出了倾斜。如符合消费者物权期待权构成要件，直接从法律上赋予位阶的优先权。另外，《最高人民法院关于建设工程价款优先受偿权问题的批复》第一条明确了建设工程价款优先受偿权优先于抵押权与其他权利，第二条进一步确立了消费者物权期待权应先于建设工程优先受偿权受偿，因此消费者物权期待权优先于抵押权有明确的法律依据。

二、一般不动产物权期待权与抵押权的顺位排列

《执行异议和复议规定》第二十八条旨在保护一般不动产善意买受人，其四项构成要件未涉及居住目的要求，亦不存在特殊主体居住权、生存权的保障问题，故并未进行特殊保护。需要明确，《执行异议和复议规定》第二十八条并非第二十七条“但书”中的例外规定，否则物权期待权不分类别均可排除抵押权人对不动产的执行，则有架空抵押权登记制度的危险。根据《中华人民共和国民法典》第二百零九条第一款的规定，不动产物权的设立、变更、转让和消灭，经依法登记，发生效力；未经登记，不发生效力，但是法律另有规定的除外。经依法登记的不动产物权受法律的保护，不仅具有绝对效力，而且通常具有对抗善意第三人利益主张的效力。无证据证明吴某亮所取得的不动产抵押权存在效力瑕疵，故吴某亮对案涉不动产享有的抵押权依法应受法律的保护，且顺位应优先于一般不动产物权期待权。

本案中，案外人马某林、阙某娣相关情况虽然符合《执行异议和复议规定》第二十八条的规定，一般物权期待权能够成立，但该权利本质上属于债权请求权，虽优先于普通债权，但仍劣后于担保物权，在权利发生冲突时，申请执行人吴某亮所享有的担保物权应优先得到保护。

编写人：江苏省无锡市锡山区人民法院　曹道清

7

典当公司抵押权与购房人居住权冲突下的权利保护顺位

——田某诉某典当公司案外人执行异议之诉案

【案件基本信息】

1. 裁判书字号

山东省威海市中级人民法院（2022）鲁10民终1477号民事判决书

2. 案由：案外人执行异议之诉

3. 当事人

原告（被上诉人、申请执行人）：某典当公司

被告（上诉人、案外人）：田某

第三人：孙某

【基本案情】

2018年7月8日，孙某与田某签订《房产买卖合同》，约定：田某购买孙某所有的坐落于R市的房产，房产交易价格为43万元；田某向孙某支付6万元作为购房定金，7月8日前支付25万元给孙某先还银行贷款，余款在7月底前付清，孙某把该房产在银行的所有抵押材料全部转给田某作为抵押；田某同意孙某暂不能办理房产权证，待开发商何时能办证，孙某积极配合办证，孙某办完产权证后交由田某抵押，待田某需要办理过户手续时，孙某积极配合。合同签订后，田某分多笔向孙某支付了房款，并对案涉房屋进行了装修及占有使用。

2019年3月14日，孙某向田某出具了收到房款43万元的收条一份，同月18日案涉房屋登记到孙某名下，房产证原件由田某持有。

后孙某以证书遗失为由重新补办了不动产权证书，并于2021年3月9日以案涉房屋为当物向某典当公司典当借款，次日办理了不动产抵押登记。因孙某未按时支付款项，某典当公司于2021年6月1日起诉，生效判决判令：孙某向某典当公司支付当金本金、综合费、违约金、律师代理费等，某典当公司在上述债权范围内，对案涉房产折价或拍卖、变卖所得价款享有优先受偿权；驳回某典当公司其他诉讼请求。因孙某未履行生效判决确定的付款义务，某典当公司于2021年9月2日向一审法院申请执行。

2021年9月30日，一审法院作出（2021）鲁1002执3451号之三执行裁定，查封了案涉房屋。后田某向一审法院提出执行异议。一审法院作出（2021）鲁1002执异174号执行裁定，裁定中止对案涉房屋的执行。某典当公司不服，于法定期限内诉至一审法院，要求继续执行案涉房屋。诉讼中，某典

当公司在认可其设定抵押时对抵押房产进行过调查，但并未入屋查看。

另查明，田某及其妻子在 R 市无房产购置记录。

【案件焦点】

案外人田某对案涉房屋是否享有足以排除强制执行的民事权益。

【法院裁判要旨】

山东省威海市环翠区人民法院经审理认为：不动产物权的设立、变更、转让和消灭，经依法登记，发生效力；未经登记，不发生效力，但法律另有规定的除外。案涉房屋现仍登记在孙某名下，虽然田某提供其与孙某于 2018 年 7 月 8 日签订的房屋买卖合同、缴纳房款的转账凭证、收款收据、水电费缴纳凭证等，可以证实其作为执行标的买受人的主体身份，但因案涉房屋尚未办理产权变更登记手续，故田某依据房屋买卖合同仅享有请求孙某办理房屋产权变更登记的债权请求权。而某典当公司于 2021 年 3 月 10 日就上述案涉房屋办理了抵押权登记，即依法对案涉房屋享有抵押物权，从权利顺位来说具有优先性。田某作为买受人排除登记在被执行人孙某名下的不动产需要具备法定条件，即便田某所提供的相关证据显示系在抵押、查封前签订书面买卖合同、交付房款及占有房屋，但房屋产权变更登记系由买卖双方共同配合办理，田某称孙某一直推托导致双方未能办理产权变更登记，但未提供充分的证据予以证实，结合田某关于其签订合同时考虑产权变更登记的税费问题及其当时无力承担产权变更登记的税费的陈述，案涉房屋自 2019 年 3 月 18 日办理不动产权证书至某典当公司设立抵押权时已近两年的时间，田某对于案涉房屋物权未能变动明显负有过错，其对案涉房屋不享有足以排除执行的权利。

山东省威海市环翠区人民法院依照《中华人民共和国物权法》（2007 年 10 月 1 日起施行，现已失效）第六条、第九条，《最高人民法院关于人民法院办理执行异议和复议案件若干问题的规定》第二十七条、第二十八条，《最高人民法院关于适用〈中华人民共和国民法典〉时间效力的若干规定》第一条第二款，《中华人民共和国民事诉讼法》第一百四十七条之规定判决：

准予继续执行位于R市的案涉房屋。

田某不服一审判决，提起上诉。山东省威海市中级人民法院审理认为：首先，《最高人民法院关于人民法院办理执行异议和复议案件若干问题的规定》（以下简称《执行异议和复议规定》）第二十七条规定："申请执行人对执行标的依法享有对抗案外人的担保物权等优先受偿权，人民法院对案外人提出的排除执行异议不予支持，但法律、司法解释另有规定的除外。"本规定适用条件虽然为申请执行人对案涉标的享有担保物权，但该担保物权的成立需要担保权人、被担保人对此善意且无过失，如果其在案外人据以排除强制执行的法律关系之后成立，一般不宜认定为符合该第二十七条的要件。本案中，田某在2018年7月8日即与抵押人孙某签订了《房屋买卖合同》。虽然案涉房屋尚未办理过户，但孙某在明知案涉房屋已经出卖给田某、不动产权证书原件由田某持有的情况下，未取得田某的同意，恶意挂失原不动产权证书将案涉房屋抵押给某典当公司，该行为显然不符合诚实信用原则，难言善意。某典当公司作为非银行金融机构，在对该类标的设立抵押权时，未对抵押物的状况进行详尽调查，不能认定其已经尽到高度、合理的注意义务，亦难以认定其为善意抵押权人。故，某典当公司虽对案涉房屋享有抵押权亦不能当然排除田某的异议请求。

其次，本案情形符合《执行异议和复议规定》第二十八条规定。一是田某与孙某签订《房屋买卖合同》的时间为2018年7月8日，系于人民法院查封前签订了合法有效的书面买卖合同。二是田某提交装修合同、水电费缴费等证据证明其对案涉房屋进行了事实上占有，且时间早于人民法院对案涉房屋查封时间。三是田某提供了银行账户交易明细、收条等，证明其于2019年3月14日已支付了全部购房款。四是案涉房屋未能办理过户登记手续的原因难以认定为田某的自身原因，田某与孙某签订《房屋买卖合同》时，孙某尚未取得不动产权证，案涉房屋满足办证条件时只能办至孙某名下，再变更登记至田某名下，田某已经预见到该行为的风险，采取持有不动产权证原件的行为规避房屋登记与事实不符的风险，但孙某采取挂失原不动产权证的方式另行办理不动产权证，其行为已超出一般善良买受人的注意义务范围，再加上某典当公司未能严格审查抵押物的状态，导致案涉房屋被孙某典当借款并设定抵押；田某即使能够催促孙某协助其办理不动产权证变更登记手续，也因孙某存在挂失原不动产权证、将案涉房屋典当等行为，事实上亦不可能配合田某办理产权过户登记手续，故难以认定案涉房屋未能办理过户登记手续系因田某自身原因所致。五是除案涉房屋外，田某与其妻子在 R 市再无不动产登记记录，其对案涉房屋享有居住利益，而某典当公司对案涉房屋享有的受偿权系为满足其典当借款之债，田某的权益更应优先加以保护。综上，田某对于案涉房屋享有足以排除执行的权益，一审判令继续执行案涉房屋不当，法院予以纠正。

山东省威海市中级人民依法参照《最高人民法院关于人民法院办理执行异议和复议案件若干问题的规定》第二十八条，依照《中华人民共和国民事诉讼法》第一百七十七条第一款第二项、第二百三十四条，《最高人民法院关于适用〈中华人民共和国民事诉讼法〉的解释》第三百一十一条第二项之规定，作出如下判决：

一、撤销山东省威海市环翠区人民法院（2022）鲁 1002 民初 297 号民事判决；

二、驳回某典当公司的诉讼请求。

【法官后语】

执行异议之诉制度的设立是为了在民事强制执行领域进一步完善执行权制约和监督机制，防范错误执行。民事执行中存在多面法律关系，执行异议之诉中执行债权和排除执行权益形成了竞争关系，孰优孰劣，哪方利益更具有优先性的判断，就成为执行异议之诉的制度价值所在。

案外人对执行标的享有的民事权益是否足以排除强制执行，应根据该民事权益的实体法性质和效力进行判断，需要综合斟酌申请执行人信赖利益的保护、案外人生存权的保障、权利性质等因素，一般遵循生存权优先、抵押权等优先权优先的原则进行审查处理。本案中，案涉房产上存在某典当公司的抵押权和案外人田某的物权期待权，抵押权为法定优先权，而田某作为购房者的居住权亦需要保护，两者冲突时，如何确定权利保护顺位为本案审理的焦点问题。笔者认为，应从以下几个方面予以审查：

一、审查权利冲突应遵循的基本原则

当同一标的物上存在不同性质的权利且相互冲突时，除法律及司法解释另有规定外，应当遵循法定优先权优先于物权，物权优先于债权，法律规定的特殊债权优先于普通债权，普通债权平等保护的基本原则进行审理。《执行异议和复议规定》第二十七条确立了享有担保物权的申请执行人的优先受偿地位，同时基于对一些特定权益优先保护的必要，通过“但书”予以排除。担保物权在权利实现上的序位甚至高于所有权，故在执行异议之诉案件中，案外人若要阻止对执行标的的执行，应举证证明其就执行标的享有法律或司法解释明确规定的优先于担保物权等优先受偿权的权利。

二、区分担保物权与其他特殊权利的保护顺位

1. 抵押权与一般买受人的物权期待权相冲突。我国物权法和民法典均规定了不动产物权的变动一般以登记公示的方法，故经依法登记的不动产物权不仅具有绝对效力，而且通常能够对抗善意第三人。《执行异议和复议规定》第二十八条规定了一般不动产善意买受人可排除执行的情形，而对于一般不动产买受人，其享有的仅为物权期待权，而非既得物权，该权利本质上还是债权请求权，根据二者在民事权利体系中的位阶，该权利应劣后于担保物权。案例中的田某如仅为一般不动产买受人，其仅能对抗对孙某享有普通债权的债权人，在某典当公司善意且其所取得的抵押权不存在效力瑕疵的情况下，田某无权以其物权期待权对抗某典当公司的抵押权。

2. 抵押权与商品房消费者的生存权相冲突。为保护消费者生存、居住的基本权利，《最高人民法院关于建设工程价款优先受偿权问题的批复》规定了交付全部或者大部分款项的商品房消费者的权利优先于抵押权人的抵押权，《执行异议和复议规定》第二十九条也作出了类似的规定，此情形突破了抵押权优先性的基本原则，属于例外情形，不能无限扩大至一般房屋买卖合同的买受人。而在司法实践中，存在部分购买二手房屋作为生活居住使用的购房人，且符合《执行异议和复议规定》第二十八条的四种情形，但其并非商品房消费者的身份，该部分购房人的权利能否排除抵押权，相关法律规定均未明确，应结合个

案案情予以分析。案例中的田某系从孙某处购买案涉房屋，其此前已与孙某签订合法有效的书面合同、支付全部房款，亦在房屋中居住多年，虽未办理过户登记，但出卖人孙某尚未取得不动产权证，案涉房屋满足办证条件时只能办至孙某名下，再变更登记至田某名下，田某已经预见到该行为的风险，采取持有不动产权证原件的行为规避房屋登记与事实不符的风险，故未办理过户登记不能归责于田某，本案情形符合《执行异议和复议规定》第二十八条规定。田某虽非商品房消费者，但其夫妻名下在R市均无其他用于居住的房屋，田某所面临的处境与消费者购房人并无二致，均享有生存权、居住权获得法律优先保护的法益，故本案可参照司法解释精神，认定田某享有排除强制执行的民事权益。

3. 抵押权与依法登记设立的居住权相冲突。《中华人民共和国民法典》第三百六十八条规定居住权的设立以登记为要件。因抵押权亦以登记为设立要件，如其设立在先，则后设立的居住权人难言善意，居住权难以排除在先的抵押权。而如果居住权设立在先，参考“抵押不破租赁”原则，居住权作为法定的用益物权，其效力优于房屋租赁权，故亦应优于设立在后的抵押权。

三、审查担保物权人是否构成善意取得

《执行异议和复议规定》第二十七条规定的适用条件虽然为申请执行人对案涉标的享有担保物权，但该担保物权的成立需要担保权人、被担保人对此善意且无过失。尤其是作为抵押权人的银行、典当公司等机构，其在设定抵押时对标的物进行全面、细致、彻底的背景调查，如果未尽到专业机构的注意义务，在与案外人的生存权相比较时，应当否认其抵押权的优先效力。本案中，田某已对案涉房屋进行了装修及占有使用，某典当公司在设定抵押时未对抵押物进行完全的调查，未通过现场查看、调查物业、查看水电费等方式了解抵押物现状，无法认定其善意无过错。而被担保人孙某在明知案涉房屋已经出卖给田某、不动产权证书原件由田某持有的情况下，未取得田某的同意，恶意挂失原不动产权证书将案涉房屋抵押给某典当公司，该行为显然不符合诚实信用原则，更非善意。在此情形下，某典当公司的抵押权不足以排除购房人田某生存、居住的权利。

综上，审理执行异议之诉案件中，在同一不动产存在担保物权、建设工程优先权、一般不动产买受人的物权期待权、消费者购房人的生存权及居住权人的居住权相冲突时，应根据法定的权利位阶进行处理，同时需要审查不同权利的设立时间、权利人是否构成善意、案外人有无过错、有无优先保护的法益等因素综合判断，既保护申请执行人的信赖利益，又有效保障案外人生存、居住权利，衡平各方当事人利益。

编写人：山东省威海市中级人民法院　张燕妮　陈曦

8

开发商未开具发票导致无法办理过户登记，不属于买受人的原因

——王某、缪某诉徐某案外人执行异议之诉案

【案件基本信息】

1. 裁判书字号

江苏省江阴市人民法院（2022）苏 0281 民初 2027 号民事判决书

2. 案由：案外人执行异议之诉

3. 当事人

原告（案外人）：王某、缪某

被告（申请执行人）：徐某

第三人（被执行人）：房地产公司

【基本案情】

2021 年 8 月，无锡仲裁委员会对徐某诉房地产公司一案作出仲裁裁决书：房地产公司向徐某支付工程款 9250601 元及相应逾期利息。

根据徐某的申请，江苏省江阴市人民法院于2021年11月立案强制执行，并于同月查封房地产公司名下位于江苏省江阴市利某镇不动产一套（以下简称案涉房屋）。案外人王某、缪某对执行标的提出异议后，该院作出执行裁定：驳回王某、缪某的异议请求。王某、缪某不服该裁定，提起执行异议之诉。

缪某系王大某的妻子，王某系王大某的儿子。

2008年9月，王大某与房地产公司签订《房屋认购意向协议》，约定王大某向房地产公司购买案涉房屋，单价2680元/平方米，王大某向房地产公司交付认购意向金8万元。2008年9月2日，房地产公司向王大某出具收据一张，载明收到王大某8万元。王某、缪某陈述房款系现金交付。

2009年，房地产公司与王大某签订《购（代建）房子订单（代协议）》，约定王大某购买案涉房屋，价款合计8万元，一次性结清房款，注意事项中载明房产证凭购房发票到房产交易所领取；备注中载明：因该幢房屋对购户造成采光影响，所以经双方协商定价8万元整。

房地产公司交付案涉房屋后，自2015年起由王大某、王某、缪某等人居住至今。2019年7月18日，王大某死亡。

房地产公司认可以下事实：1. 房地产公司在开发房产时对居民王大某的住宅采光造成影响，2008年9月2日经公司与王大某协商一致，公司将案涉房屋以8万元的价格转让王大某，房款当日付清，于2009年签订购房协议，房产竣工后立即交付王大某；2. 王大某向房地产公司提出过要开购房发票，房地产公司提出房款已经优惠，如需开发票要按照30多万元的价款开具，开发票的税费应当由王大某承担，王大某不愿意承担税费，因此，房地产公司一直未开具案涉房屋的购房发票，故案涉房屋一直未过户登记到王大某名下。

王大某名下另有位于江苏省江阴市某街住宅一套。2010年左右，王大某购买了其他房屋一套，该房屋于2021年12月9日变更登记至王某、缪某名下。

案涉房屋所在小区其他房屋都已经办理了产权过户登记手续。

【案件焦点】

1. 本案应当适用《最高人民法院关于人民法院办理执行异议和复议案件若

干问题的规定》（以下简称《执行异议和复议规定》）第二十八条还是第二十九条；2. 王某、缪某对案涉房屋是否享有足以排除强制执行的民事权益。

【法院裁判要旨】

江苏省江阴市人民法院经审理认为：

一、关于争议焦点一，根据最高人民法院发布的第156号指导性案例，《执行异议和复议规定》第二十八条规定了不动产买受人排除金钱债权执行的权利，第二十九条规定了消费者购房人排除金钱债权执行的权利。案外人对登记在被执行的房地产开发企业名下的商品房请求排除强制执行的，可以选择适用第二十八条或者第二十九条规定；案外人主张适用第二十八条规定的，人民法院应予审查。本案中，王某、缪某主张本案既符合第二十八条也符合第二十九条，因此，对本案是否符合上述两条的情形，均应当进行审查。

二、关于争议焦点二，《执行异议和复议规定》第二十八条规定需要排除强制执行的，应当具备四个情形：（一）在人民法院查封之前已签订合法有效的书面买卖合同；（二）在人民法院查封之前已合法占有该不动产；（三）已支付全部价款，或者已按照合同约定支付部分价款且将剩余价款按照人民法院的要求交付执行；（四）非因买受人自身原因未办理过户登记。本案中，首先，王大某与房地产公司在2009年签订协议，合法有效；其次，因采光问题，经双方协商一致房屋价款为8万元，一次性结清；最后，自2015年起，案涉房屋已交付给王大某，并由王大某一家居住至今。故本案符合第二十八条第一项、第二项、第三项的规定。

关于是否符合第二十八条第四项“非因买受人自身原因未办理过户登记”的问题。法院认为，只要买受人向出卖人提出了办理过户登记的请求等积极行为，或者其未办理过户登记有合理的客观理由的，可以认定符合该条件。本案中，房地产公司认可王大某曾向其提出开具购房发票的请求，因其要求王某国承担税费，王大某不同意，故房地产公司一直未开具购房发票，导致未办理过户手续。可知王大某已经积极向房地产公司主张开具购房发票，而购房发票是办理房产证的必备资料，开具购房发票是房地产开发商的法定义务，协助买受人办理房屋过户登记也是开发商的主要义务，因房地产公司未开具购房发票最终导致案涉房屋未能办理过户登记，是由房地产公司的原因造成的，并非王大某的自身原因导致。因此，本案符合“非因买受人自身原因未办理过户登记”的情形。综上，本案符合《执行异议和复议规定》第二十八条规定的情形，因此，王某、缪某对案涉房屋享有足以排除强制执行的民事权益。

江苏省江阴市人民法院依照《最高人民法院关于人民法院办理执行异议和复议案件若干问题的规定》第二十八条，《中华人民共和国民事诉讼法》第一百四十七条、第二百三十四条，《最高人民法院关于适用〈中华人民共和国民事诉讼法〉的解释》第三百一十条第一款的规定，判决如下：

不得执行案涉房屋。

【法官后语】

实践中，购房人向房地产开发企业购买商品房，往往没有及时办理房地产过户手续。房地产开发企业因欠债而被强制执行，人民法院在对尚登记在房地产开发企业名下但已出卖给购房人的商品房采取执行措施时，购房人往往会提出执行异议，以排除强制执行。该类纠纷关乎民生及社会稳定，妥善处理该类问题，是人民法院立足时代、国情、文化，综合考量法、理、情等因素，实现政治效果、法律效果和社会效果的有机统一的重要体现。

《执行异议和复议规定》第二十八条和第二十九条分别对不动产买受人的物权期待权和消费者物权期待权在何种情形下可以排除执行进行了明确，最高人民法院指导性案例 156 号明确，案外人对登记在被执行的房地产开发企业名下的商品房请求排除强制执行的，可以选择适用第二十八条或者第二十九条规定；案外人主张适用第二十八条规定的，人民法院应予审查。

本案中，除案涉房屋外，王大某、王某、缪某名下另有其他可用于居住的房屋，因此，本案不符合第二十九条规定的情形，故应重点审查是否符合第二十八条规定的情形。

根据《执行异议和复议规定》第二十八条规定的内容，我们认为：书面合同+合法占有+支付全部价款（或支付部分价款且剩余价款按法院要求支付）+非因买受人自身原因未办理过户登记=可以排除执行。司法实践中，前三个要件相对容易判断，但最后一个要件“非因买受人自身原因未办理过户登记”的认定存在较大难度，也往往成为当事人的争议焦点。

我们认为，具有下列情形之一的，可以认定非因案外人自身原因未办理过户登记手续：(1) 案外人因办理过户登记与出卖人发生纠纷并已提起诉讼或申请仲裁；(2) 案外人作为被征收人，其所购房屋因政府征收安置调换经济适用房等原因未能办理过户登记手续；(3) 案外人已向房屋登记机构提交了过户登记材料，或者已向出卖人提出了办理过户登记请求；(4) 新建商品房虽不符合首次登记条件，但已办理买卖合同网签备案；(5) 案外人通过其他方式积极主张过物权登记请求权，或有其他合理客观理由未办理过户登记。

本案中的情形已经符合书面合同+合法占有+支付全部价款的要求，是否“非因买受人自身原因未办理过户登记”，是审查的重点。本案中，房地产公司认可王大某曾向其提出开具购房发票的请求，因公司要求王大某承担税费，王大某不同意，故房地产公司一直未开具购房发票，导致未办理过户手续。

《中华人民共和国发票管理办法》第二十一条第二款第一项规定“任何单位和个人不得有下列虚开发票行为：(一) 为他人、为自己开具与实际经营业务情况不符的发票”。《中华人民共和国发票管理办法实施细则》第二十四条规定“填开发票的单位和个人必须在发生经营业务确认营业收入时开具发票。未发生经营业务一律不准开具发票”。本案中，双方确认的交易总价款为8万元，房地产公司提出“如需开发票要按照30多万元的价款开具，开发票的税费应当由王大某承担”的主张，已经涉嫌违反国家发票管理规定，王大某对此提出异议，双方因此产生纠纷，不能归咎于王大某。

由此，王大某已经积极向房地产公司主张开具购房发票，因房地产公司未开具购房发票最终导致案涉房屋未能办理过户登记，是由房地产公司的原因造成的，并非王大某的自身原因导致。因此，本案符合“非因买受人自身原因未办理过户登记”的情形。综上，法院判决支持了王某、缪某关于不得执行案涉房屋的诉讼请求。

编写人：江苏省江阴市人民法院　潘亚伟　廖宏娟

9

离婚协议约定房屋归一方所有，不能排除债权人强制执行

——刘某华诉陈某贤、刘某坤申请执行人执行异议之诉案

【案件基本信息】

1. 裁判书字号

广东省高级人民法院（2022）粤民终 890 号民事判决书

2. 案由：申请执行人执行异议之诉

3. 当事人

原告（上诉人、申请执行人）：刘某华

被告（被上诉人、案外人）：陈某贤

被告（被上诉人、被执行人）：刘某坤

【基本案情】

刘某坤与陈某贤原系夫妻关系，二人于 2019 年 1 月 14 日办理离婚登记手续，并在民政局婚姻登记处签订了《离婚协议书》，约定夫妻共同财产的处理：2015 年 5 月 29 日购买并登记在陈某贤名下的某园 301 房所有权归陈某贤所有；双方确认在婚姻关系存续期间无任何共同债务，任何一方如对外负有债务的，由负债方自行承担。

2018 年 11 月 30 日，刘某华因设备租赁合同纠纷向韶关仲裁委申请仲裁。2019 年 12 月 18 日，韶关仲裁委作出（2019）韶仲裁字第 1 号裁决：“一、刘某坤在本裁决书生效之日起十五日内向刘某华支付租金 40 万元；二、刘某坤在本裁决书生效之日起十五日内向刘某华支付因不按合同移交租赁设备产生的使用费 564384 元；三、刘某坤在本裁决书生效之日起十五日内向刘某华支付违约

金12万元；四、驳回刘某华其他仲裁请求。”在仲裁审理期间，刘某华申请追加陈某贤为当事人及对案涉房屋进行财产保全，韶关仲裁委驳回了追加陈某贤的申请但对财产保全提交法院进行了办理。该裁决书生效后，刘某华向一审法院申请执行。

2021年3月10日，陈某贤对执行其名下301房提出异议，一审法院于2021年3月25日作出（2021）粤02执民10号执行裁定：中止陈某贤名下301房的执行。刘某华不服，于2021年4月13日向一审法院提起本案诉讼，请求：1. 确认刘某坤、陈某贤于2019年1月14日签订的《离婚协议书》第二条第一项内容陈某贤名下301房所有权归陈某贤所有无效；2. 确认陈某贤名下301房属于刘某坤、陈某贤共同财产；3. 判令陈某贤对（2019）韶仲裁字第1号仲裁裁决裁令刘某坤对刘某华的债务本息承担共同清偿的责任（其中债务本金1096609元）；4. 判令拍卖、变卖陈某贤名下301房清偿（2019）韶仲裁字第1号仲裁裁决确认的债务；5. 本案诉讼费由刘某坤、陈某贤负担。一审庭审中，刘某华变更第一项诉讼请求为：撤销刘某坤、陈某贤于2019年1月14日签订的《离婚协议书》第二条第一项陈某贤名下301房归陈某贤所有的内容。

二审中，经法院释明，刘某华将第三项请求修改为：改判准予对陈某贤名下301房产权份额的50%属于刘某坤的财产份额在1090021.11元范围内予以执行。

【案件焦点】

债权人对债务人在离婚协议中将自己应有的财产份额无偿转让给另一方的约定能否行使撤销权并强制执行偿还债务。

【法院裁判要旨】

广东省韶关市中级人民法院经审理认为：（一）本案系申请执行人执行异议之诉，故对于民事执行追加当事人以及认定夫妻共同债务的问题，其救济途径不应为提起执行异议之诉，因此对刘某华要求确认案涉债务为夫妻共同债务，并据此要求陈某贤对（2019）韶仲裁字第1号仲裁裁决刘某坤应承担的债务本息共同清偿的诉讼请求，不属于本案审查范围，刘某华可另循法律途径解决。（二）案涉房屋于 2018 年 3 月 24 日登记在陈某贤一人名下，当时陈某贤与刘某坤在夫妻关系存续期间，双方也未作特别约定，案涉房屋当时属于夫妻共同共有；陈某贤、刘某坤已于 2019 年 1 月 14 日协议离婚，《离婚协议书》约定案涉房屋归陈某贤所有，《离婚协议书》真实有效；《离婚协议书》签订的时间早于刘某华在仲裁案中申请追加陈某贤及法院查封案涉房屋的时间，没有证据显示离婚协议约定案涉房屋归陈某贤所有的行为存在恶意串通逃避债务的情形，因此，不支持刘某华要求撤销《离婚协议书》关于案涉房屋处理的请求。判决：

驳回刘某华的全部诉讼请求。

广东省高级人民法院经审理认为：刘某坤与陈某贤在 2019 年 1 月 14 日离婚协议中就夫妻共同财产陈某贤名下 301 房的约定为归陈某贤所有，实质上属于刘某坤将自己享有 50%产权的房屋无偿转让给陈某贤，而本案所涉的刘某坤对刘某华所负债务，产生于刘某坤与陈某贤离婚之前的夫妻关系存续期间，刘某坤将自己所有的财产无偿转让，当然会对债权人造成损害，根据《中华人民共和国合同法》第七十四条“因债务人放弃其到期债权或者无偿转让财产，对债权人造成损害的，债权人可以请求人民法院撤销债务人的行为”规定，刘某华请求撤销该行为，依法有据，应予支持。一审判决以离婚协议签订时间早于刘某华向陈某贤主张权利的时间为由驳回刘某华的撤销请求显属错误，应予纠正。至于陈某贤抗辩称案涉房产系其儿子刘某刚出资购买属于刘某刚所有而非夫妻共同财产的问题，由于法律规定不动产实行登记对抗制度，因此，具体如何支付购买房屋款项的情况不能对抗法律关于房屋产权人的认定。在离婚协议中关于刘某坤将自己享有 50%产权的房屋无偿转让给陈某贤的内容被撤销的情况下，刘某华请求在其债权范围内强制执行依法有据，应予支持。

广东省高级人民法院依照《中华人民共和国合同法》第七十四条、《中华人民共和国民事诉讼法》第一百七十七条第一款第二项的规定，判决：

一、撤销一审判决；

二、准予在 1090021.11 元范围内执行陈某贤名下 301 房的 50%份额属于刘某坤的部分用以偿还刘某华的债权；

三、驳回刘某华的其他诉讼请求。

【法官后语】

在执行异议之诉案件中，不管是案外人执行异议之诉还是申请执行人执行异议之诉，涉及夫妻共同财产问题的案件特别多也特别复杂。在这类案件的审理中，既要注意依法保护债权人的合法权益，防止利用夫妻关系尤其是通过离婚协议的方式逃避债务，也要注意防止夫妻一方利用对外负债的方式损害另一方的合法权益的情形。当然不能假定所有通过离婚协议的方式约定夫妻共同财产归属一方所有的，均属于恶意逃债。但对于离婚协议约定财产全部属于一方所有，债务全部归另外一方承担，而且在承担债务的一方对外负有大量债务的情况下，法院必须严格审查相关事实发生的时间节点以及约定的合理性。本案争议的核心问题在于离婚协议中约定夫妻财产归一方所有是否对第三方债权人的利益造成损害。

一、离婚协议中约定夫妻共同财产归一方所有的法律性质

如果不涉及其他第三人的利益，法律对于合同双方当事人之间的不违反法律规定的约定，一般不进行干预。对于离婚协议中夫妻双方约定将共同财产全部归一方所有，债务全部由另外一方承担的内容，只要是出于双方真实的意思表示，不涉及其他争议的，在双方之间具有法律效力。但一旦该约定涉及他人权益，可能构成对他人权益的损害，尤其是在认为权益受到损害的主体提起诉讼的情况下，该约定就要受到法律的审查。那么审查时就要首先确定该约定的法律性质。

具体到本案，离婚协议中约定的夫妻共同财产，主要就是在夫妻关系存续期间购买的、登记于女方名下的一套房屋。虽然登记于一方名下，但一审法院经过审理也认定该房屋属于夫妻共同财产。既然属于夫妻共同财产，在没有具体约定明确份额的情况下，一般理解为夫妻双方各占有50%的份额。那么约定该共同财产归属一方所有，事实上就等同于一方将自己持有的50%的份额无偿转让给另一方。也就是说在法律性质上，该约定属于财产无偿转让。根据《中

华人民共和国合同法》第七十四条“因债务人放弃其到期债权或者无偿转让财产，对债权人造成损害的，债权人可以请求人民法院撤销债务人的行为”规定，属于可撤销的法律行为。《中华人民共和国民法典》第五百三十九条也作了同样的规定。

二、准确界定财产转让与债务形成的时间节点

类似案件之所以产生争议，而且争议巨大，最重要的一个原因就在于离婚协议签订的时间尤其是在行政部门备案的时间或者说无偿转让财产的时间与一方对外债务形成的时间是否存在先后、重合问题。具体而言，如果对外债务产生在前，离婚协议在后，那么根据民法典第五百三十九条的规定，离婚协议的内容影响了债权人的债权实现，债权人当然可以请求撤销；如果离婚协议在前，而债务的产生在后，则债权人无权请求撤销，因为债权的实现应以债务人的财产为基础，在债务产生之前债务人对自己财产处分的行为，并不影响此后债务的清偿；难点在于两者存在重合或者难以区分的情况，如离婚协议签订时，对外债务可能在形成过程中，并未经司法或者仲裁裁定予以明确，这就需要法院根据案件的具体情况进行审查确定，这一点尤其是应该注意的，也是法院审判的职责所在，不能“一刀切”。本案中，一审法院仅仅以离婚协议签订的时间早于仲裁裁决确定的时间作为依据，而没有对债务形成的时间进行查明认定，等于简单将仲裁裁决的时间作为债务形成的时间，显然没有充足的说服力。某省法院发布的《关于审查处理执行裁决类纠纷案件若干重点问题的解答》第二十条：金钱债权执行中，案外人主张通过离婚协议取得被执行房屋，请求排除执行，如何处理？意见：案外人与被执行人原为夫妻关系，离婚时已签订财产分割协议，约定人民法院查封的、登记在被执行人名下的房屋归案外人所有，但尚未办理过户手续的，如同时符合以下条件，可以排除执行。1. 离婚协议在房屋被人民法院查封前签订并已在相关部门备案；2. 案外人在离婚协议签订后已经实际占有案涉房屋；3. 案外人对房屋未办理过户不存在过错。说明：案外人为被执行人原配偶。如上述条件达成，则案外人对争议房屋享有将所有权变更登记至其名下的请求权，该权利指向争议房屋，具有特定性。而金钱债权没有特

定指向，争议房屋只是作为被执行人责任财产履行金钱债权的一般担保。据此，案外人对争议房屋的请求权优先于一般金钱债权，可以排除执行。该条意见就没有就离婚协议签订的时间节点与债务形成的时间节点进行区分，不够全面。

三、如何准确理解并明确当事人的诉讼请求

对于民事诉讼，我国法律没有规定实行强制律师代理制度，而且即使有律师代理，也未必都能够准确规范推进诉讼行为的顺利进行。因此，最高法院通过一系列的司法解释规定法官对诉讼过程中当事人的一些不规范的请求或者举证行为要进行释明。严格来讲，释明是一种职权行为，当然也属于法官应当履行的法律职责。一般而言，需要法官行使释明权的地方主要表现在当事人的诉讼请求方面。如在一个规范性的诉讼中提出超出本诉讼法定范围的额外的请求，就像本案中案件本身属于申请执行人执行异议之诉，但当事人请求确认对方当事人签订的离婚协议中的部分内容无效以及请求确认经过仲裁裁决确定的债务为夫妻共同债务，这显然超出了申请人执行异议之诉案件的范围，应当属于另案请求、审理的问题。其他还有如原告不服一审判决提起上诉，在上诉请求中又提出了一些在一审没有提出的请求，还有对法律关系的性质提出不当的请求。这些情况在当事人主义审理模式之下，一般都是判决驳回诉讼请求，告知当事人另行起诉。但人民法院定分止争的目标追求以及诉讼经济原则的内在需求，要求人民法院尽可能降低当事人的诉讼成本并最大化节约诉讼资源，因此，对不规范的诉讼行为行使释明权就具有了法律上的正当性。

具体到本案中，作为债权人的申请执行人，起诉请求确认被告离婚协议书的部分内容无效以及确认一方债务为夫妻共同债务，当然不属于申请执行人执行异议之诉的范畴，但其根本还是为了达到将债务人一方无偿转让给夫妻另一方的财产得到强制执行。明确了这一点，就应当向当事人行使释明权。经二审法院的释明与引导，当事人在二审中进行了变更与明确。这在一定程度上也成功避免了讼累，减轻了当事人的诉讼负担，也节约了宝贵的司法资源。

编写人：广东省高级人民法院　史尊奎

10

申请执行人对执行标的享有担保物权，案外人以房屋买卖合同、生效民事调解书主张排除强制执行，应不予支持

——陈某诉李某案外人执行异议之诉案

【案件基本信息】

1. 裁判书字号

新疆维吾尔自治区石河子市人民法院（2022）兵9001民初891号民事判决书

2. 案由：案外人执行异议之诉

3. 当事人

原告（案外人）：陈某

被告（申请执行人）：李某

第三人（被执行人）：王某霞

【基本案情】

2009年4月27日，陈某与王某霞签订房屋买卖协议一份，王某霞将其所有的位于石河子市某小区5栋262号房屋出售给陈某，总价款110000元。陈某支付全部房款后，2009年11月14日王某霞给其出具收条一份。同年，陈某入住案涉房屋，并缴纳物业费以及水电暖等费用。2012年6月20日，王某霞取得案涉房屋产权证，交付给陈某保管。后陈某多次要求王某霞协助办理房屋过户登记手续，王某霞不予配合。2016年6月20日，陈某将王某霞起诉至石河子市人民法院，要求王某霞办理房屋过户手续。法院经调解作出（2016）兵9001民初4275号民事调解书，双方当事人达成协议如下：双方签订的房屋买卖合同有效；王某霞于2016年11月8日前协助陈某办理案涉房屋的过户手续。

王某霞未履行该生效调解书所确定的义务。

2014 年 8 月 28 日，王某霞挂失案涉房屋产权证，以遗失补证为由重新申请办理了案涉房屋产权证。后王某霞以该房屋数次抵押借款。

2016 年 2 月 22 日，王某霞向李某借款 200000 元，并以其名下的位于石河子市某小区 5 栋 262 号房屋提供抵押担保，王某霞提交房屋产权证，于 2016 年 3 月 2 日办理了房屋他项权证。借款期限届满，王某霞未偿还借款。2018 年 1 月 18 日，李某将王某霞诉至石河子市人民法院。法院作出（2018）兵 9001 民初 332 号民事判决，判令：王某霞偿还李某借款 200000 元；王某霞支付李某 2017 年 10 月至 12 月的利息 3000 元。王某霞未履行上述生效民事判决，李某于 2019 年 1 月 17 日向法院申请强制执行。2019 年 4 月 26 日，法院作出（2019）兵 9001 执 140 号之二执行裁定书，终结本次执行程序。2021 年 9 月 10 日，法院作出（2021）兵 9001 执恢 448 号执行裁定书，裁定查封案涉房屋。

2022 年 1 月 12 日，陈某作为案外人提起执行异议，请求人民法院中止对案涉房屋的执行。法院于 2022 年 1 月 13 日作出（2022）兵 9001 执异 3 号执行裁定书，裁定驳回陈某的异议请求。陈某对此裁定不服，遂提起本案之诉。

【案件焦点】

1. 被告李某与第三人王某霞之间房屋抵押权的效力；2. 原告以房屋买卖合同、生效民事调解书主张排除对已被抵押担保的案涉房屋的强制执行，有无法律依据；3. 原告主张其属于《最高人民法院关于人民法院办理执行异议和复议案件若干问题的规定》（以下简称《执行异议和复议规定》）第二十七条的例外情形，应当适用《执行异议和复议规定》第二十八条的规定依法可以排除强制执行，有无法律依据。

【法院裁判要旨】

新疆维吾尔自治区石河子市人民法院经审理认为：本案系案外人执行异议之诉案件，原告作为案外人提起执行异议之诉，因案涉房屋已被法院有效查封，原告的诉请与强制执行有利害冲突。《中华人民共和国民事诉讼法》第二百三十四条规定："执行过程中，案外人对执行标的提出书面异议的，人民法院应当自收到书面异议之日起十五日内审查，理由成立的，裁定中止对该标的的执行；理由不成立的，裁定驳回。案外人、当事人对裁定不服，认为原判决、裁定错误的，依照审判监督程序办理；与原判决、裁定无关的，可以自裁定送达之日起十五日内向人民法院提起诉讼。"《最高人民法院关于适用〈中华人民共和国民事诉讼法〉的解释》（2022年3月22日第二次修正）第三百零三条规定："案外人提起执行异议之诉，除符合民事诉讼法第一百二十条规定外，还应当具备下列条件：（一）案外人的执行异议申请已经被人民法院裁定驳回；（二）有明确的排除对执行标的执行的诉讼请求，且诉讼请求与原判决、裁定无关；（三）自执行异议裁定送达之日起十五日内提起。人民法院应当在收到起诉状之日起十五日内决定是否立案。"第三百零五条规定："案外人提起执行异议之诉的，以申请执行人为被告。被执行人反对案外人异议的，被执行人为共同被告；被执行人不反对案外人异议的，可以列被执行人为第三人。"据此，原告提起的案外人执行异议之诉符合上述法律以及司法解释规定的受理条件。

根据《执行异议和复议规定》第二十四条"对案外人提出的排除执行异议，人民法院应当审查下列内容：（一）案外人是否系权利人；（二）该权利的合法性与真实性；（三）该权利能否排除执行"的规定，本案的问题集中在实体审查：原告作为案外人是否系权利人，其请求排除对案涉房屋的强制执行有无事实以及法律依据。具体来说，涉及的争议焦点为：1. 被告李某与第三人王某霞之间房屋抵押权的效力；2. 原告以房屋买卖合同、生效民事调解书主张排除对已被抵押担保的案涉房屋的强制执行，有无法律依据；3. 原告主张其属于《执行异议和复议规定》第二十七条的例外情形，应当适用《执行异议和复议规定》第二十八条的规定依法可以排除强制执行，有无法律依据。

关于争议焦点一，被告李某与第三人王某霞之间房屋抵押权的效力。《中华人民共和国民法典》第二百零九条第一款规定："不动产物权的设立、变更、转让和消灭，经依法登记，发生效力；未经登记，不发生效力，但是法律另有规定的除外。”第二百一十四条规定：“不动产物权的设立、变更、转让和消灭，依照法律规定应当登记的，自记载于不动产登记簿时发生效力。”第二百一十六条第一款规定：“不动产登记簿是物权归属和内容的根据。”第二百三十二条规定：“处分依照本节规定享有的不动产物权，依照法律规定需要办理登记的，未经登记，不发生物权效力。”根据上述法律规定，本案中，案涉房屋从 2012 年初始登记即登记在第三人王某霞名下，直至现在，原告虽与王某霞签订有房屋买卖合同并支付全部价款实际占有使用，但并未进行权属变更登记，因未经登记，故不发生物权效力，案涉房屋的所有权人依法仍应为王某霞。《中华人民共和国民法典》第二百四十一条规定：“所有权人有权在自己的不动产或者动产上设立用益物权和担保物权。用益物权人、担保物权人行使权利，不得损害所有权人的权益。”第三百九十四条规定：“为担保债务的履行，债务人或者第三人不转移财产的占有，将该财产抵押给债权人的，债务人不履行到期债务或者发生当事人约定的实现抵押权的情形，债权人有权就该财产优先受偿。前款规定的债务人或者第三人为抵押人，债权人为抵押权人，提供担保的财产为抵押财产。”第四百零二条规定：“以本法第三百九十五条第一款第一项至第三项规定的财产或者第五项规定的正在建造的建筑物抵押的，应当办理抵押登记。抵押权自登记时设立。”据此，王某霞作为案涉房屋的所有权人同时亦是向李某借款的债务人，有权将案涉房屋抵押给债权人即被告李某，在自己的不动产房产上设立抵押担保物权，且王某霞为被告李某设立的抵押担保物权已经依法登记并办理了他项权证，故第三人王某霞与被告李某关于抵押房屋的协议有效，被告李某享有的抵押权依法设立亦属合法有效，债务人王某霞不履行到期债务，则李某作为债权人有权就该案涉房屋享有优先受偿权。原告认为案涉房屋系所有权不明有争议，属于民法典第三百九十九条规定禁止抵押的财产，故被告与第三人办理的抵押权登记因违反法律的禁止性规定应当认定为无效。因案涉房屋经依法登记，其所有权人系第三人王某霞，该房屋权属明确清晰，依法不属于《中华人民共和国民法典》第三百九十九条规定所有权不明有争议不得抵押的财产，故原告此主张于法无据，法院不予支持。

关于争议焦点二，原告以房屋买卖合同、生效民事调解书主张排除对已被抵押担保的案涉房屋的强制执行，有无法律依据。原告与第三人王某霞之间达成的房屋买卖合同，原告作为买受人，虽然已经支付全部价款并入住实际占有使用该房屋，王某霞也已经履行了交付房屋及房屋产权证的合同义务，法院生效民事调解书亦确认房屋买卖合同合法有效，但是，一方面，因原告与王某霞至今未办理房屋权属变更登记，依照前述法律规定，案涉房屋的物权权属并未发生变更，房屋所有权人仍系王某霞，故原告作为买受人对案涉房屋不享有物权，其享有的仅为基于合同法律关系所产生的债权，仅享有请求王某霞继续履行房屋买卖合同协助办理变更房屋权属登记手续的权利；另一方面，法院生效民事调解书确认的仅为合同有效、协助办理变更登记的债权，并未确认案涉房屋的物权。而被告李某与第三人王某霞之间的案涉房屋抵押合同有效，抵押权已经合法设立，被告李某依法享有的抵押权系物权。两相比较，被告李某所享有的系抵押担保物权，在法律上具有优先性，具有优先于债权的效力。《执行异议和复议规定》第二十六条第一款规定："金钱债权执行中，案外人依据执行标的被查封、扣押、冻结前作出的另案生效法律文书提出排除执行异议，人民法院应当按照下列情形，分别处理：（一）该法律文书系就案外人与被执行人之间的权属纠纷以及租赁、借用、保管等不以转移财产权属为目的的合同纠纷，判决、裁决执行标的归属于案外人或者向其返还执行标的且其权利能够排除执行的，应予支持；（二）该法律文书系就案外人与被执行人之间除前项所列合同之外的债权纠纷，判决、裁决执行标的归属于案外人或者向其交付、返还执行标的的，不予支持。（三）该法律文书系案外人受让执行标的的拍卖、变卖成交裁定或者以物抵债裁定且其权利能够排除执行的，应予支持。"第二十七条规定："申请执行人对执行标的依法享有对抗案外人的担保物权等优先受偿权，人民法院对案外人提出的排除执行异议不予支持，但法律、司法解释另有规定的除外。"根据上述司法解释的规定，被告李某作为申请执行人对案涉房屋享有担保物权，足以对抗案外人原告所享有的债权，故原告以房屋买卖合同、生效民事调解书主张排除对已被抵押担保的案涉房屋的强制执行，于法无据，法院不予支持。

关于争议焦点三，原告主张其属于《执行异议和复议规定》第二十七条的例外情形，应当适用《执行异议和复议规定》第二十八条的规定依法可以排除强制执行，有无法律依据。《执行异议和复议规定》第二十八条规定："金钱债权执行中，买受人对登记在被执行人名下的不动产提出异议，符合下列情形且其权利能够排除执行的，人民法院应予支持：（一）在人民法院查封之前已签订合法有效的书面买卖合同；（二）在人民法院查封之前已合法占有该不动产；（三）已支付全部价款，或者已按照合同约定支付部分价款且将剩余价款按照人民法院的要求交付执行；（四）非因买受人自身原因未办理过户登记。"关于《执行异议和复议规定》第二十七条和第二十八条的关系，从文义解释上看，第二十八条的内容系在无担保物权等优先受偿权的情形下应适用的规则；从体系解释上看，第二十七条在前，第二十八条在后，即存在担保物权时符合第二十七条的情形，则应先适用第二十七条，如果不存在担保物权情形时才适用第二十八条；从目的解释上看，第二十七条的例外情形，指的是物权优先于债权的例外情形，并非指第二十八条的适用。据此，原告主张在已经存在担保物权情形下其属于《执行异议和复议规定》第二十七条的例外情形，应当适用《执行异议和复议规定》第二十八条的规定可以排除强制执行，于法无据，法院不予支持。

新疆维吾尔自治区石河子市人民法院依照《中华人民共和国民法典》第二百零九条第一款、第二百一十四条、第二百一十六条第一款、第二百三十二条、第二百四十一条、第三百九十四条、第三百九十九条、第四百零二条，《中华人民共和国民事诉讼法》第二百三十四条，《最高人民法院关于适用〈中华人民共和国民事诉讼法〉的解释》（2022年3月22日第二次修正）第三百零三条、第三百零五条，《最高人民法院关于人民法院办理执行异议和复议案件若干问题的规定》第二十四条、第二十六条第一款、第二十七条、第二十八条之规定，作出如下判决：

驳回原告陈某的全部诉讼请求。

【法官后语】

一、案外人以确认房屋买卖合同有效、协助办理房屋变更登记手续的民事调解书作为依据，能否排除对执行标的依法享有担保物权的申请执行人对案涉房屋的强制执行

《执行异议和复议规定》第二十四条规定："对案外人提出的排除执行异议，人民法院应当审查下列内容：（一）案外人是否系权利人；（二）该权利的合法性与真实性；（三）该权利能否排除执行。"根据此，本案的问题集中在，案外人以确认房屋买卖合同有效、协助办理房屋变更登记手续的民事调解书作为依据，能否排除对执行标的依法享有担保物权的申请执行人对案涉房屋的强制执行？这涉及申请执行人和案外人各自享有权利的性质的认定，以及哪一方享有的权利具有优先性。

1. 申请执行人的权利为担保物权。一方面，第三人王某霞与被告李某（申请执行人）关于抵押房屋的协议有效；另一方面，双方还依法进行登记办理了房屋他项权证。因此，被执行人享有的抵押权依法设立且属合法有效。该抵押权所产生的法律效果为，债务人如果不履行到期债务，则李某作为债权人有权就该案涉房屋享有优先受偿权。

2. 案外人的权利为普通债权。案外人与第三人王某霞之间达成房屋买卖合同，案外人作为买受人，虽然已经支付全部价款并入住实际占有使用该房屋，王某霞也已经履行了交付房屋及房屋产权证的合同义务，法院生效民事调解书亦确认房屋买卖合同合法有效。但是，《中华人民共和国民法典》第二百零九条第一款规定："不动产物权的设立、变更、转让和消灭，经依法登记，发生效力；未经登记，不发生效力，但是法律另有规定的除外。"第二百一十四条规定："不动产物权的设立、变更、转让和消灭，依照法律规定应当登记的，自记载于不动产登记簿时发生效力。"第二百一十六条第一款规定："不动产登记簿是物权归属和内容的根据。"第二百三十二条规定："处分依照本节规定享有的不动产物权，依照法律规定需要办理登记的，未经登记，不发生物权效力。"一方面，因案外人与王某霞至今未办理房屋权属变更登记，依照前述法

律规定，案涉房屋的物权权属并未发生变更，房屋所有权人仍系王某霞，故案外人作为买受人对案涉房屋不享有物权，其享有的仅为基于合同法律关系所产生的债权，仅享有请求王某霞继续履行房屋买卖合同协助办理变更房屋权属登记手续的权利；另一方面，法院生效民事调解书确认的仅为合同有效、协助办理变更登记的债权，并未确认案涉房屋的物权。

3. 担保物权优先于普通债权。上述申请执行人与案外人各自享有的权利两相比较，申请执行人李某所享有的系抵押担保物权，在法律上具有优先性，具有优先于债权的效力。《执行异议和复议规定》第二十七条规定："申请执行人对执行标的依法享有对抗案外人的担保物权等优先受偿权，人民法院对案外人提出的排除执行异议不予支持，但法律、司法解释另有规定的除外。"据此，申请执行人对案涉房屋享有担保物权，足以对抗案外人所享有的债权，故案外人以房屋买卖合同、生效民事调解书主张排除对已被抵押担保的案涉房屋的强制执行，于法无据，法院应当不予支持。

二、关于《执行异议和复议规定》第二十七条和第二十八条的关系

《执行异议和复议规定》第二十七条在认定担保物权优先性的同时，有一个但书条款即"但法律、司法解释另有规定的除外"，案外人以其持有房屋买卖合同、生效民事调解书为由，主张其属于《执行异议和复议规定》第二十七条的例外情形，应当适用《执行异议和复议规定》第二十八条的规定依法可以排除强制执行。这涉及《执行异议和复议规定》第二十七条和第二十八条的关系，第二十八条的内容系在无担保物权等优先受偿权的情形下应适用的规则；存在担保物权时符合第二十七条的情形，则应适用第二十七条，如果不存在担保物权情形时才适用第二十八条。据此，案外人主张在已经存在担保物权情形下其属于《执行异议和复议规定》第二十七条的例外情形，应当适用《执行异议和复议规定》第二十八条的规定可以排除强制执行，于法无据，法院应当不予支持。

编写人：新疆维吾尔自治区石河子市人民法院　王弦

11

已设立抵押权的案涉房产是否可以强制过户

——中国某银行股份有限公司福州分行与林某、某房地产开发有限公司执行异议案

【案件基本信息】

1. 裁判书字号

福建省福州市中级人民法院（2022）闽01执复287号执行裁定书

2. 事由：执行异议

3. 当事人

复议申请人（利害关系人）：中国某银行股份有限公司福州分行

申请执行人：林某

被执行人：某房地产开发有限公司

【基本案情】

林某因与某房地产开发有限公司（以下简称某房产公司）的房屋买卖合同纠纷诉至福建省晋安区人民法院（以下简称晋安法院），2022年3月25日，晋安法院作出（2022）闽0111民初509号民事判决：一、某房产公司应于判决生效后十日内将名下位于福建省福州市某第8#楼2702单元房产的不动产权属过户登记至林某名下；二、驳回林某其他诉讼请求。因某房产公司未按生效判决履行，林某向晋安法院申请执行。

2022年5月6日，晋安法院向福州市不动产登记和交易中心送达（2022）闽0111执2981号之一《协助执行通知书》，请求协助执行以下事项：将原属被执行人某房产公司案涉第8#楼2702单元不动产权属带抵押变更登记至林某名

下，办理产权登记的相关费用由林某自理。上述房产产权变更登记后，抵押权人中国某银行股份有限公司福州分行（以下简称某福州分行）对晋安法院（2022）闽0111执2981号之一《协助执行通知书》的执行行为提出书面异议，主张其在《中华人民共和国民法典》施行前已就案涉房产办理抵押登记，抵押期间未经抵押权人同意，不能办理转移登记，以及晋安法院“带押过户”的执行行为超出执行依据的判决范围且《协助执行通知书》援引的法条有误，直接损害了某福州分行作为抵押权人所享有的法律权利。

【案件焦点】

已设立抵押权的案涉房产是否可以强制过户。

【法院裁判要旨】

福建省福州市晋安区人民法院经审理认为：首先，某福州分行关于其在《中华人民共和国民法典》施行前已就案涉房产办理抵押登记，抵押期间未经抵押权人同意，不能办理转移登记的主张，属于对（2022）闽0111民初509号民事判决内容的异议，不属于执行异议的范围；其次，“不动产权属带抵押变更登记”属于“不动产权属变更登记”的方式之一，二者相较，“不动产权属带抵押变更登记”的内涵更大外延更小，因此（2022）闽0111执2981号之一《协助执行通知书》的执行内容并未超出（2022）闽0111民初509号民事判决范围。此外，（2022）闽0111执2981号之一《协助执行通知书》援引的法条有误，存在瑕疵，应予更正，但不构成对当事人权益的侵害。综上，某福州分行的异议理由，不能成立。依照《中华人民共和国民事诉讼法》第二百三十二条规定，裁定如下：驳回中国某银行股份有限公司福州分行的异议请求。

某福州分行向福建省福州市中级人民法院（以下简称福州中院）申请复议。

福建省福州中院经审理认为：生效的（2022）闽0111民初509号民事判决已确定案涉房产的不动产权属过户登记至林某名下，某福州分行关于未经其同意，不能办理转移登记的主张，法院不予采信。同时，晋安法院根据上述生效的民事判决，作出（2022）闽0111执2981号之一《协助执行通知书》，要求将不动产权属带抵押变更登记至林某名下，并未超出生效民事判决范围，亦未侵害某福州分行的利益。综上，某福州分行的复议理由不成立，对其复议申请不予支持。依照《最高人民法院关于人民法院办理执行异议和复议案件若干问题的规定》第二十三条第一款第一项的规定，裁定如下：

驳回中国某银行股份有限公司福州分行的复议申请，维持福建省福州市晋安区人民法院（2022）闽0111执异23号执行裁定。

【法官后语】

《中华人民共和国民法典》第四百零六条放开了抵押物转让的限制，是民法典编纂的最大亮点之一，其对促进物的充分利用与流转、实现物的价值具有重要意义。本案例为畅通《中华人民共和国民法典》第四百零六条司法实践的审执衔接、确保该规范的制度功能发挥，提供了可资借鉴的执行程序范式：

一、抵押权人异议不属于执行行为异议审查范围

对执行依据内容不服，不属于执行异议的范围，根据《最高人民法院关于人民法院办理执行异议和复议案件若干问题的规定》第五条：有下列情形之一的，当事人以外的自然人、法人和非法人组织，可以作为利害关系人提出执行行为异议：（一）认为人民法院的执行行为违法，妨碍其轮候查封、扣押、冻结的债权受偿的；（二）认为人民法院的拍卖措施违法，妨碍其参与公平竞价的；（三）认为人民法院的拍卖、变卖或者以物抵债措施违法，侵害其对执行标的的优先购买权的；（四）认为人民法院要求协助执行的事项超出其协助范围或者违反法律规定的；（五）认为其他合法权益受到人民法院违法执行行为侵害的。本案中某福州分行提出的关于其在《中华人民共和国民法典》施行前已就案涉房产办理抵押登记，抵押期间未经抵押权人同意，不能办理转移登记的主张，属于对（2022）闽0111民初509号民事判决内容的异议，并不符合法定的执行行为异议审查范围，如其认为执行依据错误，可通过提起第三人撤销之诉或者申请再审的方式救济。

二、"不动产权属变更登记"的正当性解释

"不动产权属带抵押变更登记"属于"不动产权属变更登记"的方式之一，

二者相较，“不动产权属带抵押变更登记”的内涵更大、外延更小。执行机构从民事强制执行角度出发，对执行依据内容作出的正式解释可称为执行解释，执行解释为有权解释，具有法律效力。本案审理过程中，在已查明案涉房产存在抵押的情况下，仍支持了原告变更登记的诉请。执行过程中，执行机构结合执行依据的文义，在综合把握执行依据全文，统筹考量各方权利义务关系的基础上对执行依据作出一定限度的解释，认为“不动产权属带抵押变更登记”属于“不动产权属变更登记”的方式之一并无不妥，是生效判决执行力客观范围的合理扩张，因此（2022）闽0111执2981号之一《协助执行通知书》的执行内容并未超出（2022）闽0111民初509号民事判决范围。

三、援引法条不当未侵害抵押权人权利

执行过程中送达的（2022）闽0111执2981号之一《协助执行通知书》援引的法条有误，存在瑕疵，应予更正，但《协助执行通知书》要求协助执行的事项并未超出执行依据（2022）闽0111民初509号民事判决范围，且援引法条有误并未导致当事人救济等程序权利受到侵害，亦未侵害抵押权人的实体权利。

需要说明的是，《中华人民共和国民法典》生效后，执行程序中依照执行依据强制过户案涉房屋时，越来越普遍地遇到房屋已抵押登记的情形。经梳理相关裁判，无一例外的是案件诉讼审理阶段均未对抵押法律关系进行审查，即使有的案件已查明存在恶意抵押、原告同意带押过户或者双方当事人协议共同还贷等事实。虽然执行程序中强制“带押过户”后，抵押权人可以提起第三人撤销之诉或者申请再审主张抵押权，但毕竟是事后救济，难免存在权利救济不及时的问题。对抵押权人合法权益更周延的保护方式，是在相关纠纷的诉讼审理阶段，将抵押权人追加为有独立请求权第三人，并对抵押法律关系进行审理，这样也能减轻抵押权人讼累，有利于纠纷的一并解决。

编写人：福建省福州市晋安区人民法院　黄炀炀　柯建兴

12

因企业转制而出让的房屋由被执行人合法取得后又出售给案外人，即便根据现行政策暂时无法过户，符合一定条件的也可以排除执行

——许某诉顾某案外人执行异议之诉案

【案件基本信息】

1. 裁判书字号

江苏省无锡市中级人民法院（2022）苏02民终2269号民事判决书

2. 案由：案外人执行异议之诉

3. 当事人

原告（上诉人、案外人）：许某

被告（被上诉人、申请执行人）：顾某

第三人（被执行人）：张某

【基本案情】

江苏省无锡装卸机械厂（以下简称装卸厂）因企业转制后留有部分房产，经审批于2000年12月30日与张某签订房产买卖契约，向张某出让坐落于无锡市锡山区东某镇×幢×楼房屋。张某于2001年4月13日办理了房屋所有权登记。

2017年10月1日，许某与张某签订房屋买卖合同，约定：甲方（张某）自愿将上述房屋出售给乙方（许某），乙方对该房屋已作充分了解并实地看房，对该房屋现状无异议，愿意购买。乙方在2017年10月1日前一次性付清房款，

同时甲方将钥匙交付给乙方，并办理水、电过户手续，把原有房产证交给乙方。甲方保证房屋权属无争议（无对外抵押、抵债等）。甲、乙双方同意暂不办理过户手续，甲方承诺无论政策出现任何变化，该房屋归乙方所有。如政策允许过户，甲方协助乙方办理过户手续，过户费用由乙方承担。同日，许某通过银行转账给张某22.5万元，另现金交付12万元，张某出具收条确认收到许某房款34.5万元。后张某向许某交付了案涉房屋及房产证。许某名下在无锡市内无其他住房。许某表示，其先自住，后将案涉房屋出租了一段时间并收取租金，现在由其及爷爷奶奶居住，并提供了相应证据。

经向无锡市自然资源和规划局锡山分局调查了解，装卸厂公司类型为集体所有制，已注销，土地性质为集体划拨，用途为工业用地，申请办理过集体土地使用权登记。案涉房屋产权人为张某，系通过购买的形式从装卸厂取得，当时未依法办理土地使用权转移登记。该土地性质用途为集体工业用地，地上房屋暂不具备办理转移登记条件。

江苏省无锡市锡山区人民法院就顾某诉张某等民间借贷纠纷案立案受理后，依据顾某的保全申请，于2019年5月24日在江苏省无锡市不动产登记中心锡山分中心对张某名下案涉房屋办理了查封手续。2019年8月6日，江苏省无锡市锡山区人民法院作出（2019）苏0205民初2689号民事判决：由张某归还顾某借款本金650364元及相应利息等。

因张某未履行生效判决确定的付款义务，根据顾某的申请，江苏省无锡市锡山区人民法院于2020年5月20日立案强制执行。后许某以其已购买案涉房屋为由提出执行异议，江苏省无锡市锡山区人民法院通知许某到庭谈话，其表示知晓案涉房产因政策性原因无法办理过户手续。该院于2021年4月26日作出（2021）苏0205执异41号执行裁定：驳回许某的异议请求。许某不服，提出案外人执行异议之诉。

【案件焦点】

许某对案涉房屋是否享有足以排除本案强制执行的民事权益。

【法院裁判要旨】

江苏省无锡市锡山区人民法院经审理认为：本案系执行异议之诉，应重点审查案外人是否对执行标的享有足以排除强制执行的民事权益。案涉房屋登记在张某名下，土地性质用途为集体工业用地，并不具备过户登记条件，案外人许某明知相关风险仍购买，不能排除法院对案涉房屋的强制执行。具体分析如下：

首先，根据法律规定，不动产物权的设立、变更、转让和消灭，经依法登记，发生效力；未经登记，不发生效力。不动产物权的设立、变更、转让和消灭，依照法律规定应当登记的，自记载于不动产登记簿时发生效力。虽然许某与张某就案涉房屋签订了房屋买卖合同，支付了全部购房款，且已实际占有使用案涉房屋，但根据物权公示原则，案涉房屋权利人按照不动产登记簿记载，仍然为张某。案涉房屋未经转移登记，不动产物权的变更并未发生效力，许某并没有成为案涉房屋所有权人。

其次，经调查，案涉房屋土地性质为集体划拨，用途为工业用地，并不具备过户登记条件，案涉房屋限制流通转让，许某对最终获得物权并不存在可期待性。

再次，案外人许某并非商品房消费者，而是一般不动产买受人，应参照适用《最高人民法院关于人民法院办理执行异议和复议案件若干问题的规定》第二十八条的规定进行审查，且四个条件缺一不可。关于本案中是否系买受人自身原因未办理过户登记，该院认为，能够归责于买受人的原因，分为三个层面，一是对他人权利障碍的忽略，二是对政策限制的忽略，三是消极不行使登记权利。本案中，许某在执行异议谈话时表示知晓案涉房屋因政策性原因无法办理过户手续，经办案涉房屋买卖的许某亲属许某某表示“许某说房子比较便宜”，房屋买卖合同更是明确写明“对该房屋已作充分了解并实地看房，对该房屋现状无异议”“同意暂不办理过户手续”“如政策允许过户”，由此可见，在签订房屋买卖合同购买案涉房屋时，许某对案涉房屋不能过户的现状及将来可能不能办理过户登记取得物权的风险应当是明知的，但因为房屋价格便宜，遂采取容忍风险的态度与张某签订合同，主观上具有明显过错。案外人知道或者应当知道因政策原因受到限购或限制流通转让等情形，案涉房屋无法办理过户登记的，原则上应认定系案外人自身原因未办理过户登记手续。许某明知相关风险仍购买，且一直未有办理过户登记手续的积极作为，自身有过错，应自行承担相应的后果。

综上，案外人许某作为一般不动产买受人，系自身原因导致案涉房屋未能过户，就案涉房屋不享有足以排除强制执行的民事权益，其诉讼请求不予支持。据此，江苏省无锡市锡山区人民法院判决如下：

驳回许某的诉讼请求。

许某不服，提起上诉。江苏省无锡市中级人民法院经审理认为：许某请求排除本案中对案涉房屋的强制执行，符合法律规定，应予支持。一、案涉房屋不属于张某的责任财产，不应纳入本案强制执行的范围。人民法院在执行程序中对被执行人所采取的强制执行措施，应当以其责任财产为限，如果有证据证明拟执行标的不属于被执行人的责任财产，则人民法院应当停止对该标的执行。本案中，2017 年 10 月 1 日，许某与张某签订房屋买卖合同，并且支付了全部购房款，张某向许某交付了案涉房屋及房产证，双方之间的房屋买卖合同已经基本履行完毕，张某作为出卖人对案涉房屋不再享有任何法律上的实体权利，仅负有在政策允许的情况下协助许某办理过户登记的义务。据此，案涉房屋已经脱离张某责任财产范围，又因张某收取了全额购房款，责任财产并未因此减损，张某无权再用案涉房屋偿付其个人债务，否则有违公平、诚信的法律原则，现在也没有证据证明许某与张某存在恶意串通或者有其他利害关系。

二、根据现有证据，许某称其已经取得案涉房屋所有权的意见暂不能成立，但是其基于对案涉房屋享有占有、使用、收益等实体权益以及在政策允许的情况下可以要求张某协助办理过户登记手续，相比顾某查封在后的普通金钱债权，应予优先保护，故可以排除本案的强制执行。1. 许某与张某之间的房屋买卖合同在法院查封之前签订，许某已经支付了全部购房款，并实际占有使用案涉房屋。2. 虽然案涉房屋现在暂不能办理过户手续，但是应该看到案涉房屋系装卸厂因企业转制经过审批而出售给张某，并由张某领取了房屋所有权证书，根据一审法院向无锡市自然资源和规划局锡山分局的调查了解，当时未依法办理土地使用权转移登记，该土地性质用途为集体工业用地，致使现在案涉房屋暂不具备办理转移登记条件。此种情况系因历史原因造成。但是从张某取得房屋所有权证书的经过和事实来看，张某对案涉房屋有一定的处置权，在签订房屋买卖合同并收取购房款后，已向许某交付了案涉房屋及房产证，不能因暂不具备办理转移登记条件而否定与许某之间签订的房屋买卖合同的效力，许某对案涉房屋系合法占有，享有占有、使用、收益等实体权益以及在政策允许的情况下可以要求张某协助办理过户登记手续，该权益已不同于一般的债权，具有一定的物权权能。3. 许某名下在无锡市内无其他住房，二审中许某陈述自己及家人现在居住在案涉房屋内，尽管顾某对许某的陈述尚有异议，但并无证据证明许某除案涉房屋之外还有其他可用于居住的房屋，故案涉房屋对许某具有居住保障功能，相对于顾某享有的普通金钱债权，有优先保护的价值和意义。4. 根据《中华人民共和国物权法》第九条规定“不动产物权的设立、变更、转让和消灭，经依法登记，发生效力；未经登记，不发生效力，但法律另有规定的除外。”案涉房屋现在暂不具备转移登记条件，无法发生物权变动的效力，在政策允许并办理过户登记之前，许某主张其已经取得案涉房屋所有权的意见不符合法律规定，一审对此认定正确。但是许某享有足以排除本案中基于顾某查封在后的普通金钱债权而申请执行的民事权益，对于其主张本案中不得执行案涉房屋的意见应予支持。

综上所述，许某的上诉请求成立，予以支持。江苏省无锡市中级人民法院依照《中华人民共和国物权法》第九条第一款、第十五条，《最高人民法院关于适用〈中华人民共和国民法典〉时间效力的若干规定》第一条第二款，《中华人民共和国民事诉讼法》第一百七十七条第一款第二项，《最高人民法院关于适用〈中华人民共和国民事诉讼法〉的解释》第三百零九条、第三百一十条第一款第一项规定，判决如下：

一、撤销江苏省无锡市锡山区人民法院（2021）苏0205民初2933号民事判决；

二、不得执行案涉房屋。

【法官后语】

现实中不动产买卖行为与权属登记的分离，致使实践中出现不动产买受人主张外观权属与实质权属不一致而引发的执行异议及异议之诉案件日益增多。如何妥善审理此类案件，是执行裁判工作中面临的一大难题。此类案件要解决的核心问题是不动产买受人主张的实体权益能否排除执行，或者说是不动产买受人与申请执行人之间权利顺位排序如何确定。

执行异议之诉程序中，应当坚持实质审查原则，不应受外观权属，或者说商事外观主义的限制。商事外观主义一般适用于因合理信赖权利外观或者意思表示外观而进行的民商事交易行为，重在保护交易安全，与执行异议之诉程序中权利顺位排序的价值追求并不一致，不应适用。因此，此类案件审理中，如申请执行人并非针对被执行人名下争议标的从事交易，仅因债务纠纷查寻被执行人的财产用于还债，则对申请执行人没有信赖利益保护的需要，此时应当注重财产的实质归属判断，不受外观权属的影响。

不动产买受人主张的实体权益能否排除执行，可以从以下三个维度进行考量：

第一，严格遵循权利顺位排序的基本规则。综观法律及司法解释规定，权利顺位排序需要遵循以下规则：生存权最优先保护；法定优先权优先于物权；物权优先于债权；法律规定的特殊债权优先于普通债权；普通债权平等保护。按照上述排序规则，具体到执行中常见的权利类型来看，消费者物权期待权>建设工程价款优先受偿权>抵押权>一般买受人物权期待权>直接针对特定不动产的特定交付之债>不指向特定不动产的金钱之债。

第二，参照适用《最高人民法院关于人民法院办理执行异议和复议案件若干问题的规定》第二十八条、第二十九条规定，认定物权期待权是否成立。不动产买受人往往主张自己享有物权期待权，具体包括依据第二十八条规定的一般买受人物权期待权、依据第二十九条规定的消费者物权期待权。案外人执行异议之诉坚持实质审查原则，因上述条款规定了部分实质审查的内容，故可以参照适用。

第三，根据责任财产理论，判断执行标的物是否应被列为被执行人的责任财产范畴。依据债务人的全部财产是全部债权的总担保的理念，只要属于债务人所有并且具有财产价值的，均应当执行。当然如果某项财产不再属于被执行人的责任财产，则不应再强制执行。对于有证房产，着重参照物权期待权的标准判断是否为责任财产；对于无证房产，则重点关注交易合意的真实性、价款是否全部支付以及查封之前有无占有使用等因素。

具体到本案中，可以从上述三个维度进行考量判断。首先，许某名下在无锡市内无其他住房，且其及家人居住在案涉房屋内，故案涉房屋对许某具有居住保障功能，相对于顾某的普通金钱债权，有优先保护的价值和意义。其次，许某与张某之间的房屋买卖合同在法院查封之前签订，且已经支付了全部购房款，并实际占有使用案涉房屋，满足一般买受人物权期待权的前三个要件。关于是否满足“非因买受人自身原因未办理过户登记”的要件问题，双方争议较大。综合案涉房屋取得及转让过程看，案涉房屋系装卸厂因企业转制经过审批而出售给张某，并由张某领取了房屋所有权证书，因当时未依法办理土地使用权转移登记，该土地性质用途为集体工业用地，致使现在案涉房屋暂不具备办理转移登记条件。此种情况系因历史原因造成，应当认定许某未办理过户登记有合理的客观理由。此时，许某对案涉房屋的权益与一般买受人物权期待权没有实质差别，应作同样对待，亦优先于顾某的普通金钱债权。最后，房屋买卖合同基本履行完毕，张某作为出卖人对案涉房屋不再享有任何法律上的实体权利，仅负有在政策允许的情况下协助许某办理过户登记的义务，案涉房屋已经脱离张某责任财产范围，又因张某收取了全额购房款，责任财产并未因此减损，故张某无权再用案涉房屋偿付其个人债务。

综上，本案二审正是基于权利顺位排序、物权期待权的认定及责任财产等三个维度，进行综合评判后，支持了案外人许某的诉请，判决对案涉房屋不予执行。

编写人：江苏省无锡市中级人民法院　申富军　曹宏嘉

13

在不可归责于房屋买受人的情形下，房屋善意买受人的合法权益应当依法保护

——金某平诉吴某牛执行异议之诉案

【案件基本信息】

1. 裁判书字号

湖北省咸宁市中级人民法院（2022）鄂12民终2856号民事判决书

2. 案由：执行异议之诉

3. 当事人

原告（上诉人）：金某平

被告（被上诉人）：吴某牛

第三人（被上诉人）：金某明

【基本案情】

2017年3月13日，金某平在通某县某居民委员会监证单位和金某明签订了《房屋买卖协议》，陈某华作为第三方于同日在协议签名，该协议约定金某明将位于通某县某四层的房产卖给金某平，总房款58万元、需一次性付完房款的方式。金某明向金某平出具收到金某平58万元的购房款收条后，金某平将58万元的购房款分别于2017年3月17日付给陈某华42万元（其中38万元通过转账给陈某华、现金4万元给陈某华），又通过转账付给刘某耀16万元。金某平于2017年3月17日前付清了全部的58万元购房款后，金某明也依约将房屋立即移交给了金某平，并将该房屋所有权证和国有土地使用证一并交给了金某平。因金某明与吴某牛民间借贷纠纷一案，一审法院于2021年11月29日作

出（2021）鄂1222民初1537号民事判决，判决金某明在判决生效后三十日内偿还吴某牛借款本金20万元及利息（2014年6月1日至2020年8月19日期间利息以本金20万元按月利率2%计算，2020年8月19日之后的利息按年利率15.4%计算至付清之日止）。判决生效后，因金某明未能履行判决书确定的义务，2022年2月21日，吴某牛向一审法院申请强制执行，一审法院于同日执行立案；在执行过程中，一审法院于2022年6月13日作出（2022）鄂1222执279号之一执行裁定，查封了金某明名下的案涉四层楼房。金某平在上述房屋被查封后，向法院执行部门提出异议，其主要理由是金某明将案涉的四层楼房卖给金某平，总房款58万元，采用一次性付款的方式，原告于2017年3月17日前付清了全部的58万元购房款，金某明也依约将房屋移交给了金某平，并将该房所有权证书也交给了金某平。仅未办理过户手续。故要求法院解除对系争房屋的查封。通城县人民法院对此依法组成合议庭进行了审查，并于2022年9月20日作出（2022）鄂1222执异57号执行裁定书，裁定驳回金某平提出的异议。金某平遂提起本案诉讼，要求判如所请。以上事实有原、被告向一审法院提交证据及原、被告，第三人陈述在卷佐证。

【案件焦点】

案外人金某平对于诉争的房屋产权是否享有足以排除强制执行的民事权益。

【法院裁判要旨】

湖北省通城县人民法院经审理认为：根据《最高人民法院关于适用〈中华人民共和国民法典〉时间效力的若干规定》第一条第三款的规定：“民法典施行前的法律事实持续至民法典施行后，该法律事实引起的民事纠纷案件，适用民法典的规定，但是法律、司法解释另有规定的除外”。本案系争房屋是第三人金某明个人所有，根据民法典相关规定，系争房屋应属第三人金某明个人单独所有财产。依据《中华人民共和国民法典》第二百零九条明确规定，“不动产物权的设立、变更、转让和消灭，经依法登记，发生效力；未经登记，不发生效力，但是法律另有规定的除外”。双方在买卖协议中约定上述房屋产权均归金某平所有，这是第三人对自己在系争房屋产权中所拥有份额的处分，该处分行为未经产权变更登记并不直接发生物权变动的法律效果，也不具有对抗第三人的法律效力。因系争房屋的产权未发生变更登记，第三人金某明仍为系争房屋的登记产权人，其在系争房屋中的产权份额尚未变动至金某明名下，故在第三人对外尚存未履行债务的情况下，被告吴某牛作为第三人的债权人，要求对第三人名下的财产予以司法查封并申请强制执行符合法律规定。金某平依据《房屋买卖协议》对系争房屋产权的约定要求确认系争房屋的所有权属其所有，并要求解除对系争房屋的司法查封、停止对系争房屋执行的诉讼请求，于法无据，一审法院不予支持。综上所述，依照《中华人民共和国民法典》第二百零九条、第二百一十条，《中华人民共和国民事诉讼法》（2021 年）第二百三十四条，《最高人民法院关于适用〈中华人民共和国民事诉讼法〉的解释》（2022 年）第三百一十一条之规定，判决驳回金某平的诉讼请求。

金某平提起上诉。湖北省咸宁市中级人民法院经审理认为：本案诉争焦点是执行案外人金某平对于诉争的房屋产权是否享有足以排除强制执行的民事权益。结合一、二审法庭调查，法院分述评判如下：

一、关于金某明与金某平房屋买卖的事实。经查，2017 年 3 月 13 日在监证单位通某县某村委会监证下，金某明（甲方）和金某平（乙方）签订了《房屋买卖协议》，陈某华为金某明（甲方）委托代理人，陈某华为金某明的妹夫经授权有权帮处理甲方房产买卖事宜。该协议约定金某明将案涉四层的房产卖给金某平，总房款 58 万元，需一次性付完房款。金某平将 58 万元的购房款分别于 2017 年 3 月 17 日付给陈某华 42 万元（其中 38 万元通过转账给陈某华、现金 4 万元给陈某华），又通过转账付给刘某耀 16 万元。金某平于 2017 年 3 月 17 日前付清了全部的 58 万元购房款，金某明向金某平出具收到金某平 58 万元的购房款收条，金某明依约将房屋（毛坯房）移交给了金某平，并且将该房屋所有权证和国有土地使用证一并交给了金某平。上述事实，金某明与金某平关于案涉房屋买卖、付款、交付陈述相吻合，陈某华有相关陈述佐证，并有通某县某村委会、通某县某社区书面证明证实。

二、关于房屋的交付装饰使用情况。2017年3月13日金某明将案涉房屋卖给了金某平，分两次转款54万元，给付现金4万元，金某明出具了收到金某平买房款58万元收条，金某明即将该房屋（毛坯房）及土地证、房产证等相关手续一并交给了金某平。2018年2月金某平将该毛坯房进行装修。一审庭审时，证人刘某亚、张某亮出庭证明他们帮金某明装修上述所购房屋的事实。通某县某村委会向法庭出具书面证明："2017年3月17日金某明将案涉的四层楼房出售给金某平，并将房产手续过户给金某平，特此证明。"通某县某社区向法庭出具书面证明："兹有我社区常住居民金某平，2017年3月16日金某明将案涉的四层楼房出售给金某平，该房屋出售时为毛坯状态，金某平于2018年上半年装修，农历2018年底乔迁入住至今的事实。"金某平还向法庭提交了其投资装修的房屋、家人生活居住于该房屋的照片，金某平用手机缴纳电费的缴费凭证。上述证据证明金某明2017年3月将该房屋（毛坯房）及土地证、房产证等相关手续一并交给了金某平，金某平自2018年上半年装修该房屋，农历2018年底金某平家庭搬迁入住该房屋至今的事实。

三、关于当事人是否享有足以排除强制执行的民事权益。依据《最高人民法院关于适用〈中华人民共和国民事诉讼法〉的解释》第三百一十一条规定："案外人或者申请执行人提起执行异议之诉的，案外人应当就其对执行标的享有足以排除强制执行的民事权益承担举证证明责任。"《最高人民法院关于人民法院办理执行异议和复议案件若干问题的规定》第二十八条规定：金钱债权执行中，买受人对登记在被执行人名下的不动产提出异议，符合下列情形且其权利能够排除执行的，人民法院应予支持：（一）在人民法院查封之前已签订合法有效的书面买卖合同；（二）在人民法院查封之前已合法占有该不动产；（三）已支付全部价款，或者已按照合同约定支付部分价款且将剩余价款按照人民法院的要求交付执行；（四）非因买受人自身原因未办理过户登记。本案中，首先是看房屋买卖时间，2017年3月13日金某明与金某平签订了案涉房屋书面买卖合同，通城县人民法院于2022年6月13日作出（2022）鄂1222执279号之一执行裁定，查封了金某明名下的案涉四层楼房。即签订房屋买卖合同时间在法院查封之前。其次，在通城县人民法院查封之前金某平已装修入住房屋，合法占有了该不动产，且属于金某平家庭生活基本保障住房，当地基层社区、基层组织已向法庭出具了证明，能够与上述事实相吻合。通城县不动产登记中心信息记载：金某平无其他房屋登记记录，通城县不动产登记中心信息载明案涉房屋无抵押、无预告、无预抵登记，即案涉房屋无房屋抵押他项权登记。金某平于 2017 年 3 月 17 日前付清了全部的 58 万元购房款，金某明已出具了收到金某平购房款收条。通某县塘某村民委员会出具了书面证明，金某平 2017 年以来多次要求金某明回通城办理房屋过户，由于金某明一直在外地造成金某平无法过户，该事实与金某明与金某平在法庭陈述内容相一致。基于以上事实，金某平在法院查封案涉房产之前已经签订了真实有效的购房合同，并已合法占有使用案涉房屋，未办理过户登记是由于金某明一直在外地未回的原因，不可归责于房屋买受人。本案符合《最高人民法院关于人民法院办理执行异议和复议案件若干问题的规定》第二十八条规定的条件，金某平对案涉房屋享有足以排除强制执行的民事权益。故一审适用法律错误，法院依法予以纠正。

湖北省咸宁市中级人民法院依照《最高人民法院关于人民法院办理执行异议和复议案件若干问题的规定》第二十八条、《最高人民法院关于适用〈中华人民共和国民事诉讼法〉的解释》第三百一十条、《中华人民共和国民事诉讼法》第一百七十七条第一款第二项之规定，判决如下：

一、撤销湖北省通城县人民法院（2022）鄂 1222 民初 2580 号民事判决；

二、不得执行金某明名下案涉房产。

【法官后语】

家庭是公民回归自我的港湾，而房屋就是家庭的物质基础，由此引出房屋居住权是公民生存保障权的重要内容。实践中，并非所有的房屋合法拥有者都能够顺利地办理不动产权证，由于不可归责于善意房屋买受人的情况下，此时房屋买受人的物权期待权应当予以维护，从而有效保障善意房屋买受人的生存权。基于此，《最高人民法院关于人民法院办理执行异议和复议案件若干问题的规定》第二十八条、第二十九条对房屋买受人的权益保障作出了权威规定。

1. 基于生存权保障应当给予房屋买受人优先权

《最高人民法院关于人民法院办理执行异议和复议案件若干问题的规定》第二十八条、第二十九条立足以人为本对房屋买受人生存权的保障作出了明确规定。在不可归责于房屋买受人的情形下，赋予买受人普通债权（不动产物权期待权）的优先权，避免因房屋出让人恶意钻法律空子，损害善意买受人的合法权益，实现案件三个效果的有机统一。本案中，关于金某明（卖方）与金某平（买方）签订房屋买卖合同转让房屋的基本事实清楚，金某明将案涉房屋卖给金某平，金某平分二次转款54万元给金某明，给付现金4万元，金某明出具了收到金某平购房款58万元收条，金某平投资将该毛坯房进行装修并居住至今。金某明常年在外打工经商，一直没有回乡造成房屋未过户，未办理过户其归责原因在于卖方的责任。

2. 基于房屋买卖合同应当查明的基础事实

查明执行异议之诉所涉及的房屋买卖基础事实包括：房屋买卖合同、购房款是否支付、房屋是否装修和居住与否，基层组织对于上述基础事实能否印证，总之要在个案中体现房住不炒原则，房屋是用来住的，不是用来炒的，贯彻社会主义核心价值观，维护社会公平正义。

3. 基于执行异议之诉对于关联证据的审查

案外人执行异议之诉案件中，通常原告为房屋买受人，被告为申请执行人，第三人为房屋出让人。房屋买受人提交的证据包括房屋买卖合同、购房款支付凭证、房屋装修和居住的相关证据，基层组织出具房屋买受人买房等相关佐证证明。被告方通常会提出房屋买卖合同存在瑕疵的相关证据，以及被告的债权享有对抗案外人的担保物权等优先受偿权等证据。本案中，吴某牛对金某明民间借贷债权仅为普通债权，且通城县不动产登记中心证明案涉房屋无抵押、无预告、无预抵登记，即案涉房屋无房屋抵押他项权登记，房屋出让方第三人金某明的证言与原告金某平的陈述相互一致，通城县不动产登记中心出具证明证实金某平在该县无其他房屋登记记录，该证据证明原告所购的房屋确属用于生存居住目的，上述证据链相互关联，能够环环相扣，是案外人执行异议之诉案件的证据审查关键点，证明金某平对案涉房屋享有足以排除强制执行的民事权益。

4. 基于裁判的社会效果看应当维护房屋买受人的合法权益

案涉房屋自2017年金某明出让给金某平以来，该房屋出售时属毛坯房，2018年金某平投资对该毛坯房进行了装修，添置购买了家电和家具等生活日用品，自2018年至今已在案涉房屋居住生活了5年。案涉房屋自毛坯房装修成为可供生活居住的房屋，该物权已成为一个全新的、复合的、不可拆分的财产权益，其市场价值远远超过了原毛坯房的价值，以以人为本、物尽其用为出发点，亦应当支持金某平的诉讼请求。

编写人：湖北省咸宁市中级人民法院　王力

14

债务人出资购买并登记在其未成年子女名下的房屋是否可强制执行

——李某烜与东某建材有限公司等执行异议案

【案件基本信息】

1. 裁判书字号

江苏省宜兴市人民法院（2022）苏0282执异139号执行裁定书

2. 事由：执行异议

3. 当事人

异议人：李某烜

申请执行人：东某建材有限公司

被申请执行人：施某娟、李某章、李某详、陆某芳

【基本案情】

2017年11月30日江苏省宜兴市人民法院作出的（2017）苏0282民初7035号民事判决书，依该判决：一、施某娟、李某详、陆某芳于本判决发生法律效力之日起十日内支付东某建材有限公司6619767.9元及该款自2017年4月14日至实际给付之日止按中国人民银行同期同类贷款利率计算的利息。二、李某烜、李某章在继承李某林（系李某烜之父、李某章之子，于2015年9月17日死亡）的遗产范围内对上述第一项债务承担清偿责任。因被执行人未按上述生效法律文书履行义务，江苏省宜兴市人民法院立案执行。

2017年8月2日，江苏省宜兴市人民法院对案涉295号、296号的房屋进行了财产保全。该两套房屋由李某烜和李某林于2012年3月25日与万某公司签订商品房买卖合同二份。2012年4月10日，李某林支付万某公司购房款400万元；2012年11月15日，李某林通过零售贷款借款支付万某公司购房款466万元。现房屋登记在李某烜名下。

在该案执行过程中，江苏省宜兴市人民法院对该两套房屋进行评估拍卖。异议人李某烜提出执行异议，认为法院拍卖房屋的所有权人为李某烜，且其为购买人，拍卖行为严重损害其权益，缺乏合理性，请求对江苏省宜兴市人民法院执行李某烜所有的案涉295号和296号房屋不予拍卖。

【案件焦点】

债务人在子女未成年期间以未成年子女名义购买并登记在子女名下的房屋是否可以被强制执行。

【法院裁判要旨】

江苏省宜兴市人民法院经审理认为：根据《江苏省高级人民法院关于执行疑难问题的解答》（苏高法〔2018〕86号）第四条第三项规定“对于被执行人未成年子女名下与其收入明显不相称的较大数额存款，登记在被执行人未成年子女单方名下的房产、车辆或者登记在被执行人和其未成年子女名下的房产等，执行法院可以执行”“共有人及未成年人子女基于实体权利提出异议的，适用民事诉讼法第二百二十七条审查处理”。对于该规定，应当结合规定目的和本意正确理解，即法院可以执行被执行人未成年子女名下取得的与其收入明显不相称的财产，而非按字面意思理解为不动产登记日期。本案中，李某烜于2018年1月12日将案涉房屋登记在其名下的时间，晚于2015年9月5日李某林、施某娟、李某详、陆某芳与邹全明签订股权转让协议的时间，也晚于法院查封时间。按照执行所依据的判决，李某烜在继承李某林的遗产范围内承担清偿责任。本案有证据证明案涉房屋以李某林和李某烜的名义于2012年3月25日签订购房合同购买，且由李某林于2012年4月10日、2012年11月15日支付万某公司购房款，当时李某烜是未满14周岁的未成年人。按照常理，李某烜显然没有支付案涉房屋房款的能力，且有证据证明其父亲李某林支付了房款。即使2018年1月12日案涉房屋登记至李某烜名下，但购买案涉房屋款项的来源仍可证明是李某林。生效判决认定李某林承担清偿责任，该案涉房屋显然是李某林未成年子女李某烜名下与其收入明显不相称的财产，故法院可以作为李某林的遗产予以执行。据此，依照《中华人民共和国民事诉讼法》第二百三十四条，《最高人民法院关于适用〈中华人民共和国民事诉讼法〉的解释》第四百六十五条第一款第一项的规定，裁定如下：

驳回李某烜的异议请求。

【法官后语】

对于登记在被执行人和未成年子女名下的房产，经法院审查判定该财产与未成年子女收入明显不相称的，执行法院可以执行。《江苏省高级人民法院关于执行疑难问题的解答》（苏高法〔2018〕86号）第四条第三项规定“对于被执行人未成年子女名下与其收入明显不相称的较大数额存款，登记在被执行人未成年子女单方名下的房产、车辆或者登记在被执行人和其未成年子女名下的房产等，执行法院可以执行”。

本案中，将案涉房屋登记在李某烜名下的时间晚于签订股权转让协议的时间，也晚于法院查封时间。按照执行所依据的判决，李某烜在继承李某林的遗产范围内承担清偿责任。本案有证据证明案涉房屋以李某林和李某烜的名义签订购房合同购买，且由李某林支付购房款，当时李某烜是未满14周岁的未成年人，属于无劳动能力的限制民事行为能力人，其亦未能举证证明其通过继承、奖励、父母之外第三人的赠与、报酬、收益等有合法经济来源。并且有证据证明购房款实际出资人是被执行人，因此可以根据实际出资情况确定房子的归属。即使2018年1月12日案涉房屋登记至李某烜名下，但购买案涉房屋款项的来源仍可证明是李某林。生效判决认定李某林承担清偿责任，该案涉房屋显然是李某林未成年子女李某烜名下与其收入明显不相称的财产，故法院可以作为李某林的遗产予以执行。

实践中，被执行人将自己的财产登记在他人名下的情况较多，有些属于意图躲避执行，有些是真赠与，有些是代持有产权等，实际权利人和名义权利人不一致的情形较多，要从实际情况出发才能准确地适用法律，对于经查证属实依法可以执行的财产不必拘泥于登记名义，对于经查证属实依法不可以执行的财产即使登记在被执行人名义下也要停止执行。未成年人名下大额财产的性质有所不同，可以突破财产名义权利人即为实际权利人的一般情况，如果无证据证明该财产的来源，那么即使登记在未成年人名下，也应作为家庭共同财产处理。分析其中原因，首先，未成年阶段经济来源方式的有限性，实际存款或固定资产的主要来源一般都是由父母收入构成。

司法实践中，存在大量被执行人为恶意躲避债务将大额财产登记于其未成年子女名下的情况，如仅因财产登记在未成年人名下就一概认为属于未成年人所有，显然与客观情况不相符合。此外，家庭成员的基础关系决定财产的共有性质，对于被执行人存在负债，其未成年子女名下却存在大量资产，与常理相悖，在不能说明合法来源的情形下，可以推定资产所有人是未成年人的父母，属于家庭共有财产。执行法院应当将被执行人未成年子女名下财产列入查控范围，如果发现未成年子女名下有与其年龄不相符的大额财产且无法说明正当来源的，应当认定为其父母的财产，法院可以予以执行。

编写人：江苏省宜兴市人民法院　李明哲　陆偲杰

15

执行异议之诉中案外人排除执行的证据认定方法和逻辑分析

——某信用联社诉路某海、石某林申请执行人执行异议之诉案

【案件基本信息】

1. 裁判书字号

河北省高级人民法院（2023）冀民再1号民事判决书

2. 案由：申请执行人执行异议之诉

3. 当事人

原告（上诉人、再审被申请人、申请执行人）：某信用联社

被告（被上诉人、再审申请人、案外人）：路某海、石某林

【基本案情】

2012年7月13日，被执行人纪某红与某信用联社签订借款合同，借款金额10万元，并以其名下位于新某路某201房产（以下简称案涉房产）办理了抵押登记。纪某红借款到期未还，某信用联社向河北省新乐市人民法院（以下简称新乐法院）提起借款合同之诉，因未对抵押物主张抵押权，2019年5月23日，新乐法院判决“限本判决生效之日起十日内被告纪某红偿还原告某信用联社借款本金10万元及利息。”进入执行后，新乐法院于2020年6月16日对案涉房产进行查封，路某海、石某林向该院提出异议，主张其已于2004年8月购买案涉房产，购买后一直居住至今，提供相应证据予以证实。新乐法院经审查裁定中止对案涉房产的执行，某信用联社遂提起执行异议之诉，形成本案。

案外人路某海与石某林原系夫妻关系。路某海、石某林称二人于2004年8

月向被执行人纪某红购买案涉房产，并以现金形式一次性支付纪某红总房款37000元，纪某红将案涉房屋房产证交付给二被告，二被告装修入住。案件审理中，二人未提交书面房屋买卖合同，提交了2004年8月银行取款凭证以及向他人借款的证人证言，2006年与供电公司签订的《居民用电合同》，2007年供水公司颁发《自来水准用证》，二人还提交了于2008年4月离婚时法院作出的民事调解书，载明双方达成协议将案涉房屋赠与双方儿子路某乐。二人称路某乐于2010年结婚后在案涉房产居住至今。再审开庭庭审后，路某海、石某林提交了在新乐市其二人名下无其他房产的证明。

另查明，2012年，纪某红在报纸上登报声明案涉房产所有证书丢失作废，并于2012年3月20日纪某红申领案涉房产新证书后向某信用联社进行抵押借款。2017年至2020年，纪某红因盗窃罪三次被判刑入狱。

【案件焦点】

在案外人石某林、路某海提交的证据不完全符合《执行异议和复议规定》第二十八条、第二十九条规定的法律要件时，如何通过对证据综合审核、全面认定、逻辑分析，进一步判断案外人是否享有足以排除强制执行的民事权益。

【法院裁判要旨】

河北省新乐市人民法院一审认为，根据路某海、石某林提供的用电合同、自来水准用证、缴纳水电费单据等用水用电凭证，其至今持有原房屋所有权证，以及路某海、石某林离婚时对案涉房产进行处理等证据，可以证明被告路某海、石某林在原告设立抵押登记前、在该院查封之前已购买案涉房屋并占有使用的事实，而纪某红在案涉房产卖出后居无定所，因犯盗窃罪被多次判刑，因此，该房产未能办理过户登记手续非属案外人自身原因导致。故路某海、石某林就执行标的案涉房屋享有足以排除强制执行的民事权益。判决驳回某信用联社的诉讼请求。

河北省石家庄中级人民法院二审认为，路某海、石某林未向法庭提交案涉房屋的购房合同及相关支付房款证据材料。同时，纪某红系从2017年之后多次涉有刑事犯罪，而路某海、石某林购买案涉房屋发生在 2004 年，在当时已具备过户登记条件的情况下，未通过诉讼程序及时主张权利，对案涉房屋长达十几年时间未办理房屋过户登记存在过错。故认为路某海、石某林请求排除执行证据不足。判决：

一、撤销一审判决；

二、准许执行案涉房屋。

河北省高级人民法院再审认为：一、通过路某海、石某林提交的用电合同、自来水准用证、水电费单据等证据，案涉房产证一直保存于二人处，二人离婚时民事调解书中共同处分案涉房产的事实，以及纪某红多年未向二人主张与案涉房产有关权益等客观情况，上述证据之间相互印证，通过综合判断，应予认定路某海、石某林与纪某红之间存在真实的房屋买卖合同关系，且在人民法院查封之前购买并实际居住多年。鉴于房屋买卖是家庭生活中较为重要的财产交易，房屋买卖协议是办理不动产登记过户手续的必要证明材料，可以推定路某海、石某林与纪某红对于案涉房产的交易，签订过书面买卖合同。二、根据 2004 年时任农村信用社的代办员路某的证人证言，结合当时交易习惯和纪某红从未向二人主张过任何权益的事实，应予认定路某海、石某林在购买案涉房产时支付了全款。三、路某海、石某林是基于生活所需购买案涉房产且名下无其他房产，长期未办理过户登记，与纪某红居无定所、后又因犯盗窃罪受到刑法处罚等情节有关。较之某信用联社与纪某红的借款抵押合同而言，纪某红将案涉房产售出后又挂失房产证重新办证进行抵押，违背诚信；某信用联社对案涉房产抵押未现场勘查，未尽审慎审查义务，故即使路某海、石某林对购买案涉房产后多年未办理过户手续存在疏忽，亦不应影响其对案涉房产请求排除执行。路某海、石某林对案涉房产应享有排除强制执行的民事权益。综上，依据《中华人民共和国民事诉讼法》第二百一十四条，《最高人民法院关于适用〈中华人民共和国民事诉讼法〉的解释》第三百零九条、第三百一十一条、第四百零五条第二款，参照《最高人民法院关于人民法院办理执行异议和复议案件若干问题的规定》第二十八条、第二十九条之规定，判决：

一、撤销二审判决；

二、维持一审判决。

【法官后语】

本案的典型性在于参照适用《执行异议和复议规定》第二十八条、第二十九条要避免机械套用，在认定证据和事实判断的过程中，应按照法律规定和法定程序，全面、客观地审核证据，运用逻辑推理和日常生活经验法则，对证据有无证明力和证明力大小进行判断，并确定待证事实的存在。

对于案外人以购房主张排除执行的，目前多参照《执行异议和复议规定》第二十八条或第二十九条作出判决。通常认为，只有在均满足上述规定的法律要件后，才可以排除法院强制执行。笔者认为，《执行异议和复议规定》是一部执行异议复议审查适用的司法解释，制度规定多强调权利外观或条款具体明确，解读空间小。但执行异议之诉应秉持实体审理原则，以一种穿透权利外观的审理方式裁判案外人对执行标的是否享有排查强制执行的民事权益。即在执行异议之诉实质审理中，不能仅严格按照上述规定中的法定要件一一对应，才可排除执行，还要依据《最高人民法院关于适用〈中华人民共和国民事诉讼法〉的解释》第一百零四条、第一百零五条以及第一百零八条规定，对于证据全面审核、综合认定。

本案中，路某海、石某林因购房较早，审理中未能提交当时购买案涉房产的书面买卖合同，未提交支付房款的直接证据，未提交自2004年以后十几年间要求被执行人纪某红办理过户登记的证据，所以，本案如果严格参照《最高人民法院关于人民法院办理执行异议和复议案件若干问题的规定》第二十八条四个要件，排除强制执行的条件并不满足。基于此，石家庄中级人民法院二审改判准许继续执行案涉房产。

再审法院经审理认为：虽然路某海、石某林提交的证据单独来看无法满足《执行异议和复议规定》第二十八条、第二十九条规定的法律要件，但是综合当事人提交的各项证据，依照法律规定，运用逻辑推理和日常生活经验法则，各证据间相互印证，能够认定路某海、石某林与纪某红之间签订过书面买卖合同，支付了购房价款。虽然路某海、石某林购买案涉房产后多年未积极办理过户手续，自身也存在一定过错，但相比较纪某红出卖房屋后又以挂失形式对外抵押借款的不诚信行为，某信用联社未尽审慎审查义务办理借款抵押合同的明显瑕疵，路某海、石某林未积极办理过户手续的过错不应成为不得排除执行的理由，保护为生活需要而买房的路某海、石某林的利益，符合公平原则和诚信原则。再审支持了路某海、石某林排除执行的请求。

本案对于银行对外借贷时的注意义务也进行了评价。在执行异议之诉案件的审查中，针对执行依据，执行部门无权否定。但是从诉源治理、执源治理、能动司法角度出发，对于执行依据中存在的问题，在不影响生效判决效力情形下也并非必然不可评价。结合本案，银行在对外放贷时未对被执行人的信用、工作状况、经济条件等审慎审查，对纪某红名下的房产抵押登记时的挂失情况未进一步了解，对于抵押房屋未进行实地调查，在放贷程序上存有明显瑕疵，如果银行在借贷时严格把关，可能纪某红的借贷关系就不存在，本案情形也不会产生。因此，在本案中对于银行的过错进行适当评价，也具有一定的警示和指引作用。

编写人：河北省高级人民法院　许召宁

16

受赠子女依据夫妻离婚财产分割协议中将房产赠与子女的约定，提起执行异议之诉能否阻却执行

——刘某甲诉周某案外人执行异议之诉案

【案件基本信息】

1. 裁判书字号

北京市第二中级人民法院（2022）京02民终9504号民事判决书

2. 案由：案外人执行异议之诉

3. 当事人

原告（上诉人）：刘某甲

被告（被上诉人）：周某

第三人（被执行人）：刘某乙

【基本案情】

刘某乙与杨某原系夫妻，刘某甲系二人之子。2017年9月27日，周某以买卖合同纠纷将刘某乙诉至北京市丰台区人民法院，请求刘某乙给付周某货款160000元、利息及逾期付款损失。北京市丰台区人民法院于2018年5月23日作出的（2018）京0106民初8298号民事判决书已经发生法律效力，该判决确定：一、刘某乙于判决生效之日起七日内偿还周某货款160000元；二、刘某乙于判决生效之日起七日内支付周某逾期付款损失（以160000元为基数，按照中国人民银行同期同类贷款基准利率的1.5倍计算自2019年7月26日起至实际付清之日止）。2018年12月17日，周某向北京市丰台区人民法院申请强制执行，北京市丰台区人民法院依法受理，执行案号为（2019）京0106执175号。在执行过程中，北京市丰台区人民法院于2019年3月6日查封案涉房屋，查封期限为三年，自2019年3月6日至2022年3月5日。另查，案涉房屋所有权人为刘某乙、杨某，共有情况为共同共有。刘某甲主张其系案涉房屋实际所有权人，遂向一审法院提起执行异议，请求停止对案涉房屋的执行，一审法院于2021年10月18日作出（2021）京0106执异1523号执行裁定书，裁定驳回刘某甲的异议请求。刘某甲不服该裁定，形成本诉。

一审庭审中，刘某甲提交离婚协议书、商品房买卖合同、契税完税证等证据欲证明案涉房屋系杨某个人财产，刘某乙和杨某在2018年1月12日协议离婚时杨某将该房屋赠与其个人。上述离婚协议书显示刘某乙与杨某于1988年12月4日登记结婚，2018年1月12日达成离婚协议，其中约定“案涉房屋属女方个人财产，女方自愿将该房产赠与给儿子刘某甲所有，女方享有该房产居住权”。商品房买卖合同显示2010年3月5日，杨某丙作为买受人就案涉房屋买卖事宜签订该合同。刘某甲提出诉讼请求，要求停止对案涉房屋的执行。

【案件焦点】

刘某甲就案涉房屋是否享有足以排除强制执行的民事权益。

【法院裁判要旨】

北京市丰台区人民法院经审理认为：对案外人的异议审查，对于已经登记的不动产，按照不动产登记簿判断所有权人。本案中，案涉房屋系刘某乙、杨某婚后购买，房屋登记在刘某乙、杨某名下，离婚协议虽约定归杨某个人所有，但双方并未办理权属转移登记手续，故案涉房屋仍为二人共同财产。刘某甲主张因赠与获得房屋所有权，但实际未依法办理案涉房屋的所有权转移登记手续，即使案涉房屋已完成交付，亦不足以产生阻却执行的权利，故刘某甲要求停止对案涉房屋的执行的诉讼请求，依据不足，法院不予支持。

北京市丰台区人民法院依照《中华人民共和国民事诉讼法》第二百三十四条、《最高人民法院关于适用〈中华人民共和国民事诉讼法〉执行程序若干问题的解释》第十四条、《最高人民法院关于人民法院办理执行异议和复议案件若干问题的规定》第二十五条第一款第一项之规定，判决驳回刘某甲的诉讼请求。

刘某甲不服一审判决，提起上诉。

北京市第二中级人民法院经审理认为：在周某申请执行刘某乙的案件中，法院执行案涉房屋，刘某甲作为执行案件的案外人，主张其系案涉房屋实际所有权人，并向执行法院申请执行异议，被驳回后又提起本案执行异议之诉。《最高人民法院关于适用〈中华人民共和国民事诉讼法〉的解释》第三百零九条规定："案外人或者申请执行人提起执行异议之诉的，案外人应当就其对执行标的享有足以排除强制执行的民事权益承担举证证明责任。"第三百一十条第一款规定："对案外人提起的执行异议之诉，人民法院经审理，按照下列情形分别处理：（一）案外人就执行标的享有足以排除强制执行的民事权益的，判决不得执行该执行标的；（二）案外人就执行标的不享有足以排除强制执行的民事权益的，判决驳回诉讼请求。”

据此，本案应当审理的是刘某甲就案涉房屋是否享有足以排除强制执行的民事权益。根据查明的事实，案涉房屋不动产权证登记的房屋所有权人为刘某乙、杨某，共有情况为共同共有。离婚协议书不具有物权效力，不能设立物权，刘某甲并不能基于离婚协议书而对案涉房屋享有所有权。本案没有证据证明刘某甲对案涉房屋享有足以排除强制执行的民事权益。一审判决处理结果正确，本院予以维持。至于案涉房屋是否为唯一住房、执行法院是否超标的查封、执行程序是否存在瑕疵、刘某乙是否有其他可供执行的财产，不属于本案审理范围，本院不予处理。

综上所述，刘某甲的上诉请求不能成立，应予驳回。一审判决处理结果并无不妥，本院予以维持。依照《中华人民共和国民事诉讼法》第一百七十七条第一款第一项规定，判决如下：

驳回上诉，维持原判。

【法官后语】

本案系受赠子女提起案外人执行异议之诉，请求针对受赠与的房产停止强制执行的典型案例。夫妻间离婚财产分割协议约定房产赠与子女，但其后未办理房屋过户登记，受赠与房屋后在执行程序中被强制执行的，受赠子女提起案外人执行异议之诉，请求停止执行案涉房屋的能否得到支持，处理此类案件需明确以下问题：

1. 离婚财产分割协议涉及房产的约定不发生物权效力，约定权利人享有的系债权。

离婚财产分割协议处理的是婚姻身份的终止，是对离婚后财产归属的确定。因离婚财产分割协议而导致房产所有权移转的，属于基于法律行为引发的物权变动。根据《中华人民共和国民法典》第二百零九条第一款，不动产物权的设立、变更、转让和消灭，经依法登记，发生效力；未经登记，不发生效力，但是法律另有规定的除外。该规定明确了离婚房产权属约定必须经不动产登记才发生物权效力。其次，离婚财产分割协议与夫妻财产制契约不同，夫妻财产制契约伴随的是身份的开启与持续，本质上是夫妻双方对婚姻存续期间取得的财产以及婚前财产归属所作的安排，而离婚财产分割协议处理的是婚姻身份的终止，是对离婚后财产归属的确定，二者本质不同。因而它也不属于《中华人民共和国民法典》第二百零九条但书规定的例外情形。因此可以明确，离婚财产分割协议中涉及的房产约定，约定权利人享有的系债权而非物权。

2. 离婚分割协议中约定将涉及房产赠与子女，子女享有的亦系债权请求权。

离婚协议中“赠与子女财产”条款具有人身属性和财产属性的双重属性，属于离婚协议的一部分。离婚协议是夫妻双方以离婚达成的合意，具有强烈的家庭属性。离婚协议中“赠与子女财产”条款性质为利益第三人合同，离婚协议生效后，当夫妻一方或者双方不履行协议时，受赠子女可以根据《中华人民共和国民法典》第五百二十二条第二款关于利益第三人的规定，享有履行请求权，显然，这种履行请求权在性质上讲亦系债权。

3. 受赠子女享有的债权请求权能否排除金钱债权强制执行的关键在于其请求权所具有的利益是否足以将仍登记于债务人名下的房产从其责任财产中剔除而排除强制执行。

执行异议之诉的审查应当围绕案外人具有的实体权益是否足以将执行标的物从债务人清偿债务的责任财产中排除。对于离婚协议约定了共有房产归属的，应从离婚协议的整体性出发，随着夫妻关系的解除共同共有基础丧失，为安排夫妻关系结束后财产的权属，夫妻之间形成的是共有物的清算与分割关系。此时应受物权变动一般规则的调整，未经登记不发生房屋所有权的转移。目前国内外理论与实践均呈现出对该权利状态的物权化保护，承认在满足特殊的条件时期待利益可以排除强制执行。但是这种期待利益应受到严格的限制和制约。在约定权利人与债务人有假借离婚协议逃避强制执行的高度可能性，或是因自身过错而未办理登记的情况，其权利便失去此种限制力而无法排除强制执行。本案中，债务诉讼发生于刘某乙与其妻杨某离婚前，案涉房产系夫妻双方婚姻关系存续期间购买，属于夫妻共同财产，法院判决刘某乙承担债务的时间与刘某乙与杨某协议离婚的时间较为接近，且双方离婚协议签订后，无论是杨某抑或受赠与方刘某甲均未进行相关的产权过户登记手续。考虑到以上种种情况，刘某甲此时不具有期待权益，其仅享有债权请求权，该民事权益显然无法将案涉房产从其父刘某乙清偿债务的责任财产中排除。故法院最终判决驳回刘某甲的诉讼请求。

编写人：北京市丰台区人民法院　肖荣

二、对动产的执行

17

案涉设备已在法院查封前由买受人占有、使用，可认定所有权已发生转移，买受人享有足以排除法院强制执行的民事权益

——刘某诉力某机床股份有限公司案外人执行异议之诉案

【案件基本信息】

1. 裁判书字号

湖北省宜昌市中级人民法院（2022）鄂05民终3471号民事判决书

2. 案由：案外人执行异议之诉

3. 当事人

原告（被上诉人、案外人）：刘某

被告（上诉人、申请执行人）：力某机床股份有限公司

第三人：铭某再生资源有限公司

【基本案情】

2019年4月3日，力某机床股份有限公司与铭某再生资源有限公司因购买型号为PSX-80104（3000马力）的废钢破碎生产线、型号为SP220-400的预碎机、型号为Q91Y-800WC的门式剪断机产生纠纷诉诸法院。诉讼过程中，力

某机床股份有限公司申请了诉讼保全。法院于2019年4月22日对铭某再生资源有限公司的Q9IY-800WC门式剪断机和SP220-400预碎机采取保全措施，张贴封条予以查封。该案判决生效后力某机床股份有限公司申请执行，执行案号为（2020）鄂0502执752号。原告刘某在执行程序中提出执行异议，认为在法院查封前已经购买了铭某再生资源有限公司的厂房、设备，法院查封的机器设备所有权人是刘某，非铭某再生资源有限公司，要求终止执行。法院经审查，认为刘某与铭某再生资源有限公司之间的《出售资产明细表》所列“破碎机、预碎机、龙门剪”并未明确设备型号，无法认定与执行案件查封的“PSX-80104（3000马力）废钢破碎生产线、型号为SP220-400的预碎机、型号为Q91Y-800WC的门式剪断机”为同一设备，且双方《买卖合同》约定支付的价款为3000万元，刘某提交的《网上银行电子回单》付款方及收款方并非《买卖合同》约定的买卖双方，以刘某提交的署名曹某业并加盖铭某再生资源有限公司印章的《收据》，不能认定该交易行为的真实性，并且刘某是否在法院查封前合法占有案涉设备，无相关证据予以证实。据此，法院驳回了刘某的异议请求。刘某遂提起案外人执行异议之诉。

【案件焦点】

所有权归属以及原告刘某对该设备是否享有足以排除法院强制执行的民事权益。

【法院裁判要旨】

湖北省宜昌市西陵区人民法院经审理认为：原告刘某是否为案涉设备所有权人的关键在其与第三人铭某再生资源有限公司的《买卖合同》是否真实有效。一、《买卖合同》签订于2018年10月20日，被告诉第三人的设备买卖合同纠纷发生于2019年4月3日，诉讼保全发生于2019年4月22日。原告与第三人的买卖行为，发生于法院诉讼保全之前。根据送达诉讼保全裁定书的相关材料可知，法院工作人员前往第三人经营场所进行送达文书时，原告已经占有、使用了原属第三人的工厂、设备，因此案涉设备在查封前已经由原告占有使用，结合《买卖合同》的约定，相关设备所有权已经转移。二、价款是否合理。被告认为《买卖合同》约定的整体出售价 3000 万元明显低于市场价，根据“谁主张、谁举证”的原则，被告应承担举证责任。三、价款是否实际支付。原告提供了按照约定时间、金额付款的四张转账凭证以及第三人出具的《收据》，虽然转账双方非原告与第三人，但是结合其他证据可以证明收款人李某园系第三人员工，接收了原告职工杨某 3000 万元转账，系职务行为，相应证据和证人证言可以形成证据链。四、被告诉第三人的设备买卖纠纷，生效文书已经确认了第三人应承担的给付义务，被告仅对货款享有债权，而非案涉设备的所有权。综上，原告享有足以排除人民法院的强制执行的民事权益。依据法律规定，判决：一、确认原告刘某对 PSX－80104（3000 马力）废钢破碎生产线、Q9IY－800WC 门式剪断机、SP220－400 预碎机享有所有权；二、不得执行原告刘某的 PSX－80104（3000 马力）废钢破碎生产线、Q9IY－800WC 门式剪断机、SP220－400 预碎机。

力某机床股份有限公司不服提起上诉，宜昌市中级人民法院归纳的争议焦点以及事实认定与一审一致，二审法院同意一审法院裁判意见。同时认为，虽然被告与第三人之间的《订货合同》约定第三人在未将设备款全部付清之前，未经被告书面同意不得将设备抵押及转让，但根据合同相对性原则，该约定仅约束合同双方。因此，刘某对案涉设备享有的民事权益足以排除执行。一审判决认定事实清楚，适用法律正确，应予维持。依照《中华人民共和国民事诉讼法》第一百七十七条第一款第一项的规定，判决如下：

驳回上诉，维持原判。

【法官后语】

民事主体的权益应平等被保护。原告（案外人）刘某系河南安阳的企业家，被告（申请执行人）力某机床股份有限公司系本地企业。在审理阶段，因客观原因，原告及其代理人以及证人均无法到庭参加诉讼，为保障双方权益、消除原告地方保护主义的顾虑，本案延期审理后，通过网络庭审开庭。案件围绕原告是否享有足以排除人民法院强制执行的民事权益进行了审理。

案外人执行异议之诉的立法目的在于给予案外人对执行标的享有特定实体权利时以对抗执行的救济途径，确保不因执行错误而侵害案外人的合法权益。根据《最高人民法院关于人民法院办理执行异议和复议案件若干问题的规定》第二十四条规定“对案外人提出的排除执行异议，人民法院应当审查下列内容：（一）案外人是否系权利人；（二）该权利的合法性与真实性；（三）该权利能否排除执行。”第二十五条规定“对案外人的异议，人民法院应当按照下列标准判断其是否系权利人……（二）已登记的机动车、船舶、航空器等特定动产，按照相关管理部门的登记判断；未登记的特定动产和其他动产，按照实际占有情况判断……（五）其他财产和权利，有登记的，按照登记机构的登记判断；无登记的，按照合同等证明财产权属或者权利人的证据判断。”本案中，原告刘某提出执行异议之诉的基础是认为其是案涉设备的所有权人。因此本案应审查案涉设备的所有权归属。本案从合同效力、案涉设备所有权转移、合同价款是否支付以及合同真实性等多方面进行了论证，认为原告刘某与第三人铭某再生资源有限公司的《买卖合同》合法有效，相应对价已经支付，案涉设备已在法院查封前由原告刘某占有、使用，设备所有权归原告刘某所有，因此案外人刘某享有足以排除执行的合法权益。

另外，本案还涉及举证责任分配以及证明标准问题。被告力某机床股份有限公司认为第三人铭某再生资源有限公司对厂房设备等打包处理3000万元低于市场价格，应依据“谁主张、谁举证”原则，承担相应的举证责任。同时根据民事证据高度盖然性标准，虽然原告刘某与第三人铭某再生资源有限公司的《买卖合同》，价款收付方非合同双方，但是根据原告刘某提交的合同、社保等凭证，价款收付方系双方职工，对价支付已经能形成完整证据链，其主张可以得到支持。原告享有足以排除人民法院的强制执行的民事权益。本案以事实为依据、以法律为准绳，维护公平正义，平等保护各经济体，优化法治化营商环境，增强了人民群众财产财富安全感。

编写人：湖北省宜昌市西陵区人民法院　王玉华

18

案涉账户内的生育津贴能否排除执行

——严某与某汽车销售公司等执行异议案

【案件基本信息】

1. 裁判书字号

广东省佛山市高明区人民法院（2022）粤 0608 执异 69 号执行裁定书

2. 事由：执行异议

3. 当事人

异议人（案外人）：严某

申请执行人：关某峰

被执行人：严某华、严某敏、某汽车销售公司、某物业公司

【基本案情】

广东省佛山市中级人民法院作出（2021）粤 06 民终 2074 号民事调解书，双方当事人达成如下协议：一、某汽车销售公司、某物业公司、严某华、严某敏尚欠关某峰本金 2925000 元及利息（从 2020 年 10 月 22 日起，按每月 2%利率计至清偿之日止），某汽车销售公司、某物业公司、严某华、严某敏从 2021 年 1 月 25 日起每三个月最低支付关某峰 300000 元至所有款项还清为止，还款方式为先息后本，并且应于 2021 年 3 月 31 日前支付关某峰律师费 100000 元；二、案件受理费 16400 元，由关某峰负担 250 元，由某汽车销售公司、某物业公司、严某华、严某敏负担 16150 元。因某汽车销售公司、某物业公司、严某华、严某敏未履行上述法律文书确定的义务，关某峰向人民法院申请执行，执行案为（2022）粤 0608 执 432 号。执行过程中，执行法院于 2022 年 6 月 8 日冻结了某汽

车销售公司名下中国银行账户 7094637591××（以下简称案涉账户）。

经查，异议人严某系某汽车销售公司的职员，2021 年 12 月 12 日生育一孩。2022 年 4 月 19 日，经佛山市高明区社会保险基金管理局核定，严某的生育津贴为 24003. 84 元。2022 年 5 月 16 日，该生育津贴由医保信息平台代发户发放至某汽车销售公司案涉账户，并附言：生育津贴支付 440××××9910420××××，严某。案涉账户在转入生育津贴之前余额为 193. 25 元。2022 年 5 月 17 日，案涉账户支出了“对公手机短信服务费”300 元以及“电子银行服务费”600 元。2022 年 6 月 21 日，执行法院扣划了该账户内剩余的所有款项 23304. 25 元。严某遂提起案外人异议，请求：一、撤销（2022）粤 0608 执 432 号执行裁定书及（2022）粤 0608 执 432 号协助执行通知书；二、解除对被执行人某汽车销售公司案涉账户中 23304. 25 元的扣除措施。

【案件焦点】

被执行人账户内的生育津贴能否排除执行。

【法院裁判要旨】

广东省佛山市高明区人民法院经审查认为：本案系案外人基于银行存款所提的执行标的异议。银行存款能否排除执行？关键在于案涉银行存款有没有特定化。货币为种类物，一般情况下权利人对货币的占有可以认定为所有，但在特定的条件下，不能简单根据占有即认定为所有。本案中，异议人提交的生育津贴核定表、国内支付业务收款回单以及法院依法调取的案涉银行流水能形成完整的证据链条，足以证明案涉账户中转入的 24003. 84 元系案外人严某的生育津贴，该生育津贴能与其他款项区分，属于已特定化的银行存款，案外人严某对该款项享有所有权，可以排除执行。由于该生育津贴发放到案涉账户后，银行先扣除了“对公手机短信服务费”以及“电子银行服务费”，法院对余下款项 23304. 25 元进行了扣划，案外人严某请求解除对案涉账户 23304. 25 元的扣除措施，法院予以支持。某汽车销售公司等被执行人未履行生效法律文书确定的义务，法院依法作出（2022）粤 0608 执 432 号执行裁定书以及协助执行通知书对各被执行人名下财产采取总控制措施以及向相关部门发出协助执行，该执行行为合法，案外人严某请求撤销（2022）粤0608执432号执行裁定书及（2022）粤0608执432号协助执行通知书无事实和法律依据，法院予以驳回。

广东省佛山市高明区人民法院依照《中华人民共和国民事诉讼法》第一百五十七条第一款第十一项、第二百三十四条之规定，裁定如下：

一、中止对被执行人某汽车销售公司案涉账户23304.25元的执行；

二、驳回案外人严某的其他异议请求。

【法官后语】

本案属于案外人提出的执行异议。案外人异议，是指在执行过程中，案外人对执行标的主张享有足以排除执行的实体权益，进而主张停止对执行标的执行的救济程序。案外人提出执行异议应具备以下三个要件：

1. 提起案外人异议的主体。执行程序中，对执行标的主张实体权益以排除执行的主体只能是案外人，即执行当事人以外，对执行标的主张实体权益，认为执行法院对该标的的执行侵害其实体权益的民事主体。

2. 案外人所提异议的事由。案外人基于实体权益对执行标的主张排除执行，主要包括案外人因所有权、共有权、用益物权等实体权利。

3. 案外人异议的受理条件。(1) 时间要件。根据《最高人民法院关于人民法院办理执行异议和复议案件若干问题的规定》第六条第二款之规定，案外人基于实体权利提出排除执行异议的，该异议应当在异议指向的执行标的执行终结之前提出，但是执行标的由当事人受让的，应当在执行程序终结之前提出。(2) 管辖要件。案外人异议由执行法院专属管辖，在发生指定执行、提级执行、委托执行情形时，参照执行行为异议的管辖处理。(3) 对象要件。案外人异议必须基于实体权利对执行标的提出，而非针对执行行为提出。(4) 形式要件。案外人异议应采用书面方式。

关于货币权属的具体判断标准，实践中主要有两种观点。第一种观点认为，原则上货币的占有即可认定为所有。对于一般账户内的货币，应以账户名称为权属判断的基本标准。对于特定专用账户中的货币，应根据账户当事人对该货币的特殊约定以及相关法律规定来判断资金权属。第二种观点认为，货币系种类物，通常情况下，占有即所有。但在特定情况下，如货币能特定化时，不应以占有状态来确定货币的权利人。笔者赞同第二种观点。

本案中，生育津贴是职工按照国家和省有关规定享受产假或者计划生育手术休假期间获得的工资性补偿，目的是保障女职工产假或休假期间的基本生活需要。生育津贴是由医保经办机构发放给用人单位，用人单位再发放给女职工。在用人单位作为被执行人的情况下，执行法院可以执行被执行人名下银行账户。因账户内货币为种类物，原则上货币的占有即可认定为所有，但特殊情形下除外。如执行法院冻结、扣划的款项确属女职工生育津贴，应支持女职工所提的案外人异议，从而保障女职工的基本生活需要。本案严某是用人单位的职工，以案涉扣划的款项为其生育津贴为由，在执行过程中请求排除对案涉款项的执行。本案审查的关键在于某汽车销售公司名下账户款项能否特定化。严某提交的生育津贴核定表、国内支付业务收款回单以及法院依法调取的案涉银行流水能形成完整的证据链条，足以证明案涉账户中转入的24003.84元系案外人严某的生育津贴，该生育津贴能与其他款项区分，严某请求排除对案涉扣划款项的执行，有理有据，应予支持。

编写人：广东省佛山市高明区人民法院　李慧英

19

动产尚未实际交付的，基于离婚协议享有的物权期待权不能排除法院的强制执行

——常某执行异议案

【案件基本信息】

1. 裁判书字号

吉林省吉林市桦甸市人民法院（2022）吉0282执异93号执行裁定书

2. 事由：执行异议

3. 当事人

异议申请人：常某

被申请执行人：陆某

【基本案情】

常某与陆某于2021年4月27日协议离婚，离婚协议中约定登记在陆某名下的两辆吉×××1、吉×××2货车归常某所有。2021年6月27日，陆某雇用马某驾驶吉×××2号货车发生交通事故，致肖某某死亡。

2021年12月30日，桦甸市人民法院作出（2021）吉0282刑初463号刑事附带民事判决，判决陆某赔偿附带民事诉讼原告人周某某、肖某甲、肖某乙经济损失共计人民币525897.51元。判决生效后，陆某未按生效判决指定的期间履行义务，周某某等人申请法院强制执行。2022年8月29日，桦甸市人民法院作出（2022）吉0282执1642号执行裁定，查封陆某名下吉×××1号、吉×××2号车辆。

2022年9月9日，常某向执行法院提出书面异议，主张登记在陆某名下的两辆货车已经在离婚时约定归常某所有，本案执行依据涉及的案件事实均发生在其离婚之后，虽然登记在陆某名下的车辆未过户，但车辆应属于常某的财产，常某可以基于物权期待权排除本案的相关执行，法院不应执行案涉车辆，避免因执行导致其他权利人的权利受损。

【案件焦点】

常某请求停止对案涉车辆的强制执行应否得到支持。

【法院裁判要旨】

吉林省桦甸市人民法院经审理认为：一、关于吉×××1号车辆能否执行问题。从成立时间上看，常某与陆某离婚时间早于该车辆发生交通事故的时间，债务发生在常某与陆某离婚之后，并不存在恶意串通逃避债务的问题。从性质上看，周某某等人与陆某之间的债务，是在陆某与常某婚姻关系解除后发生的，属于陆某的个人债务，在该债权债务发生之时，案涉车辆实质上已经因常某与陆某的离婚约定而不再成为陆某的责任财产，即使案涉车辆未过户到常某名下，亦不能作为陆某的财产予以执行。二、关于吉×××2号车辆能否执行问题。虽然常某与陆某离婚时约定案涉车辆归常某所有，但发生交通事故时，登记在陆某名下的车辆实际由陆某占有，并且生效法律认定肇事车辆系陆某所有，故应认定该车辆的实际所有权人仍是陆某，常某关于该车辆的异议请求不成立。故桦甸市人民法院依照《中华人民共和国民事诉讼法》第二百三十四条、《最高人民法院关于人民法院办理执行异议和复议案件若干问题的规定》第二十四条规定裁定如下：

一、中止对牌照号为吉×××1号车辆的执行；

二、驳回常某的其他异议请求。

【法官后语】

《最高人民法院关于人民法院民事执行中查封、扣押、冻结财产的规定》第二条规定："人民法院可以查封、扣押、冻结被执行人占有的动产、登记在被执行人名下的不动产、特定动产及其他财产权。未登记的建筑物和土地使用权，依据土地使用权的审批文件和其他相关证据确定权属。对于第三人占有的动产或者登记在第三人名下的不动产、特定动产及其他财产权，第三人书面确认该财产属于被执行人的，人民法院可以查封、扣押、冻结。"

根据上述法律规定，吉×××2号车辆登记在被执行人陆某的名下，且由陆某实际占有，法院依法可以进行查封；吉×××1号车辆属于第三人常某占有的特定动产，且双方在离婚协议中约定归常某所有，常某未书面确认该财产属于陆某，法院不宜对该财产进行执行。

从实体法律关系角度分析，《最高人民法院关于适用〈中华人民共和国民法典〉婚姻家庭编的解释（一）》第六十九条第二款规定："当事人依照民法典第一千零七十六条签订的离婚协议中关于财产以及债务处理的条款，对男女双方具有法律约束力。登记离婚后当事人因履行上述协议发生纠纷提起诉讼的，人民法院应当受理。”该条明确，双方当事人登记离婚后，其所签订的离婚协议已生效，故该协议中有关财产分割和债务负担问题的条款及协议，对离婚的双方当事人具有法律约束力。需要明确的是，上述条文中表述的是“对男女双方具有法律约束力”，而不是“具有法律效力”，当事人因履行上述协议发生争议的，仍需要人民法院通过司法裁判对协议内容进行司法审查和确认，在形成裁判文书后才能具有法律效力。

因此，离婚协议中关于财产处理的条款，只是确认物权归属的原因行为，至于财产的物权归属，仍应适用民法典物权编的相关规定，动产应以交付为物权设立、变更的要件，动产未交付的，应视为双方未实际履行协议，应当以物的实际占有人确认物权的归属。

人民法院在民事执行过程中，当事人对车辆等动产提出执行异议或者执行异议之诉，情况多种多样，但是通过审查车辆的实际权属来确定当事人的异议是否成立，是实践中较为常见的做法。基于上述分析，对于登记在被执行人名下经过多次转卖而未办理变更登记的二手车，如果该车辆仍然登记在被执行人名下，法院可以依据《最高人民法院关于人民法院民事执行中查封、扣押、冻结财产的规定》第二条第一款的规定进行查封、扣押。车辆的实际占有人对查封扣押登记在被执行人名下的车辆提出执行异议或者执行异议之诉，如果第三人属于支付合理价款并已经实际占有车辆的，人民法院依法应当解除查封、扣押，但车辆存在抵押权且抵押权人系申请执行人的情况除外。因第三人对车辆存在抵押权的事实属于明知，不属于善意占有人，人民法院可以继续执行该车辆；第三人以支付价款等方式与抵押权人协议解除抵押权的，人民法院可以解除对该车辆的查封、扣押。

编写人：吉林省桦甸市人民法院　李刚

20

关于执行过程中动产权利及占有状态的审查方法

——沈某诉彭某伟等案外人执行异议之诉案

【案件基本信息】

1. 裁判书字号

河北省唐山市中级人民法院（2022）冀02民终4231号民事判决书

2. 案由：案外人执行异议之诉

3. 当事人

原告（上诉人、案外人）：沈某

被告（被上诉人、申请执行人）：彭某伟

被告（被上诉人、被执行人）：徐某兴、徐某其

【基本案情】

彭某伟与徐某兴、徐某其等借款合同纠纷等案件，2017年4月27日唐山市路北区人民法院分别作出（2016）冀0203民初3297号、（2016）冀0203民初3298号、（2016）冀0203民初3299号、（2016）冀0203民初3300号、（2016）冀0203民初3301号调解书，调解书约定徐某兴、徐某其偿还彭某伟本金合计5000余万元及相应利息。调解书生效后，徐某兴、徐某其未履行还款义务。经彭某伟申请，上述案件进入执行程序。

2020年4月5日，河北省唐山市中级人民法院作出（2018）冀02执15426号之五执行裁定：扣押被执行人徐某兴所有迁某市某饭店1210房间内所有玉器雕件，详见查封清单。后原告沈某以案外人身份提出书面异议，2020年4月26日，唐山市路北区人民法院作出（2020）冀0203执异15号执行裁定，以案外

人沈某所提供的证据以及证人证言的内容不足以证实其对案涉玉器雕件享有能够排除强制执行的权利为由裁定驳回沈某的异议申请。裁定送达后，沈某提出案外人执行异议之诉，形成本案。

根据沈某提交的获奖证书及营业执照，可以认定沈某是玉器雕刻从业人员，并经营玉器、工艺品的零售、批发业务。微信聊天记录及朋友圈截图证实沈某经常在其朋友圈展示、售卖玉器。沈某通过陆某军认识了范某辉、柯某国。2020年4月2日，范某辉、柯某国与沈某夫妻一起将准备售卖的玉器开车运送至迁某市某饭店1210房间内，范某辉、柯某国二人基于是徐某兴助理的特殊身份，全程参与售卖，并直接与买受人王某祥协商价格。徐某兴弟弟徐某某也在交易现场，交易现场房间内有沈某、范某辉、柯某国、王某祥等共计六人，徐某某与沈某妻子在房间外面等候。在买受人王某祥与柯某国、范某辉再三确认案涉玉器是否为徐某兴所有时，柯某国确认为徐某兴所有，而同在交易现场的沈某并未否认案涉玉器为徐某兴所有。沈某申请的证人杨某、朱某、高某东、朱某、刘某勇为从事玉器销售或雕刻人员，出庭均声称自己的玉器交给沈某来唐山代售时被查扣，并向法庭出示了各自的营业执照、部分玉器作品获奖证书和微信朋友圈展示售卖的截图。原告沈某重审开庭时自述交易时并未向买受人说明玉器所有权人是谁。

另查明，在2020年4月26日唐山市路北区人民法院作出（2020）冀0203执异15号裁定，驳回沈某的执行异议后。2020年5月15日，王某根起诉沈某合同纠纷一案由江苏省扬州市邗江区人民法院立案受理，并于2021年4月25日作出（2020）苏1003民初2980民事判决，判决沈某赔偿王某根玉器损失77万元。沈某不服上诉后，江苏省扬州市中级人民法院于2021年9月17日作出（2021）苏10民终2381号民事判决，将此案发回重审。2020年7月17日，原告杨某诉沈某返还财产纠纷一案由江苏省扬州市广陵区人民法院立案受理，并于2020年12月28日作出（2020）苏1002民初2977号民事判决，沈某赔偿杨某货款53万元及利息。判决后双方均未上诉，该判决已经生效，但沈某并未给付杨某货款及利息。

2020年9月30日，河北省唐山市路北区人民法院作出（2020）冀0203民初1622号民事判决书，判决驳回沈某的诉讼请求。沈某不服该判决书，向河北省唐山市中级人民法院提起上诉，河北省唐山市中级人民法院于2021年4月19日作出（2021）冀02民终613号民事裁定书发回重审。

2022年1月29日，河北省唐山市路北区人民法院作出（2021）冀0203民初3859号民事判决书，判决驳回沈某的诉讼请供求。沈某不服该判决书，向河北省唐山市中级人民法院提起上诉。

河北省唐山市中级人民法院二审审理期间，对徐某兴制作了询问笔录，根据徐某兴陈述，其与沈某原本并不认识，由于王某祥想购买玉器但是徐某兴手里没有玉器，便通过范某辉联系卖家，后范某辉联系上沈某，其是通过范某辉介绍才认识了沈某。徐某兴称如果此次交易成功其会赚取一定的介绍费。关于案涉玉器的归属，徐某兴称是沈某的而不是其自己的。另外，河北省唐山市中级人民法院还查阅了（2018）冀02执15426号执行卷宗，卷宗显示：2020年4月4日，彭某伟向路北执行大队提交《查封申请》，申请事项：申请查封、扣押被执行人徐某兴个人所有的玉器。事实与理由：申请人与徐某兴、徐某其民间借贷纠纷系列案件在唐山市中级人民法院执行局路北执行大队执行中，申请人彭某伟接到可靠线索，被执行人徐某兴委托其弟弟徐某某携带他个人所有在玉石雕件会在2020年4月5日在迁某市某饭店交易，特此申请路北执行大队将这些玉器或者成交后的交易款项查封、扣押。如果消息不实给案外人造成损失，申请人愿意就损失全额赔偿，并且申请人愿意用个人名下的江苏省苏州市25号房产作为抵押，望法院保护申请人利益，依法执行。另，2020年5月6日，路北执行大队就（2018）冀02执15426、15429、15437、15440号执行案件，制作了悬赏公告。

【案件焦点】

沈某请求对案涉玉器雕件排除强制执行是否应得到支持。

【法院裁判要旨】

河北省唐山市中级人民法院经审理认为：本案的审理焦点为沈某对迁某市

某饭店1210房间内被扣押的所有玉器雕件是否享有排除强制执行的民事权益。根据《最高人民法院关于民事诉讼证据的若干规定》第九十条：下列证据不能单独作为认定案件事实的根据：（一）当事人的陈述；（二）无民事行为能力人或者限制民事行为能力人所作的与其年龄、智力状况或者精神健康状况不相当的证言；（三）与一方当事人或者其代理人有利害关系的证人陈述的证言；（四）存有疑点的视听资料，电子数据；（五）无法与原件、原物核对的复制件、复制品。结合本案情况，上诉人沈某主张11件玉器归其所有，剩余11件玉器，沈某基于与案外人的代售合同关系享有合法的占有权；被执行人徐某兴书面陈述案涉所有玉器雕件的权利人为沈某；申请执行人彭某伟主张案涉所有玉器雕件为被执行人徐某兴所有，以上三人的陈述均不完全一致，且基于上述法律规定，以上三人的陈述不能单独作为认定案件事实的根据。故为证明案涉所有玉器雕件权利的归属问题，各方当事人均应进一步补强证据。根据一、二审审理情况，上诉人沈某就其主张向一审法院提供了获奖证书、营业执照记录、朋友圈截图证实沈某经常在其朋友圈展示、售卖玉器，证人证言、法院判决等证据予以佐证其对案涉所有玉器雕件享有的权利。而申请执行人的证人王某祥的证人证言即证明案涉所有玉器雕件的所有人为徐某兴。从证据的证明力角度看，上诉人沈某所提交的证据的证明力大于申请执行人和被执行人言词证据。

根据《中华人民共和国民法典》第二百二十四条：动产物权的设定和转让，自交付时发生效力，但是法律另有规定的除外。动产的设立和转让的公示方法为交付。一般来说，动产的物权关系一般通过占有和交付作为表现形式。本案中，执行法院扣押案涉玉器的现场是在沈某及其妻子入住的酒店1210房间。就现场情况看，应考虑到上诉人沈某及其妻子在现场出现的作用和意义，案涉所有玉器雕件均在上诉人沈某及其妻子的占有和控制之下，因此，上诉人沈某在现场对案涉所有玉器雕件形成并具有事实上的管领力。另根据《最高人民法院关于适用中华人民共和国民事诉讼法的解释》第一百零八条第一款：对负有举证证明责任的当事人提供的证据，人民法院经审查并结合相关事实，确信待证事实的存在具有高度可能性的，应当认定该事实存在。根据上诉人沈某提交的证据可以看出，上诉人沈某长年从事玉器买卖和雕刻行业，在扣押玉器中，有部分玉器是出自沈某之手由其进行雕刻并获得了相应的奖项。结合杨某诉沈某返还财产纠纷一案的（2020）苏1002民初2977号民事判决书、杨某，朱某、高某东、朱某、刘某勇、莫某敬等证人的当庭陈述，进一步佐证了扣押的玉器中有7件属于沈某所有，其余玉器均是由上述证人以委托代售的形式转移占有，交付沈某的事实。综合全案证据，上诉人沈某所提出的上诉人请求和事实具有高度盖然性，沈某基于所有权以及上述证人委托其代售而进行的占有状态应予以保护。另，本案除买受人王某祥及其司机、陪同者的言词证据声称案涉所有玉器雕件属于被执行人徐某兴所有，已无其他证据指向案涉所有玉器雕件与被执行人徐某兴存在何种关系，且徐某兴本人亦不承认案涉玉器雕件为其所有，故本案应推定上诉人沈某就案涉所有玉器雕件享有权利的事实存在。

综上所述，沈某的上诉请求成立，予以支持。河北省唐山市中级人民法院依照《中华人民共和国民事诉讼法》第一百七十七条第一款第二项规定，判决如下：

一、撤销河北省唐山市路北区人民法院（2021）冀0203民初3859号民事判决书；

二、不得执行迁某市某饭店1210房间内所有玉器雕件（详见唐山市中级人民法院查封扣押物品清单）。

【法官后语】

本案是关于在执行异议之诉中，如何审查动产权利的归属和事实占有状态的典型案例。本案涉及的动产为玉器，不具备特殊动产中的可以作为权属认定依据的证书，故需对该动产的权利外观、公示方法与实际权属进行综合审查，以判断是否能够排除强制执行。

1. 审查动产的占有、控制及交付状态。动产不同于不动产和特殊动产，没有相应的权属证书就其权利人信息进行公示和记载，动产的设立和转让的公示方法为占有和交付，对于动产的占有和控制状态，以及交付情况是确定动产权利归属的重点。本案中，案涉动产为玉器，不具备人身依附属性，也不属于动产特定化的条件，因此本案需结合案涉玉器从持有、运输、保管过程、出售过程、查封现场情况等事实着重审查。在案件审查过程中，我们发现案涉玉器一直由上诉人沈某及其妻子持有，未脱离其上诉人沈某及其妻子的控制，因此通过事实审查能够确定案涉玉器在上诉人占有和控制之下，具有事实上的管领力。基于以上事实，案涉玉器的占有状态至本案执行机构到场查封、上诉人提交的另案判决、由他人将玉器交付给上诉人的证据，可以推定因为占有和交付的公示效力案涉玉器的权利关系已经取得了支配性的地位，在没有相反理由和证据的情况下，法律应当保护这种权利状态使其具有对抗其他人的效力。

2. 结合动产本身的特点和证据规则，合理分配举证责任，确定案件事实。本案中，另一个争议焦点为，在双方证据均不足以直接、完全证明案件待证事实的情况下，如何确定案件事实和裁判结果。根据《最高人民法院关于适用〈中华人民共和国民事诉讼法〉的解释》第一百零八条第一款“对负有举证证明责任的当事人提供的证据，人民法院经审查并结合相关事实，确信待证事实的存在具有高度可能性的，应当认定该事实存在”的规定，不同的动产具有各自的特点，确定动产的权利状态或占有控制状态也需结合动产本身的特点。本案案涉动产为玉器，结合上诉人沈某从事玉器雕刻的业务，以及沈某日常生活及社交状态中，均从事玉器购买、雕刻、出售的情况，以及沈某另案诉讼中关于玉器代持代卖的情况，其证据的证明力高于本案其他当事人的言词证据的证明力，且证人证言和当事人的陈述也不得单独作为定案的依据，因此本案中沈某的请求及事实理由具有高度盖然性，对于沈某对动产的占有状态应予以保护。

编写人：河北省唐山市中级人民法院　樊绫钰

21

已转让但未过户的车辆能否强制执行

——申某斌执行异议案

【案件基本信息】

1. 裁判书字号

湖北省建始县人民法院（2023）鄂2822执异16号执行裁定书

2. 事由：执行异议

3. 当事人

异议人（案外人）：申某斌

申请执行人：龚某民、李某林

被申请执行人：卢某波、刘某玲

【基本案情】

2022年5月17日，异议人申某斌与卢某波签订《二手车交易合同》，该合同载明的主要内容为：1. 卢某波将其所有的灰色江淮车以31000元的价格卖于异议人；2. 如因来历不明或被抵押、查封等其他出售方因素而给购买方带来的直接经济损失，由出售方全额负担。当日，异议人通过手机银行给卢某波转账支付31000元，附言江淮瑞风车款到位，并将所购车辆实际占有。

2022年6月21日，龚某民、李某林因与卢某波、刘某玲存在房屋买卖合同纠纷向湖北省建始县人民法院提起民事诉讼，法院于当日立案。

2022年6月27日，申请人龚某民、李某林向湖北省建始县人民法院申请诉讼保全，湖北省建始县人民法院作出（2022）鄂2822民初1783号民事裁定书，裁定将被执行人卢某波名下的江淮牌小型普通客车一辆予以保全查封，查封期限为两年。

2022 年 8 月 10 日，湖北省建始县人民法院作出（2022）鄂 2822 民初 1783 号民事判决书，判决卢某波、刘某玲支付龚某民、李某林房屋买卖欠款 1288000 元，并自 2022 年 1 月 8 日起以房屋买卖欠款 1288000 元为基数按年利率 4.81%的标准支付违约金，至欠款付清为止。

2022 年 11 月 9 日，因被执行人没有履行生效法律文书确定的义务，申请人向湖北省建始县人民法院申请强制执行。

2023 年 2 月 27 日，异议人申某斌对（2022）鄂 2822 民初 1783 号民事裁定书查封的车辆向湖北省建始县人民法院提出执行异议，法院受理后经过审查，作出（2023）鄂 2822 执异 16 号执行裁定书，裁定解除对被执行人卢某波名下的江淮牌小型普通客车一辆的查封。

【案件焦点】

法院能否强制执行已转让但未过户的车辆。

【法院裁判要旨】

湖北省建始县人民法院经审理认为：发生法律效力的民事判决、裁定，当事人必须履行，被执行人未履行生效法律文书确定的义务，法院依照《最高人民法院关于人民法院民事执行中查封、扣押、冻结财产的规定》的规定，可以查封被执行人名下的不动产、特定动产及其他财产权，据此，湖北省建始县人民法院通过公安部车辆查询系统查询，并查封了被执行人卢某波名下的江淮牌小型普通客车一辆。《最高人民法院关于人民法院民事执行中查封、扣押、冻结财产的规定》第二十八条第一款第一项规定查封、扣押、冻结案外人财产的，人民法院应当作出解除查封、扣押、冻结裁定。本案中，经审查查明，案涉车辆虽然登记在被执行人卢某波名下，但被执行人卢某波已于 2022 年 5 月 17 日即申请人提起民事诉讼之前就将该车卖于异议人，双方并全面履行了合同义务。从现有证据来看异议人购买案涉车辆的行为尚不能认定其具有非善意且为虚假。综上，异议人购买案涉车辆并支付了全部价款且实际占有，系案涉车辆的权利人，其异议理由成立。依照《中华人民共和国民事诉讼法》第二百三十四条、《最高人民法院关于人民法院民事执行中查封、扣押、冻结财产的规定》第二十八条第一款第一项、《最高人民法院关于人民法院办理执行异议和复议案件若干问题的规定》第十七条第二项的规定，裁定如下：

解除对被执行人卢某波名下的江淮牌小型普通客车一辆的查封。

【法官后语】

被执行人将其名下车辆出卖给第三人，第三人已经支付部分或者全部价款并实际占有该财产，但尚未办理产权过户登记手续的，人民法院可以查封、扣押、冻结；但第三人已经支付全部价款并实际占有，未办理过户登记手续的，如果第三人对此没有过错，人民法院不得查封、扣押、冻结。理论和司法实践中应依据善意取得制度对该问题进行认定。

善意取得制度是以物权公示为逻辑起点，通过对占有公信力信赖的保护，保障第三人的交易安全。善意取得制度的前提是无权处分，其根本目的在于真实权利人与权利取得人即受让人之间的利益衡量，维护交易安全与便捷。受让人主观上是否构成“善意”是能否获得善意取得制度保护最为重要的条件。而“善意”的内涵应当是不知道或不应当知道转让人无权处分。善意取得制度不仅要求以合理价格转让，还必须满足具备物权公示的效力即转让的不动产或者动产依照法律规定应当登记的已经登记，不需要登记的已经交付给受让人。本案中，案外人申某斌从被执行人卢某波手中购买轿车，即便已经完成交付、支付合理对价且主观上是善意，其也不能获得善意取得制度的保护。因为卢某波出卖自己名下的轿车是有权处分行为，并不符合善意取得制度无权处分的前提。因此，本案并不适合善意取得制度。

善意第三人制度是从受让人权利保护的角度督促受让人尽快完成登记，以确保取得物权效力的完整性，并进而提示其对抗力缺乏带来的风险。我国立法者对善意第三人的解释是“不知道也不应当知道无权发生变动的物权关系相对人”。《最高人民法院关于人民法院民事执行中查封、扣押、冻结财产的规定》第十五条规定：“被执行人将其所有的需要办理过户登记的财产出卖给第三人，第三人已经支付部分或者全部价款并实际占有该财产，但尚未办理产权过户登记手续的，人民法院可以查封、扣押、冻结；第三人已经支付全部价款并实际占有，但未办理过户登记手续的，如果第三人对此没有过错，人民法院不得查封、扣押、冻结”。在机动车所有人无其他财产可供执行的情况下，可能存在机动车所有人恶意转移财产逃避债务的情况。因此，人民法院在强制执行过程中有权对已转让但未过户的车辆采取强制执行措施，但是第三人没有过错的除外。

二手车买卖在日常生活中较为普遍，为了更好地保障自己的合法权益，购车人应在购车合同签订后及时办理车辆所有权的转让登记，避免出现其他有权机关对车辆采取司法强制措施的情形时，购车人因未办理车辆登记手续而无法对抗善意第三人，自己对该车享有的权益很可能受到意想不到的损失。购车人在购买车辆时最好到有资质的二手车交易市场进行咨询，切勿因贪图便宜而草率与他人签订车辆转让协议，在签订协议前应当到车辆登记机关查询该车相关信息，有无相关权利瑕疵，避免遇到不必要的麻烦。

编写人：湖北省建始县人民法院　周钰

22

对长期未办理变更登记的机动车能否依申请解除查封

——王某诉李某等执行异议案

【案件基本信息】

1. 裁判书字号

北京市密云区人民法院（2022）京0118执异237号执行裁定书

2. 事由：执行异议

3. 当事人

申请人（案外人）：王某

被申请人（申请执行人）：李某

被申请人（被执行人）：武某

【基本案情】

李某与武某民间借贷纠纷一案，法院于2020年10月15日作出（2020）京0118民初3089号民事调解书：一、武某于2020年12月31日前偿还李某借款65000元；二、武某给付李某逾期利息（以65000元为基数，自2017年11月13日起至实际付清之日止，按年利率2%计算）。该民事调解书发生法律效力，因武某未能在指定期间履行义务，申请执行人依据该调解书所确定的给付义务，于2022年2月22日申请执行，法院以（2022）京0118执917号立案执行。在执行过程中，2022年4月20日，对被执行人武某名下的机动车一辆予以查封，查封期限两年。2022年5月23日，法院对被执行人武某名下的机动车一辆予以扣押。

经查，王某与武某原系夫妻关系，2017年8月8日，双方协议离婚，并在民政局办理了离婚登记。双方在《离婚协议书》中约定："……6. 武某名下汽车一辆，归女方王某所有。"现机动车迄今为止仍然登记在武某名下，未办理车辆所有权变更登记手续。

申请人王某认为，案外人与被执行人武某已于2017年8月8日在民政局协议离婚，双方约定小轿车一辆归案外人所有，该车辆现被法院查封、扣押，侵犯了案外人的合法权益，申请法院将异议人所属的尼桑牌小轿车给予解除查封、扣押。

【案件焦点】

王某请求解除对长期未办理变更登记的案涉车辆的查封申请能否得到支持。

【法院裁判要旨】

北京市密云区人民法院经审理认为：根据《最高人民法院关于人民法院民事执行中查封、扣押、冻结财产的规定》第二条第一款规定，人民法院可以查封、扣押、冻结被执行人占有的动产、登记在被执行人名下的不动产、特定动产及其他财产权。《最高人民法院关于人民法院办理执行异议和复议案件若干问题的规定》第二十四条规定，对案外人提出的排除执行异议，人民法院应当审查下列内容：（一）案外人是否系权利人；（二）该权利的合法性与真实性；（三）该权利能否排除执行。第二十五条规定，对案外人的异议，人民法院应当按照下列标准判断其是否系权利人：……（二）已登记的机动车、船舶、航空器等特定动产，按照相关管理部门的登记判断；未登记的特定动产和其他动产，按照实际占有情况判断……据此，机动车的产权登记具有对外公信效力，我国对已登记的机动车的产权，按照机动车管理部门的登记判断权利人。

本案中，根据机动车的产权登记具有对外公信效力，案涉车辆应属被执行人武某财产。申请人王某因自身原因未能办理机动车过户登记，且案涉车辆由被执行人武某驾驶，证明武某享有控制、使用权。案外人王某提供的证据及当事人陈述，不能证明其对案涉车辆享有所有权，不能够排除人民法院对该机动车的强制执行。故申请人王某主张对案涉车辆享有所有权并请求中止对该车辆的执行，解除查封、扣押证据不足，缺乏事实依据，法院不予支持。综上，依照《中华人民共和国民事诉讼法》第二百三十四条，《最高人民法院关于适用〈中华人民共和国民事诉讼法〉的解释》第四百六十三条第一款第一项，《最高人民法院关于人民法院民事执行中查封、扣押、冻结财产的规定》第二条第一款，《最高人民法院关于人民法院办理执行异议和复议案件若干问题的规定》第二十四条、第二十五条之规定，裁定如下：

驳回申请人案外人王某的异议请求。

【法官后语】

执行法律关系纷繁复杂，执行中案外人合法权益受到侵害的情形在所难免，而执行异议是执行救济的重要途径，既可以保障案外人的实体权利，完善司法救济制度，又可以维护各方主体的合法权益。执行异议可以分为执行行为异议和执行实体异议两大类。执行行为异议强调的是执行行为的违法性或者失当性，而执行实体异议强调的是执行行为对实体权利的侵害。本案系申请人请求对案涉机动车解除查封提出的执行异议，属于执行实体异议。

申请人请求法院对被执行人所有，但在离婚协议中约定归申请人所有的机动车解除查封执行。在案件审查中，法院能否支持的关键在于案外人是否取得机动车的所有权，具体到本案来说需要审查案涉机动车登记情况和实际交付、使用情况。

根据《中华人民共和国民法典》第二百二十四条之规定，动产物权的设立、转让，自交付时发生效力，但法律另有规定的除外。依据《最高人民法院关于人民法院办理执行异议和复议案件若干问题的规定》第二十五条之规定，已登记的机动车、船舶、航空器等特定动产，按照相关管理部门的登记判断权利人。该条规定属于人民法院在办理执行异议和复议案件时，对案情进行形式审查的裁判依据。考虑到北京等特大城市严格限制机动车保有量，车辆及附属号牌具有较大的财产权益，为维护各方主体的合法权益，切实维护案件实体公正，法院在对车辆登记外观进行审查外，通常需要结合车辆的实际交付和使用情况进行综合判断，以机动车是否完全交付作为认定申请人对案涉车辆全部所有权的事实依据。根据审理查明的情况，申请人在与被执行人协议后离婚长期怠于办理案涉车辆过户登记手续，直至法院依法查封案涉车辆时双方已经协议离婚5年，案涉车辆仍登记在武某名下，且双方亦认可协议离婚后案涉车辆由两人共同使用，在案涉车辆被查封时车辆由被执行人武某驾驶。故案涉车辆是否完全交付缺乏明确的可识别的外观，加之申请人在协议离婚后长期怠于办理车辆过户登记，我院认为无法认定申请人已将案涉车辆完全交付其占有使用，无法证明申请人实际取得了案涉车辆的所有权，驳回申请人的异议申请。

编写人：北京市密云区人民法院　周悦

23

借名使用小客车指标的购车人是否享有排除执行的权益

——钟某诉艾某执行异议之诉案

【案件基本信息】

1. 裁判书字号

北京市第三中级人民法院（2022）京03民终12483号民事判决书

2. 案由：执行异议之诉

3. 当事人

原告（被上诉人）：钟某

被告（上诉人）：艾某

第三人（被上诉人）：田某某

【基本案情】

2015年4月28日，案外人刘某某与田某某签订《协议书》，约定刘某某向田某某购买小客车指标，转让价格为5.8万元。后刘某某将该指标出售给钟某，钟某于2016年5月27日向刘某某转账支付5万元。2016年5月4日，钟某与案外人王某某签订《购车协议》，向王某某购买案涉车辆，车辆售价为11.6万元。后案涉车辆变更号牌，并登记至田某某名下，车辆的机动车强制保险单、强制保险标志及保险费发票均显示车主为田某某，被保险人为钟某。钟某一直实际使用案涉车辆。

2016年3月23日，北京市朝阳区人民法院（以下简称朝阳法院）作出（2015）朝民（商）初字第15248号民事判决书，判令田某某偿还艾某借款15万元并支付借款利息，该判决已发生法律效力。后艾某申请执行上述判决书。

朝阳法院在执行中对案涉车辆予以查封扣押。钟某对法院的查封提出异议，朝阳法院作出执行裁定，驳回了钟某的执行异议请求。钟某不服裁定，提起执行异议之诉，要求解除对案涉车辆的查封并撤销执行裁定书。

【案件焦点】

钟某是否为案涉车辆的实际权利人，是否享有足以排除对案涉车辆强制执行的民事权益。

【法院裁判要旨】

朝阳法院认为：根据本案相关证据，钟某确系出资购买了案涉车辆，并通过买卖的方式使用田某某名下的小客车指标，将其购得的案涉车辆登记为田某某所有。且钟某一直实际占有使用案涉车辆。故田某某虽为登记的车辆所有权人，但钟某确系车辆实际的购置人和使用人。《中华人民共和国民法典》第二百二十四条及第二百二十五条规定："动产物权的设立和转让，自交付时发生效力，但是法律另有规定的除外。""船舶、航空器和机动车等的物权的设立、变更、转让和消灭，未经登记，不得对抗善意第三人。"案涉车辆系动产，自交付钟某之日起，钟某即享有对案涉车辆的所有权。至于艾某是否可以构成上述法律规定中的"善意第三人"的问题，《最高人民法院关于适用〈中华人民共和国民法典〉物权编的解释（一）》第六条规定："转让人转让船舶、航空器和机动车等所有权，受让人已经支付合理价款并取得占有，虽未经登记，但转让人的债权人主张其为民法典第二百二十五条所称的'善意第三人'的，不予支持，法律另有规定的除外。"参照上述司法解释的规定，艾某作为田某某的债权人不得以"善意第三人"为由对抗案涉车辆的受让人钟某。故法院认定案涉车辆的实际所有权人为钟某。钟某对案涉车辆享有的实际所有权足以排除强制执行，钟某提出的执行异议成立，应停止对案涉车辆的执行。但钟某主张撤销执行异议裁定，没有法律依据，法院不予支持。需要说明的是，本案仅对钟某享有足以排除强制执行的民事权益予以认定。钟某购买北京市小客车指标，违反了北京市车辆限购的相关规定，应当由相关行政主管部门依法予以处理。

朝阳法院判决如下：

一、停止对厂牌型号为北京现代、车牌号为京×××号、车辆识别代码为×××、发动机号为×××车辆的执行。

二、驳回钟某的其他诉讼请求。

艾某不服一审判决，提起上诉，北京市第三中级人民法院（以下简称北京三中院）经审理认为：综合当事人的诉辩主张和查明的事实，本案二审的争议焦点为钟某是否为案涉车辆的实际权利人，是否享有足以排除对案涉车辆强制执行的民事权益。动产物权的设立和转让，自交付时发生效力，但法律另有规定的除外。本案中，根据本案全案事实及证据，钟某确系出资购买了案涉车辆，并通过买卖的方式使用田某某名下的小客车指标，将其购得的案涉车辆登记为田某某所有，并一直实际占有使用案涉车辆。案涉车辆系动产，自交付钟某之日起，钟某即享有对案涉车辆的所有权。故田某某虽为登记的车辆所有权人，但钟某确系案涉车辆的实际购置人和所有人，应当享有案涉车辆的实体权利。因此，钟某对案涉车辆享有的实际所有权足以排除对案涉车辆的强制执行，一审法院据此认定钟某提出的执行异议成立，并判令停止对案涉车辆的执行并无不当。需要指出的是，本案虽对钟某享有足以排除强制执行的民事权益予以确认，但钟某购买北京市小客车指标，违反了北京市车辆限购的相关规定，应当由相关行政主管部门依法予以处理。艾某的上诉请求不能成立，应予驳回；一审判决认定事实清楚，适用法律正确，应予维持。

北京三中院依照《中华人民共和国民事诉讼法》第一百七十七条第一款第一项规定，作出如下判决：

驳回上诉，维持原判。

【法官后语】

北京市自2011年开始实施小客车指标摇号取得的相关政策，摇号中签难度逐年加大，小客车购买指标“一号难求”。在此情况下，有些人“独辟蹊径”，小客车指标的出借、出租、买卖现象越来越多。这虽看似解决了指标出让人指标闲置的问题和指标使用人的用车需求，但也带来了大量的风险、纠纷以及一系列社会问题。在对借用指标、规避限购政策予以否定评价的情境下，指标借用人是否对车辆享有合法权益，是否可以排除强制执行，存有争议。本文拟结合案例，就这一问题展开探讨。

一、小客车指标的法律性质

《北京市小客车数量条款暂行规定》规定，北京市对小客车实施数量调控和配额管理制度，需要取得本市小客车指标的，应当通过摇号方式无偿取得。《北京市小客车数量调控暂行规定实施细则》规定，小客车指标确认通知书仅限指标所有人使用。综合上述规定可见，小客车指标本质上属于一种行政许可资格，该资格具有专属性，不得买卖、出租、出借。但购车指标并非独立存在的物，该指标的归属并不能直接反映使用该指标所购车辆的所有权的归属。判断车辆的所有权，应适用物权相关法律的规定。

二、指标借用人是否享有车辆所有权

《中华人民共和国民法典》（以下简称《民法典》）第二百二十四条规定，动产物权的设立和转让自交付时发生效力，但法律另有规定的除外。《民法典》第二百二十五条对机动车等物权的设立、变更、转让和消灭进行了进一步规定，即未经登记，不得对抗善意第三人。根据上述法律规定，借用他人指标的购车人和一般购车人取得机动车所有权的方式没有任何差异，即均以交付为生效要件，且未经登记的不发生对抗善意第三人的效力。本案中，钟某自案外人王某某处购得案涉车辆，并支付了购车款、办理了以钟某为被保险人的交强险，且一直实际使用该车辆，故可以认定钟某系车辆的实际买受人，且已经占有使用车辆，取得了车辆的所有权。机动车登记证书虽然载明车主为田某某，但机动车登记仅具有对抗善意第三人的效力，并非物权设立和变更的法律要件。故无论钟某购买车辆后如何以田某某的指标办理了车辆登记、号牌和行驶证等，也无论钟某购买指标的行为是否有效，其实际享有车辆这一实体物的物权，是确定无误的。

三、指标出让人的债权人是否为善意第三人

案涉车辆虽已交付钟某，但并未办理所有权转移登记，该行为是否不能对抗艾某呢?《民法典》第二百二十五条所谓不能对抗的“善意第三人”，是指不知道也不应当知道物权发生了变动的物权关系相对人。所以，此处的“善意第三人”并非物权关系之外的所有人，而是与物权关系有所牵连的人员，主要包括以取得所有权为目的的相对人、抵押权人、质权人和留置权人。转让人的债权人与转让人仅有债的关系，在受让人已经支付价款并取得占有后，并不享有对抗物权转移的权利。《最高人民法院关于适用〈中华人民共和国民法典〉物权编的解释（一）》第六条即对此进行了规定，该条款将转让人的债权人排除于善意第三人之外，意在贯彻物权优先效力。故本案中，法院认定艾某并非“善意第三人”，其权利不具有对抗钟某所有权的效力。

需要说明的是，北京等部分城市出台小客车指标的规定，目的是实现小客车数量的合理、有序增长，有效缓解交通拥堵状况，降低能源消耗和减少环境污染。在施行过程中，确实发生了规避行政执法的行为。这些行为进入民事诉讼领域后，法院应遵从《民法典》物权编及相关司法解释的规定，从物权取得及对抗原则的角度予以分析论证，不宜仅以违反行政法规为由对行为参与者的所有民事权利一概不予保护。同时，应在界定民事权利后，对当事人规避行政法规的行为通过司法建议等方式向主管机关通报，达到法律效果和社会效果的统一。

编写人：北京市朝阳区人民法院　李戈

三、对金钱和账户的执行

24

被执行人部分履行债务应先偿本金再偿判后利息

——戴某与罗某执行异议案

【案件基本信息】

1. 裁判书字号

上海市宝山区人民法院（2022）沪0113执异245号执行裁定书

2. 事由：执行异议

3. 当事人

异议人（被执行人）：戴某

申请执行人：罗某

【基本案情】

原告罗某与被告戴某民间借贷纠纷一案，上海市宝山区人民法院（以下简称宝山法院）于2021年1月5日作出（2020）沪0113民初23303号判决：戴某于判决生效之日起10日内，归还罗某借款200万元，并按每月2%计算支付该款从2016年12月23日起至2020年8月19日止的利息，按4倍LPR利率标准计算支付该款自2020年8月20日起至实际清偿之日止的利息。被告戴某不服，提起上诉。上海市第二中级人民法院于2021年6月2日作出二审判决：驳回上诉，维持原判。

因戴某未及时履行上述义务，经罗某申请，宝山法院于2021年8月立案执行。2021年12月，戴某向罗某支付了30万元。因戴某无其他可供执行财产，法院裁定终结本次执行程序。2022年，戴某另案作为债权人的债权陆续执行到位，宝山法院及时恢复执行将戴某实现的债权用于清偿戴某欠罗某的债务，至2022年8月8日，戴某共计向罗某清偿了400万元。

2022年8月8日，执行法官召集双方谈话。戴某认为，其已还款项应先冲抵本金后冲抵利息，且不应支付法定迟延履行利息。根据其计算方式，截至2022年8月8日其尚欠利息金额241022元。而罗某认为，已还款项应先冲抵利息后冲抵本金，并按规定支付法定迟延履行金。截至2022年8月8日，戴某尚欠本金和迟延履行金共计428561元，如戴某不及时清偿，后续将按判决标准继续产生利息。为避免损失，戴某于2022年8月8日向法院缴纳了428561元。但同时，戴某于2022年10月11日向宝山法院提出执行异议，请求按照先清偿本金后清偿利息的顺序计算戴某剩余应偿付的金额。

【案件焦点】

涉金钱债务执行中，当被执行人给付钱款不足以清偿全部债务时，债务本金、利息、迟延履行利息应该按照何种顺序进行冲抵。

【法院裁判要旨】

上海市宝山区人民法院经审理认为：当案件进入强制执行阶段，债权人请求司法公权力介入帮助实现债权，此时，既要维护债权人的合法权益，以强制力促使债务人履行生效裁判确定的义务；同时，也要遵循公平原则和善意文明执行理念，兼顾司法资源配置和执行效率效果。对于裁判生效之前发生的本金和利息，法院在后续执行中执行到的部分款项，应先清偿该部分利息，后清偿本金；对于裁判生效后新发生的利息，应后于本金予以清偿。已经清偿完的本金不应再新发生利息。否则，倘若执行到位的款项均先清偿利息（含裁判生效后的利息）后清偿本金，则对于许多利息较高的金钱债务案件的债务人而言，债务负担过于沉重，案件难以执行完毕而挤占司法资源，也不利于社会面债务的消减。

具体到本案，作为执行依据的民事判决经二审维持于2021年6月2日生效，故对于本金200万元及其在2021年6月2日之前发生的利息，法院后续执行到位的款项应先清偿该部分利息后清偿本金。但对于2021年6月2日之后新发生的利息，则应按照先清偿本金后清偿判决生效后利息的顺序来执行。

关于法定迟延履行利息（加倍债务利息），《最高人民法院关于执行程序中计算迟延履行期间的债务利息适用法律若干问题的解释》对迟延履行利息的计算作了规定，即："加倍部分债务利息=债务人尚未清偿的生效法律文书确定的除一般债务利息之外的金钱债务×每日0.175‰×迟延履行期间，该部分利息自生效法律文书确定的履行期间届满之日起计算。"并且，"被执行人的财产不足以清偿全部债务的，应当先清偿生效法律文书确定的金钱债务，再清偿加倍部分债务利息"。据此，本案被执行人戴某要求不支付迟延履行利息的请求，不符合法律规定，难以支持；但该加倍迟延履行利息在执行顺序上应后于判决确定的债务本金和利息之后执行，且在本金200万元已执行到位之后，不应再计算加倍迟延利息。

综上，对于执行阶段执行到位的款项，应按照"判决生效前利息→本金→判决生效后利息→加倍迟延履行利息"的清偿顺序执行为宜。上海市宝山区人民法院依照《中华人民共和国民事诉讼法》第二百三十二条、第二百六十条，《最高人民法院关于办理执行异议和复议案件若干问题的规定》第十七条，《最高人民法院关于执行程序中计算迟延履行期间的债务利息适用法律若干问题的解释》第一条、第二条、第四条之规定，作出如下裁定：

一、对于2021年6月2日以前根据（2020）沪0113民初23303号民事判决书确定的借款本金和利息，按照先清偿利息后清偿本金的顺序执行；对于2021年6月3日以后根据（2020）沪0113民初23303号民事判决书确定的借款本金和利息，按照先清偿本金后清偿利息的顺序执行；

二、对于（2020）沪0113民初23303号案的加倍迟延履行利息，按照后于该判决确定的本金和利息的清偿顺序执行，本金已执行完毕时，不再计算加倍迟延履行利息。

【法官后语】

在金钱债务类案件强制执行过程中，被执行人部分履行的情况下，不宜机械适用《中华人民共和国民法典》第五百六十一条规定的顺序来冲抵债务，理由分析如下。

一、“先息后本”的规定并非当然适用于强制执行程序

《中华人民共和国民法典》第五百六十一条规定的本意应是指在当事人没有约定的情况下，债务人仅部分履行了金钱债务，在涉讼时，法院应将该部分履行的金额先冲抵利息后冲抵本金来加以认定。这一标准作为审理阶段的法律适用标准符合一般商业习惯，应适用于市场主体自发交易时部分履行债务的情形。

但在法院判决生效后进入强制执行阶段，债权人求助司法公权力介入强制实现债权，此时，法院在维护债权人权益的同时，还要考虑执行工作的社会效果和执行权力运行的资源配置。立法已经认识到民事强制执行的价值追求并非单向度实现债权人的利益，而是要兼顾各方利益和社会效益。如果将《中华人民共和国民法典》第五百六十一条规定机械适用于强制执行阶段，仍完全按照先冲息后冲本的顺序清偿，可能会产生不符合民事强制执行价值追求的导向，亦可能与当前最高法院倡导的善意文明执行理念相悖。在民事强制执行阶段，应综合统筹债权人权益的实现、各方当事人利益的平衡、社会面债务的消减、司法权力资源的配置等各个维度，合理确定被执行人部分履行的金钱债务冲抵债务本金和利息的顺序。

二、执行程序中“先本后息”有利于消减社会面债务负担，促进经济复苏

当前，作为市场主体的许多中小微企业以及个人承受着较大的债务压力。以最常见的民间借贷纠纷为例，最高法院2015年发布的《关于审理民间借贷案件适用法律若干问题的规定》（以下简称《民间借贷司法解释》）规定的民间借贷受保护的最高利率为年利率24%。2020年修订了《民间借贷司法解释》，

规定民间借贷受保护的最高利率标准为4倍LPR利率，但仍规定在2020年8月19日之前的利息仍适用年利率24%的最高利率保护标准[①]。

在法院执行工作中，仍有大量在2020年8月19日之前生效的判决24%年息标准的民间借贷判决在执行程序中并未了结，而是以“终结本次执行”（以下简称终本）方式结案。而“终本”结案后仍可能恢复执行，高利率仍在持续计算；即使现行保护标准4倍LPR利率对于一般市场主体或个人而言也比较高。另随着执行信息化和执行联动机制的完善，这几年法院强制执行的力度远强于以往，不少案件在法院耗费执行资源、债务人多方筹款或被拍卖房产后执行到的款项仍只能先冲利息后冲本金，导致本金始终无法清偿完毕又孳生新的利息，这对于债务人而言并不公平，会导致严重利益失衡。在强制执行阶段如果片面适用“先息后本”的清偿顺序，会导致社会面的债务难以消减，因执行产生的社会矛盾增多；许多市场主体的利息债务沉重，亦不利于市场经济活力的恢复。

三、执行程序中“先本后息”有利于优化配置执行资源，更好解决执行难

执行工作区别于审判工作的一个特点是许多案件结案后仍可能再恢复执行，以“终本”方式结案并非真的了结案件，“终本”结案后当具备执行条件时仍需恢复执行，时间一长就导致可能恢复执行的案件越积越多。如果片面地按照“先息后本”顺序执行，会导致许多老案始终无法执行完毕，越来越多挤占法院有限的执行工作人力和资源。

倘若在被执行人部分履行的情况下，将判决生效以后新产生的利息后于本金冲抵，已冲抵的本金不再产生利息，则有利于相当一部分金钱债务案件尽快执行完毕，使得法院能够将更多的执行精力用于新收执行案件的办理。这样能够更科学合理地配置司法执行资源，更有助于切实解决执行难。

编写人：上海市宝山区人民法院　徐子良　夏怡舒

---

① 《民间借贷司法解释》（2020年12月29日修订）第三十一条第二款：“2020年8月20日之后新受理的一审民间借贷案件，借贷合同成立于2020年8月20日之前，当事人请求适用当时的司法解释计算自合同成立到2020年8月19日的利息部分的，人民法院应予支持；对于自2020年8月20日到借款返还之日的利息部分，适用起诉时本规定的利率保护标准计算。”

25

电子钱包的借用人不能排除法院对实际权利人账户内资金的执行

——陈某执行异议案

【案件基本信息】

1. 裁判书字号

江苏省无锡市新吴区人民法院（2022）苏 0214 执异 2 号执行裁定书

2. 事由：执行异议

3. 当事人

案外人：陈某

被申请执行人：曹某亮、赵某艳、邱某等

【基本案情】

江苏省无锡市新吴区人民法院于 2019 年 12 月 27 日作出（2019）苏 0214 刑初 10 号刑事判决：……九、被告人邱某犯诈骗罪，判处有期徒刑二年，缓刑二年六个月（缓刑考验期限，从判决确定之日起计算），并处罚金人民币贰万元（该款于本判决发生法律效力之日起十日内缴纳）……十二、被告人朱某、赵某艳分别退出人民币 101850 元、8000 元发还被害人，不足部分，责令被告人继续退赔。

该判决生效后，因邱某等未缴纳相应罚金，江苏省无锡市新吴区人民法院于 2021 年 1 月 13 日立案强制执行，案号为（2021）苏 0214 执 173 号。在本案执行过程中，江苏省无锡市新吴区人民法院于 2021 年 5 月 7 日作出（2021）苏 0214 执 173 号之一百七十七执行裁定：冻结被执行人邱某账户内存款 21200. 13

元，冻结期限为十二个月。并于同日通过网络查控的方式冻结邱某名下上述账户内21200.13元。

案外人陈某提出异议称：账户虽然登记在邱某名下，但该微信账户自2013年一直由其使用，案涉账户的资金系其所有，故请求解除对账户的冻结。该微信账户中被冻结21200.13元，其中9000元是其嫂子朱某娜偿还的5000元及赠与其的4000元，系其个人所有；另外的13000元系邱某的叔叔邱某亮的工资，因邱某亮鳏寡且无子女，日常打工收入交由其保管，其将要为邱某亮养老，故相应款项也系其所有。

陈某与邱某系夫妻关系，于2013年10月29日登记结婚。朱某娜于2021年4月18日向案涉微信转入9000元，并发消息“支付宝转了1000元给你”“微信转了9000元一共1万元都给你吧”等；邱某于2021年4月22日向案涉微信转入13000元，并发消息称该笔钱是“我姥爷工资”。除该两笔往来外，案涉微信自2020年5月以来的往来均不超过1000元，且基本为小额生活支出。

另查明，在微信群成员信息中，案涉微信显示的备注名为“陈某”。2020年12月11日，韩某向案涉微信发消息“陈某，明天胡某兰叫子板先做879B3的”，案涉微信回复“好的”。

在审查过程中，朱某娜在语音电话中陈述其曾向陈某夫妻二人借款10000元并于2021年归还。陈某还陈述邱某转来的13000元系邱某为邱某亮要到的工资，因邱某听说他的同案犯微信账户被冻结了，遂交其保管。

【案件焦点】

1. 陈某是否为案涉微信的实际所有人；2. 陈某是否对案涉微信电子钱包内的资金享有所有权进而排除执行。

【法院裁判要旨】

江苏省无锡市新吴区人民法院经审理认为：案涉账户注册人为邱某，该财付通账户所对应的微信账号亦为邱某，故邱某是该电子钱包的实际所有人。陈某与邱某系夫妻关系，双方并未对夫妻共同财产进行析产，故邱某对于登记在其名下的财产享有所有权。邱某于 2021 年 4 月 22 日转入的 13000 元，即便按照陈某所述系邱某亮的工资，邱某交由陈某保管，该款也是从邱某的两个账户进行转账，陈某并不享有排除案涉执行的权利。陈某对案涉账户及该账户中被冻结的 21200.13 元不享有足以排除案涉执行的权利。

综上，江苏省无锡市新吴区人民法院依照《中华人民共和国民事诉讼法》第二百三十二条、《最高人民法院关于刑事裁判涉财产部分执行的若干规定》第十四条、《最高人民法院关于人民法院办理执行异议和复议案件若干问题的规定》第二十四条、《最高人民法院关于适用〈中华人民共和国民事诉讼法〉的解释》第四百六十五条第一款第一项之规定，裁定如下：

驳回陈某的异议请求。

【法官后语】

近年来，随着社交平台的蓬勃发展，以平台为依托的网络支付功能亦日益普及，为防止被执行人利用支付平台逃避执行，微信、支付宝等电子钱包账户被纳入法院的执行查控范围。因网络支付多依托于具有多重属性及功能的互联网平台，日常生活中常出现平台账号的所有人与实际使用人分离的状态——账号的实名认证人与实际使用人“名实不副”。若案外人主张其是被执行人电子钱包账户内资金的实际所有人，请求排除执行，应符合以下条件：（1）借用电子钱包账户的事实；（2）案外人对被执行人电子钱包独占使用；（3）电子钱包账户内资金能够与被执行人的其他财产相区分。

微信账号属于社交网络账号的一种，可纳入广义的网络虚拟财产范畴。《中华人民共和国民法典》虽然对网络虚拟财产予以回应，但只是引致性的规定，依据现行法律无法作出微信账号在物权意义上的权属认定。根据腾讯公司发布的《微信个人账号使用规范》及《腾讯微信软件许可及服务协议》，微信账号的所有权归属于腾讯公司，用户完成申请注册手续后，仅获得微信账号的使用权，且该使用权仅归属于初始申请注册人。初始申请注册人不得赠与、借用、租用、转让、售卖或以其他方式许可非初始申请注册人使用微信账号。根据《财付通服务协议》，注册财付通账户可通过微信账号或 QQ 号码完成，注册人应当保证对所关联的上述账号拥有合法的使用权。所有通过财付通账户进行的任何操作及指令均视为本人作出，未经腾讯公司同意，不得私下买卖、出租、转让或赠与财付通账户。本案中，案涉财付通账户所对应的微信账号为邱某，邱某为该微信及财付通账户的实际使用人，邱某无权出借，因此财付通账户内的资金仍为邱某所有，法院在执行程序中冻结其财付通账户并无不当。

不同于传统银行账户难以区分所有人与使用人，电子账户因绑定于第三方应用程序，在实际所有人使用第三方应用程序时往往会留下工作和生活的痕迹，因此具有较强的可识别性。陈某提供的微信群聊天记录能够证明是其在使用案涉微信及财付通账户，但尚未达到独占使用的程度，且其明知借用邱某的账号，并非微信账号及财付通账户的真实权利人，应当预见并承担因邱某不能履行法律文书确定义务被冻结财付通账户的不利后果。至于2021年4月22日转入案涉账户的13000元，即便按照陈某所述系邱某亮的工资，但因该款系由邱某的其他财付通账户转入，陈某未提供证据证明该款能够与邱某转账的财付通账户内的其他款项进行区分，不具有特定性，因此陈某认为其对案涉财付通账户内的资金享有所有权的主张，依法不能成立，陈某不享有排除案涉款项执行的权利。

编写人：江苏省无锡市新吴区人民法院　汤光辉

26

对“专款专用”银行账户能否执行的认定

——池某区房屋征收经办中心与李某等执行异议案

【案件基本信息】

1. 裁判书字号

吉林省高级人民法院（2022）吉执复85号执行裁定书

2. 事由：执行异议

3. 当事人

复议申请人（利害关系人）：池某区房屋征收经办中心

申请执行人：李某

被执行人：长白山保护开发区东某房地产开发有限公司

【基本案情】

2015 年 12 月 1 日，吉林省延边林区中级法院作出的（2015）延林中民初字第 2 号民事判决，判决长白山保护开发区东某房地产开发公司（以下简称东某公司）返还李某已付购房款及利息，并赔偿损失，共计 7369115.45 元。该判决生效后，申请人向法院申请立案执行，法院于 2015 年 4 月 8 日查封了东某公司所有的位于池某区某酒店西起第 4、5、6 号门市房（面积为 468.35 平方米）。2015 年，池某区管委会与李某、东某公司达成协议，要求李某解除查封案涉酒店西起第 4、5、6 号门市房，池某区管委会收购案涉酒店整体楼，通过收购楼房款中偿还李某的债权 700 余万元，遂李某解除了对案涉酒店西起第 4、5、6 号门市房的查封。后该整体楼由池某区征收办以 4200 万元的价格购买。后法院冻结了东某公司在池某区房屋征收经办中心（以下简称池某区征收办）的卖房尾款，冻结金额为 7470052.03 元。在法院查封期间即 2016 年 3 月 2 日至 2017 年 3 月 2 日，池某区征收办将法院的查封款向他人支付 4503319 元。2022 年 2 月 15 日，因池某区征收办未履行追缴义务，法院作出（2022）吉 75 执恢 1 号之一执行裁定书，冻结池某区征收办在长白山农村商业银行股份有限公司池北支行 9761 账户的存款 2767433 元。

2020 年 7 月 17 日，池某区征收办在长白山农村商业银行股份有限公司池北支行开立专用存款账户，尾号为 9761。池某区征收办称该账户内涉及工程项目 130 个，其中包括东某公司开发的案涉酒店项目。池某区征收办提交的科目明细账中记载，2020 年至 2021 年间该账户支出的项目有：法制科差旅费、汽车维修费、修理费、办公费、广告费车辆保险费等。2022 年 6 月 12 日，法院作出（2022）吉 75 执异 4 号执行裁定书，裁定驳回异议人池某区征收办的异议请求，异议人不服，向吉林省高级人民法院申请复议，吉林省高级人民法院于

2022年8月31日作出（2022）吉执复85号执行裁定书，裁定驳回池某区征收办的复议申请，维持延边林区中级法院（2022）吉75执异4号执行裁定。

【案件焦点】

池某区征收办要求解除对其账户内存款2767433元的冻结的请求是否应得到支持。

【法院裁判要旨】

吉林省延边林区中级法院经审理认为：根据《最高人民法院关于人民法院执行工作若干问题的规定（试行）》第三十条："有关单位收到人民法院协助执行被执行人收入的通知后，擅自向被执行人或其他人支付的，人民法院有权责令其限期追回；逾期未追回的，应当裁定其在支付的数额内向申请执行人承担责任。"本案中，池某区征收办在接到法院的查封裁定后，如对法院查封行为有异议，可以向法院提出。但池某区征收办并没有向执行法院提出异议，而是在法院查封期限内，擅自将法院查封款项向他人支付了4503319元。法院依法向池某区征收办送达责令限期追回擅自支付款项的通知，并告知如逾期不追回，将在擅自支付数额内向申请执行人承担责任符合法律规定。因池某区征收办未在规定的期限内履行追缴义务，法院作出（2022）吉75执恢1号之一执行裁定，冻结其存款符合相关规定。

对于异议人池某区征收办主张账户9761内存款2767433元是专项资金，并不是异议人自有的合法财产。案涉账户申请设立时虽登记为专用账户，但经调查，该账户从2020年至2021年，部分款项并非用于池某区征收办主张的事项，该账户存在与其他业务混用、共用的情形，并不具有池某区征收办所称的专用性质；且该账户部分资金来源为收取被征收居民的购房差价款。结合查明的案件事实，综合案涉账户资金的来源和去向，法院对该账户采取的执行措施并无不当。综上，依照《中华人民共和国民事诉讼法》第二百三十二条、《最高人民法院关于人民法院办理执行异议和复议案件若干问题的规定》第十七条第一款、《最高人民法院关于人民法院执行工作若干问题的规定（试行）》第三十条的规定，裁定如下：

驳回异议人池某区征收办的异议请求。

异议人不服，向吉林省高级人民法院申请复议。吉林省高级人民法院经审理认为：池某区房屋征收中心主张吉林省延边林区中级法院冻结的尾号9761账户内资金为专项资金，具体用于支付被征收人补偿款，购买、新建安置房屋等一系列与征收补偿、棚户区改造及危房改造等有关的工作，根据国家法律法规的规定不得截留、挤占、挪作他用，亦不能用于承担民事债务。但根据池某区房屋征收中心提交的案涉账户科目明细账目显示，该账户内资金并非全部为其主张的征收补偿款，另有部分资金为收取被征收居民的购房面积差价款，其来源并非为政府财政专项拨款，同时该账户中有法制科差旅费、汽车维修费、修理费、办公费、广告费、车辆保险费等支出，存在资金混同情形，支出金额无法与政府征收补偿专项拨款金额相对应，因此，池某区房屋征收中心未能提交充分证据证明案涉账户内资金属于不得执行的财产，对其复议请求本院不予支持。依照《中华人民共和国民事诉讼法》第二百三十二条，《最高人民法院关于人民法院办理执行异议和复议案件若干问题的规定》第二十三条第一款第一项规定，裁定如下：

驳回池某区征收办的复议申请，维持吉林省延边林区中级法院（2022）吉75执异4号执行裁定。

【法官后语】

“执行难”问题一直是困扰人民法院工作的突出问题。且在实际执行过程中，对执行进行阻挠的事件时有发生，如何保护申请执行人的合法权益，如何保障法院强制执行的权威性，那么就需要法院在强制执行时，既要执行程序合法也要充分尊重当事人的意思自治原则。本案中主要问题有两点：

一是池某区征收办并不是被执行人，法院冻结其名下账户是否合法？

依据《最高人民法院关于人民法院执行工作若干问题的规定（试行）》第三十二条：“被执行人或其他人擅自处分已被查封、扣押、冻结财产的，人民法院有权责令责任人限期追回财产或承担相应的赔偿责任。”池某区征收办在法院冻结被执行人东某公司在其账户内的售楼尾款期间，池某区政府未能履行对李某解除查封池某区高某酒店后优先偿还的承诺，池某区征收办还擅自向他人支付法院已冻结尾款，导致申请人李某债权不能得到清偿，法院责令其限期追回，但池某区征收办未履行追回义务，法院作出的冻结其账户的执行行为并无不当。

任何具有法定协助执行义务的法人、公民、其他组织，都必须协助人民法院执行。任何地方、任何单位、任何人都不得抗拒、阻碍、干预人民法院的执行工作。同时，任何单位与个人应该遵守诚实信用原则，及时履行自身应承担的法律义务。

二是池某区征收办提出异议称账户是专用账户，法院是否可以扣划账户内的金额？

根据《最高人民法院关于人民法院民事执行中查封、扣押、冻结财产的规定》第三条的规定："人民法院对被执行人的下列财产不得查封、扣押、冻结……（八）法律或者司法解释规定的其他不得查封、扣押、冻结的财产"，《国有土地上房屋征收与补偿条例》第十二条第二款的规定："作出房屋征收决定前，征收补偿费用应当足额到位、专户存储、专款专用。"池某区征收办设立了专用账户，但在实际使用过程中，存在与其他业务混用、共用的情形，并不具有池某区征收办所称的专用性质，故法院可以扣划账户内的金额。

法律或者司法解释明确规定了某些财产不得查封、扣押、冻结。本案中，即使是"专款专用"的账户，但在实际中是否严格按照"专款专用"的标准进行使用。法院有义务对"专款专用"的账户进行实质性的审查。如符合"专款专用"的使用标准，那么法院不能查封该账户，否则反之。

在执行实务中，被执行人为了规避执行，采取的手段越来越多，打着"合法"的帽子，掩盖"非法"的身体。如何保障申请执行人的权利、如何实现公平正义的最后"一公里"、如何将胜诉判决的"白条"变成真金白银。不仅需要执行干警在执行一线"冲锋陷阵"，也需要办理执行审查类的法官在办理案件时，对执行案件的全流程进行仔细分析与研判，作出最公平的裁判。

编写人：吉林省延边林区中级法院　迟平晶

27

犯罪后合法所得财产执行分配时刑事退赔债权应适用同等顺位

——邵某执行异议案

【案件基本信息】

1. 裁判书字号

浙江省温州市中级人民法院（2022）浙 03 执复 135 号执行裁定书

2. 事由：执行异议

3. 当事人

复议申请人（申请执行人、异议人）：邵某

被执行人：温某宪、徐某娜

利害关系人：华某集团有限公司

【基本案情】

被执行人温某宪犯职务侵占罪于 2016 年被判处有期徒刑三年，缓期五年，并被责令与其他被告人共同退赔赃款人民币 11235505 元，返还给华某集团有限公司。2017 年 2 月至 2018 年 4 月，温某宪及其妻子徐某娜向申请执行人邵某借款购买了悦某景园 11 幢 2401 室不动产，因无法偿付，鹿城法院判决温某宪、徐某娜共同偿付邵某借款本金 5689446 元及利息。在执行过程中，鹿城法院拍卖了上述不动产，并对拍卖所得款 767 万元作出《拍卖款支出说明》，对拍卖款中扣除相关费用以及徐某娜的份额外，剩余属于温某宪的款项优先用于退赔刑事被害人华某集团有限公司的损失。

邵某对《拍卖款支出说明》提出执行异议，主张案涉不动产系被执行人刑事犯罪判刑后向其借款购买所得，应优先用于偿还其民事债权。鹿城法院审查后作出（2022）浙0302执异161号执行裁定，裁定驳回邵某的异议请求。邵某申请复议，复议审查后，作出（2022）浙03执复135号执行裁定，裁定：

一、撤销浙江省温州市鹿城区人民法院（2022）浙0302执异161号执行裁定。

二、撤销浙江省温州市鹿城区人民法院于2022年4月27日作出的（2021）浙0302执7343号《拍卖款支出说明》。

【案件焦点】

被执行人在执行中同时承担刑事责任、民事责任，其在刑事判决后取得的合法财产，是否优先用于退赔刑事被害人的损失。

【法院裁判要旨】

浙江省温州市鹿城区人民法院（以下简称鹿城法院）经审理认为：根据《最高人民法院关于刑事裁判涉财产部分执行的若干规定》（以下简称《刑事执行规定》）第十三条第一款的规定，被执行人在执行中同时承担刑事责任、民事责任，其财产不足以支付的，按照下列顺序执行：（一）人身损害赔偿中的医疗费用；（二）退赔被害人的损失；（三）其他民事债务；（四）罚金；（五）没收财产。本案中，被执行人温某宪同时承担刑事退赔责任及民事还款责任，现其财产不足以支付其所承担的全部责任，该院将所得拍卖款中属于被执行人温某宪的款项先行用于退赔被害人的损失，于法有据。异议人要求撤销支出说明，并要求将房产拍卖的剩余拍卖款全部归异议人，于法无据，应不予支持。

浙江省温州市中级人民法院（以下简称温州中院）复议审查后认为，《刑事执行规定》第十三条中对“退赔被害人的损失”优先于“其他民事债务”清偿的规定，原理在于退赔的这部分财产属于犯罪人违法所得，在刑法上仍将应当退赔的财产视为被害人财产，“物归原主”交还被害人。对于未被刑事裁判认定为违法所得的犯罪分子的其他合法财产处置，上述规定并未明确优先用于退赔被害人的损失。在刑事裁判追缴违法所得或退赔的执行程序中，应当首先对违法所得财产予以执行追缴，如果本应被追缴的违法所得被挥霍、处置、损毁的，可以强制执行被执行人的等值等额财产。本案中，在被执行人温某宪未依法履行退赔义务时，法院可以在退赔限额内依法执行其合法等值财产。案涉不动产系被执行人合法财产，并非职务侵占犯罪行为所得款项的转化物，故职务侵占案受害人对该不动产拍卖款不享有优先受偿的权利。否则，刑事涉财产被执行人将成为移动的“交易陷阱”，将使市场交易处于极度不安全不确定的状态，影响市场交易秩序。申请执行人邵某主张其民事债权优先于刑事退赔债权受偿，亦没有法律依据。因被执行人与其发生交易之后，还存在各种债务，应该在其预期之内。综上，拍卖所得款项中属于被执行人温某宪的部分，由邵某与被害人华某集团有限公司按债权比例分配平等受偿，更能体现公平正义。

综上，鹿城法院所做支出说明及异议裁定，适用法律错误，结果应予纠正。依照《最高人民法院关于人民法院办理执行异议和复议案件若干问题的规定》第二十三条第一款第二项之规定，裁定如下：

一、撤销浙江省温州市鹿城区人民法院（2022）浙0302执异161号执行裁定；

二、撤销浙江省温州市鹿城区人民法院于2022年4月27日作出的（2021）浙0302执7343号《拍卖款支出说明》。

【法官后语】

如何处理刑民交叉问题不仅是审判领域的一大难点，在执行程序中亦为焦点问题。其中在被执行人同时承担刑事、民事清偿义务的执行工作实践中，涉及刑事退赔与其他民事债务并存时的执行顺位问题，对此无论是理论界还是司法实务均存在较大分歧。而本案的争议焦点即为：被执行人在执行中同时承担刑事责任、民事责任，其在刑事判决后取得的合法财产，是否优先用于退赔刑事被害人的损失。一种意见认为，根据《刑事执行规定》第十三条，“被执行人在执行中同时承担刑事责任、民事责任，其财产不足以支付的，按照下列顺序执行：（一）人身损害赔偿中的医疗费用；（二）退赔被害人的损失；（三）其他民事债务；（四）罚金；（五）没收财产。债权人对执行标的依法享有优先受偿权，其主张优先受偿的，人民法院应当在前款第一项规定的医疗费用受偿后，予以支持”之规定，以及浙江省相关执行规定，如被执行人在执行中同时承担刑事责任、民事责任，其财产不足以支付的，按照下列顺序执行：1. 损害赔偿中的医疗费用；2. 退赔被害人的损失；3. 其他民事债务；4. 罚金、没收财产。债权人对执行标的依法享有优先受偿权，其主张优先受偿的，人民法院应当在医疗费用受偿后，予以支持。从此规定来看，退赔被害人损失一般优先于其他民事债务以及罚金、没收财产的执行。本案中，案涉房产系两被执行人夫妻共同财产，被执行人温某宪与其妻子各享有一半份额，案涉房产被司法拍卖后，拍卖所得款项中属于温某宪的部分，应优先退赔被害人的损失。另一种意见认为，刑事涉财产执行中规定刑事退赔优先是有前提的，刑事判决时被执行人的财产，不论是违法所得的财产还是其合法财产，应优先退赔被害人。但是这些规定对于罪犯在判刑之后取得的财产是否享有优先权没有规定。案涉房产是被执行人判刑后向申请执行人借款购买的夫妻共同财产，与华某集团有限公司的退赔债权是没有关系的。申请执行人的债权经生效判决确认系合法债权，两被执行人有共同偿还义务。案涉房产拍卖款属于被执行人徐某娜的部分用于偿还复议申请人，对于温某宪的部分，复议申请人邵某没有优先权，系普通债权，华某集团有限公司的退赔债权也是普通债权，由邵某与被害人华某集团有限公司按比例分配受偿，更能体现公平正义。将犯罪之后形成的财产优先退赔被害人，是不适合的。

笔者认为，尽管涉及刑事和民事两种法律制度，但本案系执行程序竞合中的同种属性财产权混同的处置问题，两者是存在交集且应予以同等保护的，在执行程序中予以统筹平等分配是符合执行财产分配工作客观规律的，也有利于保障参与分配制度所维护的财产权平等保护的价值理念。笔者同意后一种意见，理由如下：

一、本体性考察：刑事退赔并非天然优先于民事债权。《刑事执行规定》之所以将刑事退赔优先于普遍民事债务执行，乃根植于刑事退赔的财产对象为犯罪的赃款、赃物及由其投资、置业形成的财产及收益，系非法财产的退还或者替代性赔偿。这部分财产尽管财产外观上可能表现为犯罪人或者其他人的合法财产，但其本质上仍隶属于被害人，具有专属性和特殊性，是一种刻上被害人“标签”的特定财产。如此设定并非源于刑事案件的赔偿就是天然地优先于民事案件的赔偿，而是刑事退赔的财产系违法犯罪侵犯被害人的财产权所得，该财产具有靶向性和指定性的专属所有者，该财产理应退还给特定的受害对象，并非等同于民事上的责任财产。事实上，被执行人的普通民事债务与因犯罪而引起的刑事附带民事赔偿债务，在赔偿顺位上并无二致，刑事退赔优先可谓权因“物归原主”或者在无法追缴时的“物上代位性赔偿”①。而本案被执行人的财产是犯罪之后取得的合法财产，其明显不是赃款赃物的转化物，与犯罪行为关联性阙如。因此，所谓退赔之“赔”的财产并不具备优先于其他民事债务的天然优先性，在无法原路追缴的情况下，该财产本已失去了专属标签效应，俨然是“风马牛不相及”的独立财产，缺乏优先执行的制度基础。若将该财产作为赔偿替代物而径行退赔给刑事被害人，一味让合法民事债权劣后受偿，则会严重冲击民事判决的司法权威和秩序，也是对其他民事债权人的严重不公。

二、体系性考察：刑事退赔与民事债权遵循同等顺位按比例等差受偿具备逻辑与制度基础。刑事退赔系违法所得的退还或者在无法退还情况下的折价赔偿，本质上也是一种民事责任而非刑事财产刑责任抑或刑罚。但同时，退赔是物上赔偿，是优先于普遍民事责任的，是被害人请求犯罪人将其违法所得“原路返回”的物上权利，权因刑法强制力的刑事评价属性。而本案的执行财产并非该路径上的财产，不具有“物权化属性”，并不存在退赔的路径基础，而是被执行人的其他合法财产。只要是合法债权人均应享有平等的债权请求权。因此，本案刑事退赔的追缴或者说强制索回，缺少执行的优先性基础，而只能基于其赔偿的民事属性，与普通民事债务并行，将同种属性、同一顺位下的两笔债权按比例进行参与分配。另外，《刑事执行规定》指向的财产时效范围为刑事判决时被执行人所拥有的包括合法与非法的财产，至于其后续取得的财产，如果无证据表明存在关联性，该部分财产是否适用刑事退赔优先，系缺乏法律的规范性依据的。并且，让犯罪人承担无底线的退赔责任也是违背刑法的罪责刑相适应原则的。故而，否定一律刑事退赔优先而明确刑事退

---

① “退赔”可理解为追征或者包含了追征。亦即，在不能追缴的场合，责令行为人缴纳一定的金钱或者相应的财物。参见张明楷：《论刑法中的没收》，《法学家》2012 年第 3 期。

赔的边界范围，有待实务中根据具体情况进行处理而不适宜将《刑事执行规定》解释绝对化①。如本案坚持刑事退赔优先，民事合法债权难以得到修复，无疑是将一方被害人的合法财产赔偿给了刑事案件的被害人，亦难彰显社会的公平正义。

三、价值性考察：让刑事退赔被执行人合理出清是社会财富创造的激励。《中华人民共和国刑法》第六十四条对涉刑事财物的处理作了规定：犯罪分子违法所得的一切财物，应当予以追缴或者责令退赔；对被害人的合法财产，应当及时返还；违禁品和供犯罪所用的本人财物，应当予以没收。没收的财物和罚金，一律上缴国库，不得挪用和自行处理。由此，追缴行为本身并不涉及对违法所得财物的最终处理，其本质上是一种司法措施而非民事措施；责令退赔为违法所得处置措施，而非对受害人损失的赔偿，亦未赋予受害人享有优先于其他民事债权的权利。对于被判处退赔责任的被执行人来说，其在回归社会后便成为经济与交易上自由的社会人。如果将该退赔责任无限放大而优先于一切民事交易中的债务，则不仅不利于其积极回归社会从事经营交易与财富创造，使得其创业创新的积极性严重受挫，而且更是对交易中债权人的极大不公。《刑事执行规定》之所以设定刑事退赔优先，不得不说是根植于现实中合法与非法财产、犯罪取得财产与正常交易获取财产的难以区分性。然而，在实务中同时存在刑事受害单位和其他债权人的情况下，则应按比例平等清偿，而不应按照先刑后民或先民后刑的原则处分混同财产。② 财产来源的合法性固然不能成为刑事退赔优先的阻却事由，但本案是具有特殊性的，刑事退赔优先于普通债务的理念必须予以限制，即追缴违法所得退赔受害人是刑事退赔优先，而处置被执行人合法财产来赔偿受害人时应兼顾其他民事债权的平等受偿性。否则

---

① 司法实践中，退赔被害人损失是否都能优先于普通民事债务，也不排除例外情形。对于某些特定犯罪案涉财产的处理，也不能完全适用退赔被害人损失优于其他民事债务的原则处理。这些可能存在的例外情况，需要在总结司法实践的经验基础上，另行明确……非法集资类犯罪中涉及刑事退赔与其他民事债务清偿的执行顺位问题，主张按比例平等受偿的呼声很高。

② 罗伟：《财产刑的退赔和民事债务混同时的处置原则》，《人民司法》2013年第20期。

这就像一个无底的黑洞，抑或像一个“僵尸人”一样，会吞灭、腐蚀一切正当合法的财富与权利保障基础，使犯罪人无法合法退出与“出清”，整个社会亦处于不安定状态，终将破坏社会的整体秩序。刑事退赔本义是追赃挽损，但与其他民事债务的赔偿类似，同样是用被执行人的合法财产进行清偿，亦应考虑公民合法财产的保护。尤其更是保护、激励“东山再起”的创业创新者，以使整个社会经济系统能够新陈代谢。任何偏颇一方的举动都难免导致结构性的价值目标失衡。

四、方法论考察：《刑事执行规定》第十三条的“责令退赔”作合理限缩解释系符合法治要义。用于退赔被害人损失的财物一般应在刑事裁判中作出明确认定，以便在移送执行时可以及时、准确地进行处置。《刑事执行规定》第十三条中对“退赔被害人的损失”优先于“其他民事债务”清偿的规定，原理在于退赔的这部分财产属于犯罪人违法所得。对于未被刑事裁判认定为违法所得的犯罪分子的其他合法财产处置，上述规定并未明确优先用于退赔被害人的损失。同时，根据《中华人民共和国刑法》第六十四条的规定，责令退赔亦是没收犯罪分子违法所得的财物，系国家对犯罪人的违法性评价和强制性措施，兼具刑事制裁和民事保护的双重属性。“任何人不得因自身的不法获得利益”，国家代表被害人强制剥夺犯罪人的财产，使得被害人收回本属于其的财产或者获得强制折价赔偿。责令退赔制度带有国家属性和强制性色彩，对于属于被害人合法财产的，应当予以追缴返还，但作为一种利益的剥夺，应仅限于与犯罪有联系的财产或者判决时犯罪人就具备的财产而通过赔偿形式予以退赔。倘若不加以区分，而将被执行人犯罪后取得的，且缺乏关联性的个人合法财产，只考虑属于追赃范围内的事项而均予以作为退赔处理，而不考虑其他民事债务应予平等、合法受偿，不仅违背“相同事实、相同处理”的基本法理，也是违背刑事法治的基本原则，亦与财产权保护的宪法原则相悖。相反地，将被执行人刑事判决后形成的独立合法财产，用民事参与分配制度去同时满足其他民事债权和刑事退赔，无疑更符合分配正义原则。因此，《刑事执行规定》第十三条中的“责令退赔”应作合理限缩解释而非扩大解释。本案刑事退赔与其他民事债务在执行分配合法财产时不存在执行优先问题，应为刑事退赔优先于一般民事债务的例外情形①。

编写人：浙江省温州市中级人民法院　吴世相　林彩霞

28

个人合伙投资船舶产生船舶共有纠纷的，基于处置被执行人持有的项目公司股权目的，可以查封项目公司特定财产，但不得直接执行

——潘某甲与潘某乙等执行异议、复议案

【案件基本信息】

1. 裁判书字号

浙江省高级人民法院（2021）浙执复70号执行裁定书

2. 事由：执行异议、复议

3. 当事人

复议申请人：年某贸易有限公司

申请执行人：潘某甲

被执行人：潘某乙、季某、潘某丙

【基本案情】

---

① 最高人民法院、最高人民检察院、公安部联合印发的《关于办理非法集资刑事案件若干问题的意见》第九条规定：根据有关规定，查封、扣押、冻结的案涉财物，一般应在诉讼终结后返还集资参与人。案涉财物不足全部返还的，按照集资参与人的集资额比例返还。退赔集资参与人的损失一般优先于其他民事债务以及罚金、没收财产的执行。此处的“一般”，正是彰显相关法律规定与适用逻辑在刑事退赔与清偿其他民事债务的优先级问题上并未明确。

本案中，五人原合伙筹集1亿余元用于投资建造一货船。其中潘某甲与另案申请执行人潘某丁为隐名合伙人，潘某乙、季某、潘某丙为显名合伙人。该货船建成出售，由显名合伙人季某、潘某丙为股东出资设立年某贸易有限公司（以下简称年某公司），潘某乙担任法定代表人并管理合伙事务。年某公司与案外人B公司共同投资设立C公司，由C公司持有该船，该船营运盈余定期分配年某公司和B公司。因五人合伙体长期未分红，隐名合伙人与显名合伙人纠纷成讼。经生效判决确定三显名合伙人应分别支付两隐名合伙人款项合计1270万余元及利息。执行中，除季某与潘某丙分别持有年某公司73.33%和26.67%股份外，其余未发现可供执行财产。应申请，法院在诉讼过程中冻结了年某公司存款790多万元，实际冻结280余万元。执行立案后，年某公司异议认为执行行为侵犯其独立财产权，对执行标的提出异议，请求中止执行行为。经审理，执行法院根据三被执行人与年某公司关联、年某公司设立目的和冻结款项系投资收益认定冻结行为系保全行为，驳回年某公司异议。经浙江省高院复议，维持执行法院原裁定。

【案件焦点】

法院可否冻结年某公司存款，是否可以查封公司特定财产并直接执行。

【法院裁判要旨】

浙江省宁波海事法院经审理认为：潘某丙、季某和潘某乙作为案件的被执行人，至今未履行完毕付款义务。潘某丙、季某系年某公司股东，潘某乙系该公司法定代表人并担任执行董事，该公司无实际办公地点，经营业务主要为持有C公司23%股权，法院实际冻结款项系年某公司对C公司享有的投资分红款，在被执行人未履行债务范围内冻结年某公司银行存款，系保全行为，并无不当，遂依法作出裁定，驳回案外人年某公司的异议申请。年某公司不服，向浙江省高级人民法院申请复议。

浙江省高级人民法院经审理认为：被执行人潘某丙、季某系年某公司仅有的两名股东，另一被执行人潘某乙系年某公司的执行董事、法定代表人，该三被执行人至今未履行完本案生效判决确定的付款义务。年某公司虽非本案被执行人，但在获取对外投资收益的情形下，其股东却自公司成立至今从未依章程进行利润分配，以履行案涉债务。年某公司有义务协助人民法院执行。执行法院对年某公司的相关款项采取暂时性的财产控制措施，以确保已被冻结的被执行人潘某丙、季某持有年某公司股权价值的有效实现，并无不当。综上，年某公司的复议申请理由不成。依照《最高人民法院关于人民法院办理执行异议和复议案件若干问题的规定》（2020年12月23日最高人民法院审判委员会通过）第二十三条第一款第一项之规定，裁定：

驳回复议申请，维持浙江省宁波海事法院（2021）浙72执异25号执行裁定。

【法官后语】

本案是近年来浙江省宁波海事法院处理的民间集资投资船舶较为特殊的一起船舶共有纠纷。其船舶投资架构在传统的多层级金字塔式的架构基础上，增加了有限责任公司形式，出现了传统合伙经营和公司经营治理的交叉融合。因为公司治理的结构、制度和运行并未实际落实，所以总体上仍呈现合伙体制的人合性质，公司制仅为合伙经营的手段。

本案中显名合伙人投资设立公司、负责公司运营和合伙体事务管理，而隐名投资在显名合伙人名下的本案申请执行人，其权益因显名合伙人的不当行为受到侵犯。而申请执行人名义上的权利实际又由近百人享有。因案件涉及群体人数众多，双方缠讼激化矛盾，对立情绪严重。解决本案执行难题，将申请执行人及其后实际权益人的胜诉权益落到实处是本案的重点，而难点在于如何在公司法人独立的大框架下穿透追查执行被执行人的财产，本案的典型意义就在于此。

本案在执行过程中，三被执行人名下除了所持有的年某公司的股权之外，并无其他可供执行的财产或财产因设定高于实际价值的抵押而丧失处置价值。在年某公司未被生效判决承担责任的情况下，基于公司人格独立、财产独立的基本理念，似不应在执行中继续延续诉讼中对年某公司存款的冻结措施。因此，年某公司提起针对执行中继续查封其公司存款的异议。浙江省宁波海事法院与浙江省高级人民法院均认可了此种保全行为的合法性。浙江省宁波海事法院在裁定中基于三被执行人均未履行判决义务，通过分析年某公司组织架构、成立目的、实际冻结款项来源性质，认定此种冻结年某公司款项的性质仅为保全行为。浙江省高级人民法院在此基础上进一步明确年某公司未依公司章程分配利润以履行债务，年某公司有义务协助法院执行。从说理上否定了三被执行人滥用公司制度侵害申请执行人利益的行为。同时，基于维护公司法人财产独立制度的考虑，省高院在裁决中亦明确执行法院该种“暂时性的财产控制措施”，目的为“确保已被冻结的……股权价值的有效实现”，也就是对年某公司的存款仅能基于实现股权价值的目的进行冻结，而不能直接对该款项进行扣划，避免侵害年某公司法人利益。

针对两级法院的生效裁决，可以得出以下裁判要旨：在个人合伙投资经营船舶期间，显名合伙人注册公司并投资设立单船子公司持有目标船舶，在隐名合伙人与显名合伙人发生船舶共有纠纷，经法院生效判决认定全体显名合伙人承担偿付责任情况下，在各显名合伙人无其他财产可供执行情况下，基于处置各显名合伙人持有公司股权的目的，法院可以依申请对该公司的特定存款采取保全措施，但不得直接扣划执行。

本案正确处理有效避免被执行人利用公司法人财产独立制度规避执行，维持了被执行人责任财产的价值，为最终处置两被执行人对年某公司持有股权奠定了坚实的基础。该执行案件最终经过合并拍卖季某和潘某丙两被执行人持有年某公司股权价值，最终申请执行人以物抵债，债权全额受偿。申请执行人胜诉权益完全实现，彰显了法律的权威和我院解决执行难的决心，年某公司新股东进入盘活了公司资产，盘活市场主体，案件实质化解得到了申请执行和案外年某公司锦旗致谢，也化解了一起涉群体的执行信访案件，案件办理实现了法律效果、政治效果和社会效果的有机统一。

编写人：浙江省宁波海事法院　吕辉志

29

股东对公司的债权禁止抵销补足出资

——赛某国际有限公司诉杨某执行异议之诉案

【案件基本信息】

1. 裁判书字号

福建省高级人民法院（2021）闽民终 1892 号民事判决书

2. 案由：执行异议之诉

3. 当事人

原告（被上诉人）：赛某国际有限公司（以下简称赛某公司）

被告（上诉人）：杨某

【基本案情】

赛某公司和厦门沃某企业管理有限公司（以下简称沃某公司）分别于 2010 年 10 月 29 日、2013 年 2 月 16 日签订 51253 号、59456 号《特许经营加盟协议（特许经营合同）》，约定双方因特许经营协议产生的争议以申请仲裁方式解决。2016 年 10 月 19 日，美国仲裁会国际争议解决中心（ICDR）的仲裁员 Charles J. Moxley Jr.，Esq 就赛某公司和沃某公司关于特许经营协议产生的争议，在美国纽约作出 01-15-0003-9164 号裁决。此后，赛某公司向法院申请承认和执行外国仲裁裁决，厦门市中级人民法院作出（2017）闽 02 协外认 1 号生效民事裁定书。后因沃某公司未能履行生效法律文书确定的义务，赛某公司于 2019 年 2 月 13 日申请强制执行。在该案执行过程中，赛某公司以沃某公司名下财产不足以清偿生效法律文书确定的债务，股东杨某抽逃出资为由，申请追加被告杨某为被执行人。厦门市中级人民法院经审查后作出（2020）闽 02 执异10号执行裁定书，驳回了赛某公司的追加申请。赛某公司不服裁定，故提起本案执行异议之诉。

2010年10月25日，自沃某公司建行账户转账1000170元至沃某公司农行账户。同日，自沃某公司农行账户分别转账50000元、950150元，合计1000150元至杨某的银行账户。杨某主张其将沃某公司两笔50000元、950150元投资款转入本人账户系为了替沃某公司购买经营赛某门店所需的整套设备，杨某此后将该笔款项转给了案外人朱某购买进口设备，但后来未能购买到设备，朱某又将该笔款项以现金方式退还给杨某本人。杨某还主张两家赛某门店日常经营中的部分收入转入杨某个人银行账户，部分收入转入沃某公司的银行账户，另有部分收入转入另一股东的银行账户。杨某除了实际出资50万元之外，还为沃某公司垫付了150万元用于经营赛某门店，包括直接转给赛某公司的银行账户十余万元及通过杨某本人银行账户支付经营赛某门店产生的包括设备款、租金以及工人工资等各类费用共计100多万元。

杨某提交的沃某公司记账凭证载明：杨某替沃某公司支付的租金、工资等各类费用所列会计科目为“其他应收款—杨某”。另查明，沃某公司成立于2010年10月11日，发起股东林某成、杨某于2010年10月8日分别实际缴存出资款50万元、50万元至沃某公司在建行开立的人民币临时账户。目前沃某公司的股东及持股比例为：杨某持股99%，陈某建持股1%。

【案件焦点】

杨某是否有抽逃沃某公司出资的行为以及是否后续补足了出资。股东杨某对沃某公司的债权能否作为公司注册资本的补足。

【法院裁判要旨】

福建省厦门市中级人民法院经审理认为：关于被告是否有抽逃沃某公司出资的行为，股东杨某于公司验资完成后即将100余万元资本转入本人的银行账户，杨某虽然抗辩主张此举系为沃某公司购买赛某门店经营所需的设备，但未能提交买卖合同或其他可证明沃某公司确实委托案外人朱某购买设备的证据，应自行承担举证不能的不利后果。且即便沃某公司拟购买设备属实，杨某亦自认购买设备不果后，案涉款项并未转回至沃某公司的银行账户，而是本人以现金方式收取了退回的设备款。据此，可认定杨某确有未经法定程序将出资抽回的行为，已经构成股东抽逃出资。

关于杨某是否通过后续资金投入及代沃某公司支付各类费用等方式补足了出资。首先，股东抽逃出资后，若为弥补出资不实，股东后续所投入部分不仅应在会计凭据上注明补缴出资等内容，必要时还应经法定验资程序，列入公司的实收资本，从而履行自身的补足出资义务，而非将股东在后续经营中投入到公司的资金一概而论认定为补足出资，否则将违反股东按期足额缴纳出资的法定要求，也混淆了投入资金与注册资本的区别以及股东投入资金与公司资本所产生的不同法律关系。本案中，杨某主张其直接转给沃某公司银行账户的款项系后续出借给沃某公司的借款，并无补足出资款的意思表示，也未在相应记账凭证中记载为“实收资本”，表明杨某转款给沃某公司只是沃某公司与其之间的债权债务往来，而非资本补足款。其次，杨某代沃某公司支付的赛某门店经营中产生的各类费用也不能作为资本补足。根据公司法相关规定，股东仅对公司承担责任，公司作为拟制法人及独立主体，对其债权人承担责任，股东不直接对公司债权人承担责任。因此，股东欠缴的注册资金须缴付公司、用于清偿公司债务。杨某直接替沃某公司支付的赛某门店经营费用，相关款项在沃某公司记账凭证记载为“其他应收款—杨某”，结合杨某关于其系垫付赛某门店各项经营费用的主张，表明相关垫付款项仅能认定为沃某公司与杨某之间的债权债务，并未转化为公司资产。最后，杨某自认原本应归属于沃某公司的赛某门店部分经营收入转入了其个人银行账户，杨某未对此举证说明或作出合理解释，已经构成公司股东滥用公司法人独立地位，严重损害公司债权人利益的情形，杨某也应对沃某公司债务承担责任。综上，杨某违反法律强制规定抽逃出资，负有补足出资义务，法律不准许对两类不同财产、债权相互抵销及清偿，故杨某对沃某公司的债权不能作为公司注册资本的补足，也不能与杨某抽逃的资本相抵销。

福建省厦门市中级人民法院根据《最高人民法院关于民事执行中变更、追加当事人若干问题的规定》第十八条、第三十二条、第三十四条之规定，判决如下：

追加杨某为（2019）闽02执173号案件的被执行人，在其抽逃出资100万元范围内承担责任。

杨某不服一审判决，提起上诉。

福建省高级人民法院经审理认为：本案二审阶段的争议焦点是：1. 追加杨某为被执行人是否有法律依据。2. 杨某主张后续投入资金补足出资义务能否成立。

一、关于追加杨某为被执行人是否有法律依据的问题

本院认为，根据《最高人民法院关于民事执行中变更、追加当事人若干问题的规定》第十八条“作为被执行人的营利法人，财产不足以清偿生效法律文书确定的债务，申请执行人申请变更、追加抽逃出资的股东、出资人为被执行人，在抽逃出资的范围内承担责任的，人民法院应予支持”的规定，原审法院在执行申请执行人赛某公司与被申请人沃某公司申请承认和执行外国仲裁裁决一案中，于2019年6月26日出具一份执行裁定书，以被执行人沃某公司确无财产可供执行为由，裁定终结本次执行程序，至二审期间，该案并未执行终结。因此，杨某主张沃某公司财产并非不足以清偿该案执行案件的上诉理由，不能成立。杨某将沃某公司100余万元的公司资本转入本人的银行账户，其虽主张系因沃某公司向案外人朱某购买设备需要，但并未提交沃某公司委托证明或者相关买卖合同等证据，且在未能购买设备后，该款项亦未退回至沃某公司的银行账户，因此原审认定杨某构成股东抽逃出资并无不当。

二、关于杨某主张后续投入资金补足出资义务能否成立的问题

本院认为，股东按认缴股份出资是股东的法定义务，杨某在抽逃出资后，其虽主张后续资金投入及代沃某公司支付各类费用等方式补足出资，但对于其中后续所投入部分并未经过相关程序计为公司的实收资本，对于其中代沃某公司支付各类费用并未转化为公司财产，相反在沃某公司记账凭证还记载为“其

他应收款—杨某”；况且杨某自认原本将公司经营收入转入其个人账户。因此，杨某主张其已经采用后续资金投入及代沃某公司支付各类费用等方式补足出资的上诉理由不能成立。

综上，上诉人杨某的上诉理由不成立，依法予以驳回。原审判决认定事实清楚，适用法律正确，依法应予维持。依据《中华人民共和国民事诉讼法》第一百七十七条第一款第一项的规定，判决如下：

驳回上诉，维持原判。

【法官后语】

本案的裁判意义在于明确禁止将股东对公司的债权抵销股东的补充出资。

《中华人民共和国公司法》虽然未就禁止抵销公司对股东债务和股东对公司的出资债务作出明确规定，但是《最高人民法院关于适用〈中华人民共和国企业破产法〉若干问题的规定（二）》第四十六条规定："债务人的股东主张以下列债务与债务人对其负有的债务抵销，债务人管理人提出异议的，人民法院应予支持：（一）债务人股东因欠缴债务人的出资或者抽逃出资对债务人所负的债务；（二）债务人股东滥用股东权利或者关联关系损害公司利益对债务人所负的债务”，系针对破产程序中禁止抵销的互负债务作出规定，对该法律争议的厘清具有重要借鉴意义，理由如下：

1. 难以将债权作为公司出资。根据我国公司法规定，如股东以债权出资则需要先行确定债权的适格性，即必须是到期能够得以清偿的现实存在之债权，而若债权到期不能够得到清偿的，还须由股东补缴。由于适格的出资债权难以确定，现实中尚无法直接以债权作为公司出资的方式。

2. 两种债权的法律性质迥异。股东的出资是应缴付给公司用于对公司全体债权人承担责任的特殊目的财产。而股东对公司的债权是属于个别非特定的债权，其清偿对象仅为债务人的非特定目的的财产，即一般财产。因此，两种不同属性的债权无法进行抵销。

股东以其对公司债权与其欠缴的出资抵销的行为，具有双重法律性质，一方面是债务抵销的行为，另一方面也是出资的抵销行为。所以，判断股东欠缴之出资能否与其债权抵销，不仅要考虑法律关于债务抵销的一般规定，还必须符合《中华人民共和国公司法》关于出资抵销的规定。从股东出资禁止抵销的本意来看，禁止抵销的根本原因是两种债权的性质不同。股东出资系公司独立经营并独立对外承担责任的财产，属于担负着特殊目的的即担保公司债权人的债权实现目的的特别财产。股东欠缴公司的出资已经不是单纯的对公司之债，而是通过公司这座桥梁的“传递功能”，演变成对公司债权人的间接之债。虽然从形式上看，同一个股东既对公司负有欠缴出资之债，又对公司享有某一债权，似乎在主体上具有对应性。但实质上看，股东对公司欠缴出资时该出资的债权人实际上已延伸至公司的全体债权人，而非仅仅是公司。既然主体之间不具有对应性，自然不得径行抵销，否则将混淆投入资金与注册资本的区别以及股东投入资金与公司资本所产生的不同法律关系。

本案中，被告杨某主张直接转给沃某公司的款项系出借给沃某公司的借款，并无补足出资款的意思表示，而被告杨某代沃某公司支付的赛某门店经营中产生的各类费用未直接缴付至公司账户，亦未在相应记账凭证中记载为“实收资本”，而是记载为“其他应收款—杨某”，也不能作为资本补足。需要注意的是，股东对公司出资义务系一种法定义务兼合同义务，而公司、股东之间其他债权债务仅系合同义务，两种债权债务法律属性截然不同。法律不准许对这两类不同财产、债权债务相互抵销及清偿。即便被告杨某替沃某公司代垫的费用和提供的借款总额已超过其抽逃出资金额，应不能认定被告杨某对沃某公司其他债权可抵偿抽逃的公司资本，仍应对沃某公司不能清偿的债务在抽逃出资范围内承担责任。

编写人：福建省厦门市中级人民法院　陈石

30

借用银行账户内资金权属认定及能否排除强制执行

——泽某贸易有限公司诉某银行股份有限公司成都锦某支行等案外人执行异议之诉案

【案件基本信息】

1. 裁判书字号

四川省成都铁路运输中级法院（2022）川71民终217号民事判决书

2. 案由：案外人执行异议之诉

3. 当事人

原告（二审上诉人、案外人）：泽某贸易有限公司

被告（二审被上诉人、申请执行人）：某银行股份有限公司成都锦某支行

第三人（被执行人）：四川省山某化肥有限公司、成都新某投资有限公司、赵某钰、唐某睦、赵某华、冯某生

【基本案情】

赵某钰系原告泽某贸易有限公司员工，在泽某贸易有限公司从事财务、出纳相关工作。案涉银行账户名称为“赵某钰”，账户性质为“一般账户”，开户行为“中国工商银行成都高新民丰大道支行”。案涉账户的资金流动情况为：泽某贸易有限公司部分《销售合同》项下货款约定收款账户为赵某钰名下案涉账户，自2021年6月至7月，合同项下收款共计2195260元；2021年7月，案涉账户向泽某贸易有限公司账户转款800000元，另转出39654.4元运费；2021年7月，案涉账户尚有收款3笔共120000元，支出9笔共169122.8元。

2021年7月28日，法院依据（2021）川7101执92号《执行裁定书》及

协助执行通知书，对被执行人赵某钰名下的银行存款进行冻结，额度为5253401.23元，实际冻结案涉账户内金额539829.56元。泽某贸易有限公司向法院提出执行异议，认为上述款项应属其所有，要求解除对该银行卡的冻结并排除强制执行。法院审查后，裁定驳回泽某贸易有限公司的异议请求，泽某贸易有限公司依法向法院提起案外人执行异议之诉。

【案件焦点】

泽某贸易有限公司对赵某钰名下银行卡中的资金是否享有能够阻却执行的权益。

【法院裁判要旨】

四川省成都铁路运输第一法院经审理认为：针对借用账户人对于账户内资金提起的执行异议，应妥善平衡申请执行人、被执行人与案外人三者之间的关系，综合考量货币“占有即所有”的基本原则、账户的实际控制及我国个人存款账户实名制的公示信赖性质，从而作出判断。账户未发生占有转移，亦未以特户、专户、封金等形式将货币资金特定化，即名义存款人与实际存款人不一致的情形未明确公示或产生等同于公示效力的情况下，第三人根据占有的外在状态确定账户内款项的权属，这种合理信赖与借用他人账户否定性评价相比，应当优先予以保护。借用账户人要求解除对账户的冻结并排除强制执行的，人民法院不予支持。四川省成都铁路运输第一法院据此驳回原告泽某贸易有限公司的全部诉讼请求。后原告向成都铁路运输中级法院提起上诉。

四川省成都铁路运输中级法院经审理认为：泽某贸易有限公司借用赵某钰银行账户开展业务资金往来，对外资金交易的名义是赵某钰，产生的法律后果在外部关系上应由赵某钰对外承担。虽然根据双方协议，可以在泽某贸易有限公司与赵某钰之间的内部关系上确认账户内资金的实际权利人，但并不意味着泽某贸易有限公司可以取代赵某钰成为银行账户记载的资金所有人，在发生争议时，应按照银行账户记载的情况确定账户资金归属。泽某贸易有限公司仅能按照双方之间的协议约定，向赵某钰请求归还资金、赔偿损失等。另外，从金融管理秩序看，双方之间这种借用账户的行为是为金融管理法规所禁止的，从规范交易行为、维护金融秩序的角度，对借用账户的行为应给予否定评价，故本案中泽某贸易有限公司对赵某钰名下银行卡中的资金不享有能够阻却执行的权益。一审法院驳回泽某贸易有限公司的全部诉讼请求并无不当，法院予以维持。

综上所述，泽某贸易公司的上诉请求不能成立，应予驳回；一审判决认定事实清楚，适用法律正确，应予维持。依照《中华人民共和国民事诉讼法》第一百七十七条第一款第一项规定，判决如下：

驳回上诉，维持原判。

【法官后语】

本案是一起借用员工银行账户收支货款引起的案外人执行异议之诉案件。针对借用账户人对于账户内资金提起的执行异议，应妥善平衡申请执行人、被执行人与案外人三者之间的关系，综合考量货币“占有即所有”的基本原则、账户的实际控制及我国个人存款账户实名制的公示信赖性质，从而作出判断。

从账户和货币的本质特征来看。货币为一般等价物，在法律性质上属于特殊的种类物，“占有即所有”是货币与一般物品的最大区别，谁持有货币谁也就拥有了货币的所有权。当事人通过签订账户借用协议等形式，导致名义存款人与实际存款人不一致时，如果名义存款人的债权人主张将该账户内资金作为名义存款人的责任财产清偿债务，除非法律有特别规定，应当按照账户记载的存款人认定账内资金的归属。上述案件中，账户记载的存款人为赵某钰，储存是赵某钰占有货币的一种具体方式，故储存在赵某钰账户内款项的所有权应归属于赵某钰所有，泽某贸易公司无权要求确权及排除执行。

从金融监管部门对出借账户的禁止性规定看。出借账户行为是明令禁止的行为。中国人民银行《人民币银行结算账户管理办法》第四十五条规定“存款人应按照本办法的规定使用银行结算账户办理结算业务。存款人不得出租、出借银行结算账户，不得利用银行结算账户套取银行信用”。第六十五条第一款第四项对出租、出借银行账户规定了行政处罚措施。可知，出租、出借银行账户是被金融监管部门严格禁止的违法行为，而行为人不得因其违法行为获利是最基本的法律原则。上述案件中，出借银行账户的行为不仅扰乱了金融和市场交易秩序，同时也违反了《中华人民共和国公司法》关于公司财务、会计制度的规定，侵害了其他股东和债权人的权益，应做否定性评价。泽某贸易公司与赵某某是否存在账户借用关系，是否存在债权债务关系，第三人很难知晓，因此在借用账户未明确公示或产生等同于公示效力的情况下，不能对抗第三人，第三人可以根据占有的外在状态确定账户内款项的权属，这种合理信赖与借用他人账户否定性评价相比，应当优先予以保护，泽某贸易公司应当自行承担借用他人账户的相关风险及法律后果。

执行中被执行人隐匿、转移财产的情况时有发生，被执行人往往采取恶意串通、虚假诉讼等各种方式逃避执行。借用账户的行为本身即是法律禁止和否定的行为。面对此类案件，人民法院要解决的不仅是一个孤立的案件，更重要的是树立正确的价值导向，引导市场主体诚信、合法经营。诚实守信是法治社会的基本要求，是社会主义核心价值观的基本内容，是企业经营行为的基石，也是做人处事之底线。各民事主体在经济活动中均应遵守诚实信用原则，遵循国家金融法规管理规定。对个人而言，应严格管理个人银行账户；对于企业员工而言，应诚信敬业、勤勉履职；对企业而言，更应规范相应财务流程，严格进行转账汇款操作，树立遵纪守法的企业文化。这既是对社会公众合法权益的保护，亦是守法公民、守法企业应尽之义务。

编写人：四川省成都铁路运输第一法院　陈雪蛟　景圆圆

31

劳动者个人是否可向人民法院申请执行仲裁裁决确定的社会保险费

——田某与某客运有限责任公司执行复议案

【案件基本信息】

1. 裁判书字号

陕西省咸阳市中级人民法院（2022）陕 04 执复 27 号执行裁定书

2. 事由：执行复议

3. 当事人

复议申请人（申请执行人）：田某

被执行人：某客运有限责任公司

【基本案情】

申请执行人田某与被执行人某客运有限责任公司劳动争议纠纷一案，经陕西省彬州市劳动争议仲裁委员会彬劳人仲案字（2020）第 31 号裁决书裁决，由被执行人给申请人补缴 2009 年 1 月 18 日至今期间的养老保险、医疗保险、工伤保险以及失业保险。仲裁裁决书生效后，被执行人未履行裁决书确定的该项义务。申请人田某于 2021 年 12 月 8 日向陕西省彬州市人民法院申请执行。陕西省彬州市人民法院受理后，依法向被执行人送达了执行通知书等材料，责令被执行人履行裁决书确定的该项义务，被执行人未履行。后彬州市人民法院又作出（2022）陕 0482 执 151 号裁定对本案不予执行。田某不服上述裁定向陕西省咸阳市中级人民法院申请复议。

【案件焦点】

劳动仲裁裁决由用人单位给申请人补缴养老保险、医疗保险、工伤保险以及失业保险等社会保险费，劳动者本人是否可向人民法院申请强制执行。

【法院裁判要旨】

陕西省咸阳市彬州市人民法院经审理认为：《中华人民共和国社会保险法》第十三条、第八十四条规定，用人单位不办理社会保险登记及未按时缴纳社会保险费用的由社会保险行政部门责令整改并处罚，本案不属于人民法院执行案件范围。根据最高人民法院《关于人民法院执行工作若干问题的规定（试行）》第一百零八条之规定，裁定对法院（2022）陕0482执151号案件不予执行。

田某不服该执行裁定，申请复议。陕西省咸阳市中级人民法院审查认为，《中华人民共和国社会保险法》第五十八条规定：用人单位应当自用工之日起三十日内为其职工向社会保险经办机构申请办理社会保险登记。第八十四条规定：用人单位不办理社会保险登记的，由社会保险行政部门责令限期改正；逾期不改正的，对用人单位处应缴社会保险费数额一倍以上三倍以下的罚款，对其直接负责的主管人员和其他直接责任人员处五百元以上三千元以下的罚款。第八十六条规定：用人单位未按时足额缴纳社会保险费的，由社会保险费征收机构责令其限期缴纳或者补足……由以上规定可知，征缴社会保险费是社会保险费征收机构的法定职责。缴费单位未按规定缴纳和代扣代缴社会保险费的，由劳动保障行政部门或者税务机关责令限期缴纳，社会保险的征缴应属于行政机关的行政职责，司法权不应对社会保险的征缴进行处理。若要司法权强制执行，应当按照《社会保险费征缴暂行条例》（国务院令第259号）规定，用人单位逾期不缴纳社会保险费、滞纳金的，由劳动保障部门或者税务机关申请法院依法强制执行。故申请执行人应向社会保险行政部门反映本案的相关情况，由相关的社会保险行政部门依法处理。因此，本案申请执行人田某的执行申请不符合受理条件，应予驳回。其次，最高人民法院印发《关于执行案件立案、结案若干问题的意见》的通知第二十条规定，执行实施案件立案后，执行机构发现不符合申请执行的受理条件，裁定驳回执行申请。申请执行人对驳回执行申请裁定不服的，可以自裁定送达之日起十日内向上一级人民法院申请复议。人民法院作出裁定时，应当告知申请执行人申请复议的权利和期限。最高人民法院《关于人民法院执行工作若干问题的规定（试行）》已被修改，已无第一百零八条，原执行法院根据最高人民法院《关于人民法院执行工作若干问题的规定（试行）》第一百零八条之规定，裁定对（2022）陕0482执151号案件不予执行的处理方式系法律适用错误。本案情形亦不符合《中华人民共和国民事诉讼法》第二百四十四条仲裁裁决不予执行的相关情形，故原执行法院对本案裁定不予执行不符合本案的客观情况。最后，本案复议申请人田某复议申请中将司法行为界定为具体行政行为，系错误认识，法院对其复议理由不作论述。

综上，依照《中华人民共和国社会保险法》第八十四条、第八十六条，《中华人民共和国民事诉讼法》第一百五十七条第一款第十一项，最高人民法院印发《关于执行案件立案、结案若干问题的意见》的通知第二十条规定，裁定如下：

驳回田某的复议请求，撤销陕西省彬州市人民法院（2022）陕0482执151号执行裁定书。

【法官后语】

劳动争议纠纷经劳动争议仲裁委员会仲裁的案件日益增多。本案彬州市劳动争议仲裁委员会裁决由被执行人某客运有限责任公司给田某补缴2009年1月18日至今期间的养老保险、医疗保险、工伤保险以及失业保险。裁决书作出后，某客运有限责任公司未向人民提起诉讼，裁决书直接生效。此类案件在司法实践中很常见，但对劳动者社会保险费用补缴事项的强制执行，劳动者个人却未有明确的法律知识预判，胜诉的权益长期得不到兑现。本案在此方面具有一定的参考意义。

一、诉讼参与方应正确界定与区分劳动仲裁裁决主文的内容

劳动争议仲裁裁决书常常有多个裁决事项，作为享有胜诉权利的劳动者本人，一定要区分清哪些裁决事项可申请人民法院强制执行，哪些事项无法申请人民法院强制执行。一般情况下经济赔偿金、经济补偿金等事项劳动者可直接

申请人民法院强制执行，但对社会保险费用（比如养老保险、医疗保险、工伤保险以及失业保险等）的补缴却无法申请人民法院强制执行。作为用人单位，对于生效的仲裁裁决如何执行亦要明确流程，不论是作为抗辩依据或是减少诉讼成本，都具有参考价值。

二、作为申请执行人的劳动者个人须明了相关法律规定

《中华人民共和国社会保险法》第五十八条规定，用人单位应当自用工之日起三十日内为其职工向社会保险经办机构申请办理社会保险登记。第八十四条规定，用人单位不办理社会保险登记的，由社会保险行政部门责令限期改正；逾期不改正的，对用人单位处应缴社会保险费数额一倍以上三倍以下的罚款，对其直接负责的主管人员和其他直接责任人员处五百元以上三千元以下的罚款。第八十六条规定“用人单位未按时足额缴纳社会保险费的，由社会保险费征收机构责令其限期缴纳或者补足……”《社会保险费征缴暂行条例》（国务院令第259号）规定，用人单位逾期不缴纳社会保险费、滞纳金的，由劳动保障部门或者税务机关申请法院依法强制执行。根据上述法律规定，征缴社会保险费是社会保险费征收机构的法定职责。缴费单位未按规定缴纳和代扣代缴社会保险费的，由劳动保障行政部门或者税务机关责令限期缴纳，社会保险的征缴应属于行政机关的行政职责，司法权不应对社会保险的征缴进行处理。若要司法权强制执行，应当按照《社会保险费征缴暂行条例》（国务院令第259号）规定，用人单位逾期不缴纳社会保险费、滞纳金的，由劳动保障部门或者税务机关申请法院依法强制执行。因此本案申请执行人应向社会保险行政部门反映相关情况，由相关的社会保险行政部门依法处理。

三、行政部门及司法部门应正确适用法律法规，及时回应当事人的权利请求

《社会保险费征缴暂行条例》第十三条规定：“缴费单位未按规定缴纳和代扣代缴社会保险费的，由劳动保障行政部门或者税务机关责令限期缴纳……”社会保险的征缴应属于行政机关的行政职责，征缴社会保险费是社会保险费征收机构的法定职责，司法权不应对社会保险的征缴进行处理。《社会保险费征缴暂行条例》第二十六条规定：缴费单位逾期拒不缴纳社会保险费、滞纳金的，由

劳动保障行政部门或者税务机关申请人民法院依法强制征缴。相关行政单位收到劳动者本人的反映情况后，应切实积极维护劳动者的相关权利，不可因事务繁杂或其他原因而推诿扯皮，让劳动者的胜诉权益迟迟得不到维护。另，执行法院在立案审查之时，应由专业人员对立案材料进行审查，严格适用法律规定，不应因错误适用法律规定而导致当事人陷入诉累，不仅影响司法权威，亦迟滞了当事人权利的救济。本案中，执行法院在立案审查之时，没有严格把关，对裁决事项未进行区分，立案后又错误适用法律，本该裁定“驳回执行申请”却作出“不予执行”裁定，且错误适用已经修改的司法解释，给当事人造成了一定的诉累。

编写人：陕西省咸阳市中级人民法院 陈铭秦 樊志强

32

竞买人通过司法拍卖方式取得房屋所有权后，原所有权人（被执行人）无权收取所有权转移后的租金收益

——李某民诉张某、李某不当得利纠纷案

【案件基本信息】

1. 裁判书字号

四川省成都市中级人民法院（2022）川 01 民终 2935 号民事判决书

2. 案由：不当得利纠纷

3. 当事人

原告（被上诉人）：李某民

被告（上诉人）：张某、李某

【基本案情】

2015 年 6 月 9 日，李某将其位于四川省成都市某号 1 栋 1 单元 26 楼 2601

号房屋出租给案外人徐某忠，租金为 5500 元/月，租赁期限为 15 年，从 2015 年 6 月 9 日起至 2030 年 6 月 8 日止。合同签订后，徐某忠于 2015 年 6 月 11 日一次性向张某（与李某系夫妻关系）支付了前述房屋租金 990000 元及押金 10000 元，共计 1000000 元。

后在四川省成都市温江区某科技小额贷款有限责任公司申请执行李某、张某公证债权文书一案中，因张某（李某的配偶）、李某均未履行法律文书确定的义务，法院执行过程中将登记于李某名下的前述房屋进行司法评估拍卖，2020 年 8 月 1 日，买受人李某民以 3228316 元的价格拍得该房屋，2020 年 8 月 18 日，法院作出（2019）川 0106 执 5951 号之三执行裁定，裁定前述房屋所有权归买受人李某民所有，原产权证、国土使用权证书作废，案涉房屋于 2020 年 9 月 16 日变更登记至李某民名下。案涉房屋司法拍卖过程中，法院在拍卖公告上公示了案涉房屋有租赁的情况。

原告李某民认为，其已取得案涉房屋所有权，被告提前收取的租金构成不当得利，应予返还；被告张某认为，案涉房屋公开拍卖的价位是 460 余万元，考虑到案涉房屋有租赁的情况，所以在拍卖的价格基础上减少部分，最终的起拍价为 2630000 元，降低的拍卖价相当于已减掉房屋的租金及押金，并且拍卖公告已写明该房屋租赁情况，且被告出租案涉房屋的时间在房屋抵押贷款之前，被告不构成不当得利。双方争执不下，故诉至法院。

【案件焦点】

1. 竞买人通过司法拍卖方式取得标的物所有权后，原所有权人已提前收取的拍卖成交日之后的租金，是否有法律根据？该部分租金是否应返还竞买人？

2. 竞买人参与拍卖时明知标的物的租赁情况和租金支付情况，能否视为竞买人同意放弃原所有权人（被执行人）已提前收取的租金？

【法院裁判要旨】

四川省成都市金牛区人民法院经审理认为：依照《中华人民共和国民法总则》第一百二十二条之规定，行为人没有法律根据或事后丧失法律根据而取得的不当利益，应当向受损失人返还。本案中，被告原系案涉房屋所有权人，其与案外人徐某忠签订《住房租赁合同》并已收取2015年6月9日至2030年6月8日期间的租金及押金共计1000000元，该租金收益取得的前提为被告系案涉房屋的所有权人，但案涉房屋已由原告通过司法拍卖的方式取得，并于2020年9月16日变更登记至原告名下，被告对案涉房屋的所有权于2020年9月16日已消灭，故被告收取案涉房屋2020年9月16日至2030年6月8日期间的租金，已丧失法律根据，其收取的押金同样没有法律根据，均应返还。四川省成都市金牛区人民法院判决如下：

李某、张某于本判决生效之日起十日内向李某民返还不当得利共计652216元，并支付资金占用利息（以652216元为基数，按照全国银行间同业拆借中心公布的一年期贷款市场报价利率标准，自2020年9月16日起计算至付清全部款项之日止）。

李某、张某不服该判决，向四川省成都市中级人民法院提起上诉。

四川省成都市中级人民法院审理认为：首先，李某民通过司法拍卖的方式取得案涉房屋的所有权，并于2020年9月16日取得案涉房屋的不动产登记证书，其依法享有对案涉房屋占有、使用、收益、处分的权利，有权收取案涉房屋2020年9月16日至2030年6月8日期间的租金。而李某、张某收取案涉房屋2020年9月16日至2030年6月8日期间的租金，已丧失法律根据，构成不当得利，其应当将该部分租金和押金返还给李某民。其次，李某民在参与案涉房屋拍卖时知道案涉房屋的租赁情况和租金支付情况，并不代表其作出了认可张某、李某享有预收租金权益的意思表示，除非李某民在拍卖时或者拍卖后明确表示放弃对案涉房屋剩余租期租金的主张，否则房屋的收益均应由房屋所有权人李某民享有。故张某、李某的上诉理由不成立，应予驳回。一审判决认定事实清楚，适用法律正确，应予维持。据此，四川省成都市中级人民法院依照《中华人民共和国民事诉讼法》第一百七十条第一款第一项规定，判决如下：

驳回上诉，维持原判。

【法官后语】

“带租拍卖”日趋常态化，执行法院通常在拍卖公告中载明拍卖标的物的租赁情况，竞买人在明知标的物已被出租且已收取租金的情形下，能否认定竞买人已放弃原所有权人（被执行人）提前收取的租金收益？原所有权人（被执行人）提前收取的租金是否有合法依据？该系列问题是司法实践中普遍存在的问题，本案关于该问题的认定，具有较强的指导意义和示范作用。

一、避免分歧：适当处理争议，统一裁判尺度

笔者认为，“带租拍卖”中，应将原所有权人提前收取租金认定为不当得利，如此认定可以避免争议，统一司法裁判尺度。

首先，在不当得利的认定中，“取得利益没有法律依据”应当包括取得利益后丧失合法依据的情形。即行为人在取得利益时有合法依据，但其之后丧失取得利益合法依据的，其已取得的利益构成不当得利。具体到涉及“带租拍卖”的案件中，出租人收取租金时系所有权人，其取得当时的租金收益具有合法性，但竞买人通过拍卖方式取得拍卖标的物所有权后，原所有权人（被执行人）已丧失所有权，其也当然地丧失了收取租金的权利，故原所有权人（被执行人）提前收取的租金丧失合法依据，构成不当得利，应予返还竞买人。即谁为物权权利人，谁有权收取租金。

其次，竞买人知晓司法拍卖公告载明的已预收租金信息并不等同于其放弃该部分已由原所有权人（被执行人）提前收取的租金。司法实践中，出租人往往以竞买人竞买时知晓拍卖标的物已预收租金为由，认为竞买人明知有瑕疵仍选择购买，则表明竞买人同意并认可出租人提前收取的租金。笔者认为，在竞买人未明确表示放弃出租人提前收取的租金的情况下，不能直接得出竞买人放弃租金收益的结论。除非拍卖公告中明确载明竞买人参与竞拍即视为自愿放弃原所有权人已收取的租金，否则，原所有权人不能以拍卖公告已载明有租赁情况为由主张已提前收取的租金收益归其所有。

最后，“带租拍卖”案件中，原所有权人（被执行人）以拍卖公告中已载明有租赁情况等瑕疵为由，主张竞买人以低于市场价竞得标的物实际上相当于

已扣减出租人预收的租金收益的观点，不应得到人民法院支持。诚然，当拍卖标的物存在租赁情况会导致标的物市场评估价格、司法拍卖价格的相应降低，但是，并不能因为竞买人接受该瑕疵而推断拍卖标的物因该瑕疵而减损的价款等同于原所有权人（被执行人）已预收的租金，从而得出竞买人支付的对价中已扣减原所有权人（被执行人）预收租金的结论。

在物权法定原则下，竞买人基于其所有权人身份，应当享有对竞得标的物占有、使用、收益、处分等全部权利，原所有权人（被执行人）如提前收取本应由竞买人享有的租金收益，当然构成不当得利，竞买人主张返还的，人民法院原则上均应予支持。除非竞买人明确表示放弃该租金收益或者人民法院于拍卖公告中明示竞买人“参与竞拍即视为同意放弃原所有权人已提前收取的租金”。如此认定，可从源头上消除原所有权人与竞买人之间关于已提前收取租金的权属争议，统一司法裁判尺度。

二、执行需求：破除执行“痛点”、提高执行到位率

“执行难”一直以来都是司法的痛点和难点，对“带租拍卖”标的物的执行更是难上加难，原因在于“带租拍卖”标的物存在的权利瑕疵，一方面会导致标的物拍卖成交价格降低，“损害”被执行人及债权人的利益，另一方面也会导致竞买人面临的法律诉讼风险增加，从而导致“流拍”等情况，最终不利于司法案件的顺利执行。

涉及“带租拍卖”的案件中，竞买人取得标的物所有权后，基于“买卖不破租赁原则”，竞买人可能面临承租人继续行使占有权、使用权、无法及时腾退等法律风险，这必然导致拍卖标的物成交价格的降低。另外，若原所有权人还提前收取了未来十年甚至更长时间的租金收益，则必然导致拍卖成交价格进一步降低，为法院执行增添更多阻力。笔者认为，若将原所有权人提前收取的拍卖成交之后的租金统一认定为不当得利，有利于规范被执行人的行为，让其清楚地认识到，通过提前收取租金的方式获取拍卖成交之后的租金收益没有法律依据，竞买人有权主张返还，从而倒逼被执行人不再采用该种方式阻碍法院执行或者倒逼被执行人主动返还不当得利以消除拍卖标的物的权利瑕疵，清除

执行障碍，提高执行到位率。

三、诉源治理：厘清权利边界、减少衍生案件

随着法院受理案件数量的激增，诉源治理工作的重要性日益凸显，最高人民法院发布的《关于深化人民法院一站式多元解纷机制建设推动矛盾纠纷源头化解的实施意见》亦要求人民法院完善源头化解纠纷的工作格局，充分发挥司法在多元化纠纷解决机制中的引领、推动作用，建立分类分级预防化解矛盾纠纷路径，及时就地预防化解纠纷，从源头上减少矛盾纠纷产生，减少衍生诉讼案件发生。

“带租拍卖”案件中，法院发布的拍卖公告虽载明了标的物租赁信息和收取租金信息等瑕疵，但是，就原所有权人（被执行人）已收取的租金究竟应归谁所有，人民法院并未明确，这就导致原所有权人与现所有权人产生争议，进而引发系列衍生案件。笔者认为，人民法院可在司法拍卖公告中载明“竞买人参与竞拍即视为同意放弃原所有权人已提前收取的租金”，让竞买人清楚知晓其参与竞拍的法律后果，从源头上厘清原所有权人和竞买人的权利边界，明确原所有权人、竞买人各自的权利范围，避免争议，减少“诉累”，推动诉源治理有效实施。

四、延伸思考：司法拍卖公告中能否直接载明竞买人参与竞拍即视为放弃被执行人（原所有权人）已提前收取的租金？

根据《最高人民法院关于人民法院网络司法拍卖若干问题的规定》第十二条第二款规定：“拍卖公告应当包括拍卖财产、价格、保证金、竞买人条件、拍卖财产已知瑕疵、相关权利义务、法律责任、拍卖时间、网络平台和拍卖法院等信息”，即拍卖公告仅需载明拍卖财产已知的瑕疵即可。但竞拍人接受该瑕疵并参与竞拍是否意味着其放弃相关权利，司法实践中仍颇具争议。若司法拍卖公告中直接载明竞买人参与竞拍即视为放弃原所有权人（被执行人）已提前收取的租金，可以更好地厘清原所有权人（被执行人）与现所有权人（竞买人）之间的权利边界，更好地规范法院执行措施、维护被执行人、竞买人、债权人（申请执行人）等各方当事人的权益。对于被执行人而言（原所有权人），其已提前收取的租金收益可以“弥补”因标的物瑕疵（带租）而折损的价值；

对于竞买人而言，其因标的物瑕疵（带租）因素以低于市场价取得标的物所有权，其从中获取的价差利益可以弥补放弃的租金收益；对于债权人而言，因拍卖公告内容更加规范、对被执行人、竞买人的权利义务记载更加明确，有利于提高司法拍卖成交价，提高执行到位率。最后，司法拍卖公告中直接载明竞买人参与竞拍即视为放弃原所有权人（被执行人）已提前收取的租金，也完全符合"拍卖公告应包括相关权利义务、权利责任"的立法本意。

编写人：四川省成都市金牛区人民法院　赵泽龙　游廷君

33

理财险现金价值能否作为执行标的强制执行

——林某案外人执行异议案

【案件基本信息】

1. 裁判书字号

浙江省温岭市人民法院（2022）浙1081执异96号执行裁定书

2. 事由：案外人执行异议

3. 当事人

案外人：林某

申请执行人：某银行股份有限公司台州温岭支行

被执行人：恒某鞋业有限公司、项某琴

【基本案情】

某银行股份有限公司台州温岭支行与恒某鞋业有限公司、项某琴金融借款合同纠纷一案，温岭法院于2022年2月18日作出（2022）浙1081民初1237号民事判决，判决恒某鞋业有限公司于判决生效之日起十日内偿还给某银行股份有限公司台州温岭支行借款本金2350000元，以及截至2021年11月20日的利息、罚息、复利19688.9元，并支付自2021年11月21日起按合同约定利率的标准计算至实际履行之日止的利息、罚息、复利及相关律师费。项某琴对上述款项在最高债权额282万元的范围内承担连带保证责任。因恒某鞋业有限公司、项某琴未履行，某银行股份有限公司台州温岭支行向浙江省温岭市人民法院（以下简称温岭法院）申请执行。温岭法院于2022年4月1日立案执行。在执行过程中，经查被执行人项某琴系保单号为100133010598××××某运少儿两全保险（分红型）的投保人，温岭法院于2022年6月13日作出（2022）浙1081执1964号之三执行裁定书，依法划拨被执行人项某琴的收益类保险价值金额为276000元。在执行过程中，案外人林某认为被执行人项某琴系案外人的母亲。本案所涉的保险于2019年7月12日已交满15年保费，早于恒某鞋业有限公司的债务成立时间。项某琴于2019年作为股东进入恒某鞋业有限公司。该保险2017年前的原投保人为案外人的父亲并非被执行人项某琴。由于其系该保险的受益人，保险的现金价值应归其所有，并且项某琴目前无收入，案外人即将就读大学，需要学费和生活费，故该保险对于案外人来说极其重要。因此，提出书面异议，请求法院撤销（2022）浙1081执1964号之三执行裁定书中划拨被执行人项某琴收益类保险的执行措施。

【案件焦点】

本案的争议焦点在于保单的现金价值是否属于投保人的财产权益及能否作为执行标的、投保人未解除保险合同法院能否对保单的现金价值强制执行。

【法院裁判要旨】

浙江省温岭法院认为，案外人林某系针对法院划拨被执行人项某琴保单的现金价值提出异议，认为确定执行标的保单的现金价值属于被执行人项某琴的财产存在错误，故本案系案外人主张对保单的现金价值享有实体权利而提出排除执行的异议。案涉保单所涉及的保险为分红型保险，属于理财型保险，该险种兼具人身保障和投资理财功能，其所具备的储蓄性和有价性不仅体现在保险合同存续期间，投保人可以获取利息等红利收入，而且体现在投保人可以以保险单现金价值为限进行质押贷款，更体现在保险期间内投保人可以随时单方无条件解除保险合同，以提取保险单的现金价值。因此，案涉保险单的现金价值具有明显的财产属性。保险标的物上衍生出来的财产利益，是投保人依法享有的财产权益，也不是投保人即被执行人及其所扶养家属所必需的生活物品和生活费用，亦不属于法律规定不得执行财产，应当视为被执行人的可供执行财产。因此，案涉保险单的现金价值作为财产权益应当归属于投保人项某琴，并且可以成为本案的执行标的。

另外，保单的现金价值作为投保人所享有的财产权益不仅在数额上具有确定性，而且投保人可通过单方自行解除保险合同而提取保单的现金价值。本案被执行人项某琴作为案涉保单的投保人，理应主动依法提取案涉保险单的现金价值履行债务，但其违背诚信原则，不自行解除保险合同提取保单现金价值偿还债务，故法院在执行程序中有权强制代替被执行人对该保险单的现金价值予以提取。综上，案外人的异议请求，本院不予支持。为此，依照《中华人民共和国民事诉讼法》第二百三十四条的规定，裁定如下：

驳回案外人林某的异议请求。

【法官后语】

本案的争议焦点在于保单的现金价值是否属于投保人的财产权益及能否作为执行标的、投保人未解除保险合同法院能否对保单的现金价值强制执行？

本案将从理财险的性质、现金价值归属、可执行性三个维度进行分析。

一、理财险的性质认定

一般来说，商业险种主要分为财产保险和人身保险。财产保险主要是以财产或者经济利益为保险标的。主要包括机动车保险、企业财产保险、家庭财产保险、船舶保险、责任保险等。而人身保险以被保人的生命或者身体作为保险标的，主要分为人寿保险、健康保险以及意外伤害保险等。

案涉保单所涉及的保险为分红型保险，本质上属于理财型保险，该险种兼具人身保障和投资理财功能，其所具备的储蓄性和有价性不仅体现在保险合同存续期间，投保人可以获取利息等红利收入，而且体现在投保人可以以保险单现金价值为限进行质押贷款，更体现在保险期间内投保人可以随时单方无条件解除保险合同，以提取保险单的现金价值。

二、现金价值归属

根据《中华人民共和国保险法》第四十七条规定："投保人解除合同的，保险人应当自收到解除合同通知之日起三十日内，按照合同约定退还保险单的现金价值。"《最高人民法院关于适用〈中华人民共和国保险法〉若干问题的解释（三）》第十六条第一款规定："保险合同解除时，投保人与被保险人、受益人为不同主体，被保险人或者受益人要求退还保险单的现金价值的，人民法院不予支持，但保险合同另有约定的除外。"根据上述法律及司法解释的规定，保险合同解除后，保险单的现金价值一般应归属于投保人。由于保单的现金价值基于投保人缴纳的保费所形成，而保险公司每年返受益人的款项明显属于财产期待权利，属被执行人所有的一种合法投资收益。保险标的物上衍生出来的财产利益，是投保人依法享有的财产权益，也不是投保人即被执行人及其所扶养家属所必需的生活物品和生活费用，不属于《最高人民法院关于人民法院民事执行中查封、扣押、冻结财产的规定》第三条规定的不得执行财产，应当视为被执行人的可供执行财产。因此，案涉保险单的现金价值作为财产权益应当归属于投保人项某琴并且可以成为本案的执行标的。

三、保险标的可执行性

保单的现金价值作为投保人所享有的财产权益不仅在数额上具有确定性，而且投保人可通过单方自行解除保险合同而提取保单的现金价值。本案被执行人项某琴作为案涉保单的投保人，理应主动依法提取案涉保险单的现金价值履行债务，但其违背诚信原则，不自行解除保险合同提取保单现金价值偿还债务，故法院在执行程序中有权强制代替被执行人对该保险单的现金价值予以提取。

编写人：浙江省温岭市人民法院　蔡未

34

农民工工资专用账户资金的执行

——某建设股份有限公司执行异议案

【案件基本信息】

1. 裁判书字号

云南省昆明市中级人民法院(2022)云01执复29号执行裁定书

2. 事由:执行异议

3. 当事人

复议申请人(申请执行人):李某

异议人(被申请执行人):某建设股份有限公司(以下简称某建设公司)

【基本案情】

原告李某与被告某建设公司民间借贷纠纷一案,云南省昆明市五华区人民法院经审理后于2021年5月17日作出(2021)云0102民初1927号民事调解书,调解主要内容如下:"一、经原告李某和被告某建设公司确认,被告某建设公司尚欠原告李某本金986400元及截至2021年5月17日的利息563600元及以尚欠本金为基数自2021年5月18日起至实际款项还清之日止按年利率6%计算的利息。二、如被告某建设公司未按时足额支付上述款项,则原告李某有权就剩余未付款项向法院申请强制执行。三、案件受理费13047元,已减半收取,由被告某建设公司承担,于2021年9月30日前向原告李某支付。"上述民事调解书生效后,被告某建设公司未履行义务,原告李某向云南省昆明市五华区人民法院申请强制执行。云南省昆明市五华区人民法院于2021年9月1日以(2021)云0102执5576号立案执行,执行过程中,云南省昆明市五华区人民法院于2021年9月3日以1598436.68元为限对账户名称为某建设公司武定项目农民工工资专户的账户进行冻结，实际冻结该账户可用资金为313749.58元。2019年6月24日，某建设公司（乙方）与武定县农村公路建设指挥部（甲方）签订《工程款和工资款两条线拨付协议》，约定乙方在中国建设银行股份有限公司武定支行开设本工程项目农民工工资专用账户。乙方保证工资款专款专用，并每月将工资款通过银行打卡形式发放到每个农民工个人银行账户，不得挪作他用。乙方每月将审核盖章后委托银行发放的工资清单报甲方备案。甲方根据每期工程计量，将支付额度25%的资金拨入乙方开设的本工程项目农民工工资专用账户用于支付农民工工资。同日，武定县农村公路建设指挥部（甲方）、某建设公司（乙方）与中国建设银行股份有限公司武定支行（丙方）签订《云南省工程建设项目农民工工资（劳务费）专用账户监管协议》，约定：甲方应积极配合乙方做好在丙方开立农民工工资专用账户的工作，甲方应按照相关规定及时足额拨付农民工工资（劳务费）到上述专户，甲方应监督乙方按支付用途使用农民工工资专用资金，并定期对乙方农民工工资专户资金支付情况进行检查。乙方应根据本协议约定，在丙方开立农民工工资专用账户。上述账户仅用于武定县2018-2019年农村公路建设工程总承包（EPC）项目农民工工资结算。乙方承诺上述专用账户资金用途仅限于农民工工资支付，不挪作他用。乙方接受甲方对上述专用账户资金使用情况进行检查。2021年9月6日，武定县劳动监察办公室出具《证明》载明：该项目根据《保障农民工工资支付条例》第二十六条之规定在开设了农民工工资专用账户。2021年10月29日，中国建设银行股份有限公司武定支行出具《证明》载明：某建设公司武定项目农民工工资专户，账户性质为专用账户。该专用账户资金用途仅限于农民工工资支付，不挪作他用，该账户还在继续使用。2021年10月29日，武定县农村公路建设指挥部出具《证明》载明：该公司在武定县开设的账号农民工工资专户还需继续使用。被执行人某建设公司提出书面异议，请求解除对农民工工资专户的冻结。

【案件焦点】

执行中涉及被执行人名下农民工工资专用账户资金应如何处理。

【法院裁判要旨】

云南省昆明市五华区人民法院经审查认为：根据《保障农民工工资支付条例》第三十三条、《最高人民法院、人力资源社会保障部、中国银保监会关于做好防止农民工工资专用账户资金和工资保证金被查封、冻结或者划拨有关工作的通知》第二条的规定，本案中，根据异议人提交的证据可证明五华法院冻结的案涉账户为异议人在承包武定县 2018–2019 年农村公路建设工程总承包（EPC）项目时开设的农民工工资专用账户，对此申请执行人并无异议。但申请执行人认为相关项目已于 2020 年 12 月 18 日完工，故不能确认该账户中的资金还在用于支付农民工工资，故该账户不应该定为农民工工资专户。对此异议人提交了相关项目仍在实际施工的证据，而申请执行人并未提供相关证据证明该项目已实际完工，故该答辩意见五华法院不予采纳，综上所述，案涉账户的资金不能因支付该项目农民工工资以外的原因被冻结，现本案因其他原因冻结了案涉账户内的资金，违反了上述规定，故对案涉账户的冻结行为应当予以解除。云南省昆明市五华区人民法院裁定：解除云南省昆明市五华区人民法院（2021）云 0102 执 5576 号案件对案涉账户的冻结。

李某对裁定不服，向云南省昆明市中级人民法院提出复议。

云南省昆明市中级人民法院经审查认为：本案中，被执行人举证的《工程款和工资款两条线拨付协议》、《云南省工程建设项目农民工工资（劳务费）专用账户监管协议》、中国建设银行股份有限公司武定支行出具《证明》，武定县农村公路建设指挥部出具《证明》等证据真实、合法，能够相互印证形成证据链，可以证明五华法院扣划的案涉账户为被执行人在承包武定县 2018–2019 年农村公路建设工程总承包（EPC）项目时开设的农民工工资专用账户。该账户仅用于上述项目农民工工资结算。根据《保障农民工工资支付条例》第三十三条：“除法律另有规定外，农民工工资专用账户资金和工资保证金不得因支付为本项目提供劳动的农民工工资之外的原因被查封、冻结或者划拨”和《最高人民法院、人力资源社会保障部、中国银保监会关于做好防止农民工工资专用账户资金和工资保证金被查封、冻结或者划拨有关工作的通知》第二条：“人民法院在查封、冻结或者划拨相关单位银行账户资金时，应当严格审查账户类型，除法律另有专门规定外，不得因支付为本项目提供劳动的农民工工资之外的原因查封、冻结或者划拨两类账户资金”的规定，本案中申请执行人李某并非以支付本项目提供劳动的农民工工资为由申请扣划，故案涉账户符合上述法律规定的不得查封、冻结、划拨的情形。关于复议申请人主张本案案涉账户存在非农民工工资资金的问题。法院认为，该案涉账户现仍然处于监管状态下，该账户资金受监管部门监管，故账户资金用途仅限于农民工工资支付。复议申请人没有提交证据证明其主张，法院不予认定该案涉账户存在非农民工工资资金。云南省昆明市中级人民法院依照《最高人民法院关于人民法院办理执行异议和复议案件若干问题的规定》第二十三条第一款第一项的规定，裁定：

驳回李某的复议申请，维持云南省昆明市五华区人民法院（2021）云0102执异385号执行裁定。

【法官后语】

《保障农民工工资支付条例》（以下简称《条例》）第三十三条规定：“除法律另有规定外，农民工工资专用账户资金和工资保证金不得因支付为本项目提供劳动的农民工工资之外的原因被查封、冻结或者划拨。”为进一步贯彻落实《条例》要求，维护好农民工工资报酬权益，确保农民工工资专用账户资金和工资保证金专项用于为该工程项目提供劳动的农民工工资支付，最高人民法院、人力资源社会保障部、中国银保监会于2020年12月25日发布《关于做好防止农民工工资专用账户资金和工资保证金被查封、冻结或者划拨有关工作的通知》，根据上述规定第二条：“人民法院在查封、冻结或者划拨相关单位银行账户资金时，应当严格审查账户类型，除法律另有专门规定外，不得因支付为本项目提供劳动的农民工工资之外的原因查封、冻结或者划拨两类账户资金。”司法实践中应注意以下问题：第一，程序方面。当事人、利害关系人（包含两类账户监管部门）认为人民法院查封、冻结或者划拨行为违法的，银行业金融机构认为人民法院要求其协助执行行为违法的，均可依法向人民法院提出异议。此处应注意区别，一般情况下仅当事人、利害关系人可依法提起执行行为异议。

第二，实体方面。异议人针对农民工资专用账户提起执行异议的，案件审查中，首先，应对争议的账户的性质作出认定。农民工工资专用账户资金和工资保证金，是指有关单位在银行业金融机构开设的农民工工资专用账户和工资保证金账户（以下简称两类账户）中存储的专项用于支付为本项目提供劳动的农民工工资的资金。一般而言，异议人应提交银行开户的材料，监管部门备案材料等证据证明账户性质。其次，应查明人民法院的执行是否系支付为本项目提供劳动的农民工工资。如确系支付为本项目提供劳动的农民工工资，则可依法执行。反之则不能查封、冻结或者划拨。最后，应审查农民工工资专用账户中是否存在明显超出工程施工合同约定并且明显超出足额支付该项目农民工工资所需全部人工费的资金，对工资保证金账户中超出工资保证金主管部门公布的资金存储规定部分的资金，人民法院经认定可依法采取冻结或者划拨措施。第三，在执行实施程序中，人民法院可以依法对两类账户采取预冻结措施，在工程完工且未拖欠农民工工资，监管部门按规定解除对两类账户监管后，预冻结措施自动转为冻结措施，并可依法划拨剩余资金。

编写人：云南省昆明市中级人民法院　代晓明　陈栋

35

实际施工人享有的建设工程价款优先受偿权具备排除普通债权人申请参与分配的法律效力

——刘某等执行监督案

【案件基本信息】

1. 裁判书字号

江苏省宿迁市中级人民法院（2022）苏13执监69号执行裁定书

2. 事由：执行监督

3. 当事人

申诉人（申请执行人）：刘某、高某军、臧某久、王某

申请执行人（复议申请人）：某建工集团有限公司（以下简称某建工集团）

被执行人：杜某利、某房地产开发有限公司（以下简称某地产公司）

【基本案情】

2020年，江苏省宿迁市宿豫区人民法院（以下简称宿豫法院）对刘某、臧某久、高某军、王某等四人分别诉杜某利、某地产公司建设工程分包合同纠纷四案先后作出（2019）苏1311民初4213号、5109号、4572号、4571号民事判决。上述判决均认为，没有资质的实际施工人杜某利借用有资质的某建工集团的名义订立建设工程施工合同，杜某利又将防火窗、木工、水电等工程分包给无施工资质的刘某、臧某久、高某军、王某等四人，上述合同均因违反法律强制性规定而无效。但案涉工程已交付使用并完成相应结算，故分别判决杜某利给付刘某、臧某久、高某军、王某等四人工程款1516749元、2947500元、2620000元、2555380元及相应利息，且上述四份法律文书中均判令某地产公司对杜某利的上述欠款在其欠付工程款范围内承担连带清偿责任。

宿豫法院在执行刘某、臧某久、高某军、王某等四人申请执行杜某利、某地产公司的过程中，某地产公司向该院交付了其欠付杜某利的工程款4306740元。因被执行人杜某利可供执行的财产不足以清偿全部债务，债权人某建工集团等债权人故向宿豫法院申请参与分配。2021年8月27日，宿豫法院作出（2020）苏1311执3479号执行财产分配方案。该方案认定：刘某、臧某久、高某军、王某等四人的生效法律文书中确认了某地产公司对杜某利所欠此四人的债务在其欠付工程款范围内承担连带清偿责任，但其他债权人的生效法律文书中仅确认了由被执行人杜某利承担债务清偿责任，故此四人符合本次参与分配条件，对某建工集团的参与分配申请，不予支持。

某建工集团不服上述分配方案遂提出异议，认为某地产公司交付的款项系该公司向被执行人杜某利支付的工程款，此案款本质上应系杜某利个人财产，故应准许其参与分配。

【案件焦点】

1. 实际施工人能否享有建设工程价款优先受偿权；2. 某建工集团是否具备就案涉款项申请参与分配的主体资格。

【法院裁判要旨】

宿豫法院经审查认为，某建工集团的生效法律文书确定的还款主体仅为杜某利，即该集团并未取得对某地产公司的执行依据，故不享有对案涉款项申请参与分配的权利。综上，宿豫法院作出（2022）苏1311执异35号执行裁定，裁定如下：

驳回某建工集团的异议请求。

该集团不服上述裁定向江苏省宿迁市中级人民法院（以下简称宿迁中院）申请复议。宿迁中院经审查认为，某地产公司基于发包方身份应在下欠工程款范围内承担给付义务，故该公司在执行程序中履行的案涉款项实际所有权人应为杜某利，某建工集团作为申请执行人已取得对案涉款项参与分配的主体资格。综上，宿迁中院作出（2022）苏13执复82号执行裁定，裁定如下：

一、撤销宿豫法院（2022）苏1311执异35号执行裁定；

二、撤销（2020）苏1311执3479号执行财产分配方案，准许某建工集团参与分配。

刘某等四人不服上述复议裁定向宿迁中院申诉。宿迁中院经审判委员会研究认为，虽然相关合同被认定为无效，但因实际施工人投入的工人工资及材料都已物化为完工后的建筑物，法律及司法解释允许突破合同相对性保护实际施工人享有相应的权益，故案涉款项具有特定性，其最终应归属上述四名参与工程分包的实际施工人，非杜某利的个人财产。该集团申请执行杜某利的债权源于债权转让协议的受让，与案涉工程欠款并无关联。宿豫法院将该款作为杜某利个人财产处理并制作参与分配方案，其适用法律错误，应予撤销。该院（2022）苏1311执异35号执行裁定以某建工集团未取得对某地产公司的执行依据为由，驳回该集团的异议请求，适用法律亦有误。宿迁中院（2022）苏13执复82号执行裁定认定该集团取得对案涉款项参与分配的主体资格并准许其参与分配，亦属适用法律错误。综上，宿迁中院作出（2022）苏13执监69号执行裁定，裁定如下：

一、撤销宿迁中院（2022）苏13执复82号执行裁定；

二、撤销宿豫法院（2022）苏1311执异35号执行裁定；

三、撤销宿豫法院（2020）苏1311执3479号执行财产分配方案。

【法官后语】

建设工程价款优先受偿权系法律上的技术创造，旨在解决建筑市场长期存在的农民工讨薪难问题。从性质上看，尽管承包人因履行建设工程施工合同而享有优先受偿权，但该项权利并非依据合同取得，而是直接依据法律规定享有。《最高人民法院关于审理建设工程施工合同纠纷案件适用法律问题的解释（一）》第三十六条规定："承包人根据民法典第八百零七条规定享有的建设工程价款优先受偿权优于抵押权和其他债权。"因此，无论工程价款优先受偿权性质如何，可以确定其系优先于抵押权和普通债权的法定优先权。之所以被法定化无外乎两个原因：一是很多工程由承包人带资兴建；二是为了保护农民工工资利益。

《中华人民共和国民法典》第七百九十三条第一款规定："建设工程施工合同无效，但是建设工程经验收合格的，可以参照合同关于工程价款的约定折价补偿承包人。"折价补偿的前提是建设工程本身具有价值。之所以对建设工程施工资质严格要求，根本目的在于保证工程质量，防止建设工程领域的道德风险。因此，建设工程价款优先受偿权的享有系以工程质量为条件，而不应以合同效力为条件。

在（2021）最高法民再18号民事判决中，最高人民法院认为，建设工程价款优先受偿权的立法初衷系通过保护承包人的建设工程价款债权进而确保建筑工人的工资权益得以实现。对该债权的保护，不应因债权主体的改变而改变，而应允许受让人享有该优先受偿权。由此可知，尽管《中华人民共和国民法典》第七百九十三条第一款将优先受偿权主体表述为"承包人"，但该款仍未改变优先保护建筑工人合法权益的初衷，只不过此项保护并非直接指向建筑工人的工资权益，而是以保护承包人的建设工程价款债权为媒介，间接保护建筑工人的合法权益。对此，最高人民法院（2021）最高法民终958号民事判决亦认为，建设工程价款优先权的功能是担保工程款优先支付，系工程款债权的从权利，不专属于承包人自身。

综上所述，本案中，基于案涉款项系某地产公司作为发包方支付的工程欠款这一特性，刘某、臧某久、高某军、王某等四人作为案涉工程的实际施工人理应享有建设工程价款优先受偿权。

《最高人民法院关于适用〈中华人民共和国民事诉讼法〉的解释》第五百零八条规定："参与分配执行中，执行所得价款扣除执行费用，并清偿应当优先受偿的债权后，对于普通债权，原则上按照其占全部申请参与分配债权数额的比例受偿……"根据该条规定，执行所得价款应首先区分三个层次依次进行分配：一是扣除执行费用；二是清偿应当优先受偿的债权；三是清偿普通债权。本案中，刘某、臧某久、高某军、王某等四人作为案涉工程的实际施工人享有建设工程价款优先受偿权，而某建工集团对被执行人杜某利的债权源于债权转让协议的受让，性质上系普通债权，并无优先受偿效力。唯在"清偿应当优先受偿的债权后"该集团方可申请参与分配，而在执行所得价款不足或仅能满足优先受偿债权的情况下，则不存在普通债权申请参与分配的法律空间。

编写人：江苏省宿迁市宿豫区人民法院　李保锦

36

以错误转款为由要求退还的执行异议能否支持

——曹某某与某财产保险股份有限公司云南分公司、彭某执行异议案

【案件基本信息】

1. 裁判书字号

云南省昆明市盘龙区人民法院（2022）云0103执异278号执行裁定书

2. 事由：执行异议

3. 当事人

案外人：曹某某

被申请人（原案申请执行人）：某财产保险股份有限公司云南分公司

被申请人（原案被执行人）：彭某

【基本案情】

2019年7月19日，被告彭某与中国光大银行股份有限公司昆明金碧路支行签订《个人贷款合同（无担保条款）》，约定被告向中国光大银行股份有限公司昆明金碧路支行贷款人民币200000元，贷款期限36个月，并对利率、还款方式等事项进行了约定。同日，被告就该笔贷款在原告处投保了《个人贷款保证保险》，被保险人为中国光大银行股份有限公司昆明金碧路支行，保险金额237800元。因被告逾期偿还贷款，中国光大银行股份有限公司昆明金碧路支行要求原告承担保险责任，原告按照保险合同约定于2020年9月11日向中国光大银行股份有限公司昆明金碧路支行支付理赔款151852.11元。2020年9月30日，中国光大银行股份有限公司昆明金碧路支行出具《代偿债务与权益转让确认书》给原告，同意接受赔款151852.11元，并同意于收到赔款的同时将其对被告追偿的全部权益转让给原告。案件审理中，经法院主持双方调解达成如下协议：被执行人彭某偿还申请执行人某财产保险股份有限公司云南分公司借款代偿款151852.11元及利息；案件受理费3378元因调解减半收取1689元，由被执行人彭某承担。因被执行人逾期未履行上述生效法律文书所确定的义务，申请执行人于2022年6月6日向法院申请强制执行。

在执行过程中，法院作出执行裁定，对被执行人彭某名下银行账户进行了冻结。案外人曹某某向我院提出执行异议，请求中止对被执行人彭某名下开立在招商银行账户的执行，返还该账户内款项人民币57600元。主要理由是他于2022年10月4日将自己工商银行储蓄卡内的57600元转至彭某名下银行账户，欲让彭某退回，但账户已被冻结，某财产保险股份有限公司云南分公司答辩认为：案外人与被执行人之间有资金往来，不能简单认定为转错账。金钱属于种类物，应根据“占有即所有”原则认定。

【案件焦点】

案外人曹某某以错误转款为由要求人民法院退还的执行异议是否应得到支持。

【法院裁判要旨】

云南省昆明市盘龙区人民法院经审理认为：根据《最高人民法院关于人民法院办理执行异议和复议案件若干问题的规定》（2020 年修正）第二十四条规定："对案外人提出的排除执行异议，人民法院应当审查下列内容：（一）案外人是否系权利人；（二）该权利的合法性与真实性；（三）该权利能否排除执行。"第二十五条第一款第三项规定："银行存款和存管在金融机构的有价证券，按照金融机构和登记结算机构登记的账户名称判断；有价证券由具备合法经营资质的托管机构名义持有的，按照该机构登记的实际出资人账户名称判断。"首先，本案中，案涉账户登记在被执行人名下，账户内的存款应当认定为归属于被执行人所有，故被执行人彭某为账户内存款权利人。其次，案外人对于自己的主张，未提供任何证据证明，应承担举证不能的法律后果。最后，货币作为一般等价物，对银行账户内货币资金的权属认定应采用"占有即所有"原则，应根据该笔货币资金的占有状态认定权属。若案外人主张的存在错误转款的事实成立，其基于案涉存款与彭某形成的法律关系应当为不当得利，曹某某享有请求彭某返还不当得利的请求权。依照《最高人民法院关于适用〈中华人民共和国民事诉讼法〉执行程序若干问题的解释》（2020 年修正）规定，案外人据以提出执行异议主张的实体权利应为物权及特殊情况下的债权，而本案曹某某享有的不当得利请求权为普通债权，不属于足以阻却执行的特殊债权。

据此，依照《中华人民共和国民事诉讼法》第二百三十四条，《最高人民法院关于人民法院办理执行异议和复议案件若干问题的规定》第十六条、第二十四条、第二十五条之规定，裁定如下：

驳回案外人曹某某的异议请求。

【法官后语】

案外人对账户资金的实体权利究竟是原物返还请求权还是不当得利之债，我们可以从物权的公示效力、物权转让的效力，以及物权的保护三个方面来分析。

首先，从物权公示的角度来看，对于货币这种特殊动产，占有即所有，也即持有货币的人应视为其所有权人，账户所体现的主体即为账户内资金金额的所有权人。物权的公示效力，是彰显本权的体现。为了维护社会交易的安全和基本的社会行为秩序，对于动产物权的设定和变动，必须以法律的形式予以固定并展示于社会，这种方式就是“占有”。因为动产（特殊动产除外）一般不能通过类似于不动产的登记方式来公示其权属，通过事实占有来公示，是最为简单有效的方式，也符合传统的交易习惯。例如，判断动产是否发生了所有权转移，一般只需注意占有是否发生变更。当然，这一公示效力是一般性的规定，如法律另有特别规定的，应遵循其规定。

其次，从物权变更的角度来看，除法律另有规定之外，动产物权自交付时发生物权转让的效力。依照《中华人民共和国民法典》第二百二十四条规定，“动产物权的设立和转让，自交付时发生效力，但是法律另有规定的除外”，指的是当事人通过合同约定转让动产所有权和设立动产质权的一般形态。对于法律有特别规定的，则以特别规定认定动产物权转让的公示方式，这里主要是指：第一，动产物权转让的特殊形态。包括：(1) 简易交付；(2) 占有改定；(3) 所有权保留的交易行为，物权自约定生效时发生转让效力。第二，《中华人民共和国民法典》物权编第二章第三节规定的包括生效法律文书、继承、遗赠等非依法律行为而发生的物权变动问题所规定的情形。第三，动产抵押权和留置权的特别规定。由此可见，货币作为动产，其物权的设立和转让也必须依法确定，在不符合法定的除外情形下，货币的所有权转让与其事实占有的转让是保持一致的。

最后，从物权保护来看，《中华人民共和国民法典》第二百三十五条规定，无权占有不动产或动产的，权利人可以请求返还原物。《中华人民共和国民法典》还规定，如原物灭失或者损毁，所有权人可依法请求损害赔偿。虽然“返还原物”与“损害赔偿”同为物权保护的方式，但是其法理基础不同，返还原物是基于物权的一项权利，其目的是对特定物实施事实上的占有；而损害赔偿属于侵权之债，是因其物权被侵害遭受损失之后，所有权人享有的债权，其不是物上权利。而如果上述“原物”为种类物，则一旦发生占有转移的情形，则该物在占有转移之后即发生与其他种类物的混同，在事实上无法返还“原物”，所有权人仅可请求实际占有人承担损害赔偿的责任，这一责任通常是以支付对价（货币）或者交付同等数量种类物为承担方式。因此，具体到本案中，如错误汇款的情形发生，原所有权人丧失了事实占有后，无法就已经混同的货币请求返还原物，而只能要求新的占有人返还同等金额的货币。

综上所述，错误汇款行为，其实质是货币原所有权人以一个不真实的转移所有权的意识表示，向实际占有人作出转移货币占有的行为。货币的原所有权人在此时享有的应当是不当得利请求权，是一项与侵权之债、合同之债等同的一般债权，而非原物返还请求权。故，若案外人以错误汇款的不当得利请求之债权请求权为由，请求排除以物权为基础的强制执行行为，不具有法理上的正当性。

实践中，错误汇款排除执行的情形应当作严格限制。发生错误汇款的理由千差万别，如全部以错误汇款系债权请求权为由驳回案外人排除强制执行行为的请求，亦不符合审判实践。在审判实践中，如该货币未发生混同，或者其特定化的标识十分明确，则不会发生混同，那么案外人之异议亦可获得支持。因此，对于案外人以错误汇款为由要求排除强制执行的案件，在满足如下情形时，则可以支持案外人排除强制执行。

案外人提出充分证据证明其向执行标的账户汇款的行为系错误行为，而非与被执行人串通的逃避执行行为。这一证明责任应进行严格审查。例如，即使案外人举证证实其与被执行人之间的有关合同已经执行完毕，错误汇入的款项金额确实多于合同约定金额，但案外人与被执行人具有长期的经济往来情形，从审判角度来说，仍不能排除其可能与被执行人恶意串通的可能，在该种情形下，仍不能视为其完成了举证责任。

案外人所汇入的款项应予特定化。由于金钱是种类物，其特定化不能简单地等同于被执行人被查封账户内的增值部分，该特定化应经双方共同确认，且确认行为发生在法院冻结账户之前。例如，案外人与被执行人有书面合同约定某账户为案外人专项账户，且案外人对该账户享有一定的支配权。

案外人对所汇入款项所依据的实体权益应当足以排除申请执行人所依据的权利。如在满足上述条件的情况下，还应考虑案外人对错误汇入的款项即使拥有所有权，但其该所有权能否排除强制执行申请人的权利。例如，在申请执行人开具保证金账户的银行，而案外人即使可以认定对保证金账户错误汇入的钱款拥有所有权，该所有权仍不能排除对保证金账户的执行。

编写人：云南省昆明市盘龙区人民法院　颜平

37

若利息、复利、罚息、违约金和其他费用总计超过年利率24%，人民法院能否在执行程序中予以调整

——国某资产管理有限责任公司与汇某房地产开发有限公司等执行异议案

【案件基本信息】

1. 裁判书字号

北京市高级人民法院（2022）京执复247号执行裁定书

2. 事由：执行异议

3. 当事人

复议申请人（异议人、申请执行人）：国某资产管理有限责任公司

被执行人：汇某房地产开发有限公司、汇某投资集团有限公司、杨某芳

【基本案情】

2018年7月30日，国某资产管理有限责任公司与汇某房地产开发有限公

司、汇某投资集团有限公司、杨某芳分别签署了《债务重组协议》、《抵押合同》和《保证合同》，并分别在北京市长安公证处办理了公证。因汇某房地产开发有限公司、汇某投资集团有限公司、杨某芳均未履行还款义务，国某资产管理有限责任公司向北京市长安公证处申请出具执行证书。北京市长安公证处于2019年8月14日出具（2019）京长安执字第231号执行证书，载明："一、被申请执行人：汇某房地产开发有限公司、汇某投资集团有限公司、杨某芳。二、执行标的：1. 重组金额：人民币276000000元。2. 重组收益：截至二〇一九年七月二十六日（含当天），应付未付重组收益32520000元，后续继续计算至被申请人实际清偿全部债务之日止。（根据《债务重组协议》第三条约定，计算公式：应支付重组收益=276000000×15%×结算期间天数/365）。3. 截至二〇一九年七月二十六日，应当支付的违约金金额33472306.85元，后续继续计算至被申请人实际清偿全部债务之日止。（根据《债务重组协议》第六条约定违约责任第3条）。4. 因实现债权所发生的一切合理费用，包括但不限于公证费、执行费、律师费、交通费等。其中公证费人民币496800元。5. 汇某房地产开发有限公司名下北京市房山区窦店镇汇丰街3、4号院（世界名园A区、B区）的部分房地产（明细见《抵押合同》之抵押财产清单）折价、拍卖或变卖的价款中优先受偿。6. 汇某投资集团有限公司、杨某芳履行对上述债务承担连带保证责任。"

因汇某房地产开发有限公司、汇某投资集团有限公司、杨某芳未依据上述公证书及执行证书履行义务，国某资产管理有限责任公司向北京市第二中级人民法院申请强制执行，北京市第二中级人民法院于2019年8月20日以（2019）京02执1118号立案受理。执行过程中，汇某房地产开发有限公司向北京市第二中级人民法院提出不予执行（2018）京长安内经证字第33366、33367、33368、33369号公证债权文书，北京市第二中级人民法院于2021年3月29日作出（2021）京02执异101号执行裁定书，裁定驳回了汇某房地产开发有限公司的不予执行申请。汇某房地产开发有限公司不服，向北京市高级人民法院申请复议，北京市高级人民法院于2021年9月10日作出（2021）京执复131号执行裁定书，裁定驳回了汇某房地产开发有限公司的复议申请，维持北京市第二中级人民法院（2021）京 02 执异 101 号执行裁定书，并在法院认为部分载明："汇某房地产公司认为公证书载明利息过高，可以向北京二中院另行提出异议申请。北京二中院亦应在执行中主动审查，不得将超出法定上限的利息、违约金纳入执行范围。"

2022 年 8 月 8 日，北京市第二中级人民法院作出（2019）京 02 执 1118 号《通知》，载明："……经法院审查，本案中北京市长安公证处作出的（2018）京长安内经证字第 33366 号公证书中载明的债务重组收益、违约金等费用总计已超过 24%，不符合最高人民法院《关于进一步加强金融审判工作的若干意见》第二条的相关规定，故法院依法将北京市长安公证处作出的（2018）京长安内经证字第 33366 号公证书中载明的债务重组收益、违约金等费用总计调整为不超过年利率 24% 为限……"国某资产管理有限责任公司不服，向北京市第二中级人民法院提出异议，请求撤销（2019）京 02 执 1118 号《通知》。

【案件焦点】

若利息、复利、罚息、违约金和其他费用总计超过年利率 24%，人民法院能否在执行程序中予以调整。

【法院裁判要旨】

北京市第二中级人民法院经审查认为，当事人、利害关系人认为人民法院的执行行为违反法律规定的，可以向负责执行的人民法院提出书面异议。本案中，北京市长安公证处作出的（2018）京长安内经证字第 33366 号公证书中载明的债务重组收益、违约金等费用总计已超过 24%，且北京市高级人民法院（2021）京执复 131 号执行裁定书中已经明确："北京二中院亦应在执行中主动审查，不得将超出法定上限的利息、违约金纳入执行范围。"故北京市第二中级人民法院在执行程序中，对本案债务重组收益、违约金等费用进行调整，符合法律规定，故作出（2022）京 02 执异 370 号执行裁定书，裁定驳回了国某资产管理有限责任公司的异议请求。

国某资产管理有限责任公司不服上述执行裁定书，向北京市高级人民法院提出复议申请，请求撤销北京市第二中级人民法院作出的（2022）京 02 执异 370 号执行裁定书和（2019）京 02 执 1118 号《通知》。

北京市高级人民法院经审理认为：虽然非银行业金融机构借贷与民间借贷不同，且非银行业金融机构借贷的利息、复利、罚息、违约金、其他费用等总计融资成本的最高限制并无明确的法律规定。但金融应为实体经济服务，促进资金这一生产要素在各产业和企业之间良性流动，并分享实体经济发展中创造的价值。如果金融服务分享的剩余价值过高，会阻碍实体经济的发展，有悖于金融服务的根本。按照金融借贷与民间借贷的市场定位和风险与利益一致的市场法则，金融借贷利率不应高于民间借贷的利率，故金融机构的融资费用上限亦应参照适用《最高人民法院关于审理民间借贷案件适用法律若干问题的规定》的民间借贷利率上限即年利率 24%，这也符合《最高人民法院关于进一步加强金融审判工作的若干意见》第二条规定的“严格依法规制高利贷，有效降低实体经济的融资成本。金融借款合同的借款人以贷款人同时主张的利息、复利、罚息、违约金和其他费用过高，显著背离实际损失为由，请求对总计超过年利率 24%的部分予以调减的，应予支持，以有效降低实体经济的融资成本”的司法指导意见精神。故北京二中院在执行程序中，对（2018）京长安内经证字第 33366 号公证书中载明的债务重组收益、违约金等费用超过 24%的部分进行调整，符合法律规定，并无不当。综上，国某公司的复议请求欠缺法律依据，本院不予支持；北京二中院（2022）京 02 执异 370 号执行裁定正确，本院予以维持。依照《最高人民法院关于人民法院办理执行异议和复议案件若干问题的规定》第二十三条第一款第一项之规定，裁定如下：

驳回复议申请人国某资产管理有限责任公司的复议申请，维持北京市第二中级人民法院（2022）京 02 执异 370 号执行裁定。

【法官后语】

关于非银行业金融机构借贷的利息、复利、罚息、违约金、其他费用等总计融资成本的最高限制，现行法律、司法解释并无明确的法律规定，故本案的裁判结果，对于类案的审理具有重要的指导意义，这就需要法官在审理过程中从多方面对审理结果进行全面阐释。

一、法——法律、司法解释无明确规定情境下的法律适用问题分析

《最高人民法院关于进一步加强金融审判工作的若干意见》第二条规定："2. 严格依法规制高利贷，有效降低实体经济的融资成本。金融借款合同的借款人以贷款人同时主张的利息、复利、罚息、违约金和其他费用过高，显著背离实际损失为由，请求对总计超过年利率24%的部分予以调减的，应予支持，以有效降低实体经济的融资成本。规范和引导民间融资秩序，依法否定民间借贷纠纷案件中预扣本金或者利息、变相高息等规避民间借贷利率司法保护上限的合同条款效力。"从上述规定来看，本规定系仅针对金融借款合同，并不适用于民间借贷，但是结合《最高人民法院关于审理民间借贷案件适用法律若干问题的规定》（2015年）第三十条"出借人与借款人既约定了逾期利率，又约定了违约金或者其他费用，出借人可以选择主张逾期利息、违约金或者其他费用，也可以一并主张，但总计超过年利率24%的部分，人民法院不予支持"及《最高人民法院关于审理民间借贷案件适用法律若干问题的规定（2020年修正）》第二十九条"出借人与借款人既约定了逾期利率，又约定了违约金或者其他费用，出借人可以选择主张逾期利息、违约金或者其他费用，也可以一并主张，但是总计超过合同成立时一年期贷款市场报价利率四倍的部分，人民法院不予支持"之规定，可以看出关于民间借贷与金融借款的相关规定具有一定的关联性，且关于民间借贷利息、违约金或者其他费用限制呈现愈发严格的趋势。

二、理——从限制民间借贷、企业融资成本的立法本意分析

虽然非银行业金融机构借贷与民间借贷不同，且非银行业金融机构借贷的利息、复利、罚息、违约金、其他费用等总计融资成本的最高限制并无明确的法律规定。但金融应为实体经济服务，促进资金这一生产要素在各产业和企业之间良性流动，并分享实体经济发展中创造的价值。如果金融服务分享的剩余价值过高，会阻碍实体经济的发展，有悖于金融服务的根本。按照金融借贷与民间借贷的市场定位和风险与利益一致的市场法则，金融借贷利率不应高于民间借贷的利率，故金融机构的融资费用上限参照适用《最高人民法院关于审理

民间借贷案件适用法律若干问题的规定》(2015年)的民间借贷利率上限即年利率24%[①],这也符合《最高人民法院关于进一步加强金融审判工作的若干意见》第二条规定的司法指导意见精神。

综合以上两点,北京市第二中级人民法院在执行程序中对公证书中载明的债务重组收益、违约金等费用超过24%的部分进行调整,符合法律规定,并无不当。

编写人:北京市第二中级人民法院 李鹏志 石东

38

协助执行人在冻结期间擅自处分已被冻结的财产应承担相应法律责任

——某财产保险股份有限公司北京分公司执行异议案

【案件基本信息】

1. 裁判书字号

北京市第三中级人民法院(2022)京03执复381号执行裁定书

2. 事由:执行异议

3. 当事人

申请执行人:李某

被申请执行人:星某物流有限公司

复议申请人(异议人):某财产保险股份有限公司北京分公司

---

① 2020年8月20日,最高人民法院发布关于修改《关于审理民间借贷案件适用法律若干问题的规定》的决定,该决定明确规定,以中国人民银行授权全国银行间同业拆借中心每月20日发布的一年期贷款市场报价利率(LPR)的4倍为标准确定民间借贷利率的司法保护上限,取代原《最高人民法院关于审理民间借贷案件适用法律若干问题的规定》中"以24%和36%为基准的两线三区"的规定。

【基本案情】

李某与星某物流有限公司（以下简称星某公司）租赁合同纠纷一案，法院作出（2015）顺民初字第03321号民事判决书，判决星某公司支付李某租金47.5万元、厂房损失620万元等。星某公司不服一审判决提起上诉，北京市第三中级人民法院作出（2015）三中民终字第13904号民事判决驳回上诉，维持原判。后李某向法院申请强制执行，法院依法立案执行。

诉讼中，根据李某的保全申请，法院于2015年4月13日向某财产保险股份有限公司北京分公司（以下简称中某保险公司）送达民事裁定书及协助执行通知书，将中某保险公司应支付给星某公司的保险理赔款予以冻结（以250万元为限），冻结期限为二年，自2015年4月13日至2017年4月12日。法院于2015年7月28日再次向中某保险公司送达民事裁定书及协助执行通知书，将中某保险公司应支付给星某公司的保险理赔款予以冻结（以100万元为限），冻结期限为二年，自2015年7月28日至2017年7月27日。执行过程中，法院于2015年12月14日向中某保险公司送达（2015）顺执字第5990号执行裁定书及协助执行通知书，冻结星某公司在中某保险公司应得理赔款中340万元额度内的理赔款。2021年8月19日，法院向中某保险公司发出关于星某公司投保财产综合险理赔情况的调查函。经过调查发现，2015年7月14日，中某保险公司未经法院同意向星某公司支付保险理赔款2299743元。2015年9月22日，中某保险公司未经法院同意向星某公司支付保险理赔款2251057元。2021年12月24日，法院作出（2021）京0113执恢694号责令责任人追回财产通知书，要求中某保险公司追回其擅自向星某公司支付的在保全冻结范围内的金额（即3500000元）并承担利息损失。

中某保险公司认为法院作出的（2021）京0113执恢694号责令责任人追回财产通知书违反法律规定，提出异议，请求法院撤销。

【案件焦点】

协助执行人的支付行为是否构成擅自支付已冻结款项，是否应承担相应赔偿责任；擅自处分行为的相对人是否应承担责任。

【法院裁判要旨】

北京市顺义区人民法院经审理认为：法院分别于2015年4月13日、2015年7月28日依法向某财产保险股份有限公司北京分公司送达民事裁定书和协助执行通知书，要求将某财产保险股份有限公司北京分公司应支付给星某公司的保险理赔款予以冻结，某财产保险股份有限公司北京分公司均签收。但某财产保险股份有限公司北京分公司在未接到法院可以支付的通知前，在冻结期限内仍向星某公司支付了保险理赔款共计4550800元，已构成擅自支付。综上，某财产保险股份有限公司北京分公司擅自处分已被冻结的财产，应承担相应的责任。法院作出（2021）京0113执恢694号责令责任人追回财产通知书符合法律、司法解释的规定，某财产保险股份有限公司北京分公司要求撤销该通知书的请求没有法律依据，法院不予支持。北京市顺义区人民法院裁定如下：

驳回某财产保险股份有限公司北京分公司的异议请求。

某财产保险股份有限公司北京分公司不服上述裁定，申请复议。

北京市第三中级人民法院经审理认为：被执行人未履行法律文书确定的义务，人民法院有权扣押、冻结、划拨、变价被执行人的财产。被执行人或其他人擅自处分已被查封、扣押、冻结财产的，人民法院有权责令责任人限期追回财产或承担相应的赔偿责任。本案中，北京市顺义区人民法院在本案审理期间，依法向某财产保险股份有限公司北京分公司送达民事裁定书及协助执行通知书，要求将某财产保险股份有限公司北京分公司应支付给星某公司的保险理赔款予以冻结，而某财产保险股份有限公司北京分公司在冻结期限内，在未经北京市顺义区人民法院同意的情况下，擅自向星某公司支付了保险理赔款共计4550800元。对此，某财产保险股份有限公司北京分公司应承担相应法律责任。综上，某财产保险股份有限公司北京分公司请求撤销北京市顺义区人民法院（2022）京0113执异137号执行裁定并撤销《责令责任人追回财产通知书》的执行，没有事实及法律依据，本院不予支持。北京市顺义区人民法院裁定驳回某财产保险股份有限公司北京分公司的异议请求，适用法律正确，本院应予维持。依照《最高人民法院关于人民法院办理执行异议和复议案件若干问题的规定》第二十三条第一款第一项之规定，裁定如下：

驳回复议申请人某财产保险股份有限公司北京分公司的复议请求，维持北京市顺义区人民法院（2022）京0113执异137号执行裁定。

【法官后语】

首先，执行过程中，人民法院要求案件当事人之外的第三人承担相应实体责任，应当严格限定于法律、司法解释明确规定的情形。与此案相关的法律规定是《最高人民法院关于人民法院执行工作若干问题的规定（试行）》第三十二条规定，“被执行人或其他人擅自处分已被查封、扣押、冻结财产的，人民法院有权责令责任人限期追回财产或承担相应的赔偿责任”。被保全冻结的财产，实质上系处于人民法院公权力的特殊保护之下，是为了实现申请执行人胜诉权益的关键。擅自处分被冻结的财产，很有可能导致生效法律文书无法执行。因此，为了维护强制执行法律秩序，法律、司法解释明确要求协助执行人必须按照法院的要求严格履行协助执行义务，违反义务将承担法律责任。这里有一个容易忽略的问题，就是在判断协助执行人是否应承担法律责任之前，首先应当判断的是法院采取的执行措施的合法与否。因为若法院采取的执行措施违法，申请执行人是不应从该违法执行行为中获利的，也就不会有协助执行人的擅自处分行为对申请执行人造成损失的结果。

其次，人民法院责令协助执行人限期追回财产或承担相应的赔偿责任，应从以下要件考虑。一是协助执行人是否存在擅自处分的行为；二是协助执行人的行为是否造成了申请执行人的损失；三是协助执行人对其行为是否具有完全的过错责任，过错程度如何；四是根据协助执行人的过错程度，确定协助执行人的责任范围。关于责任形式方面，除了有责令限期追回、承担相应赔偿责任之外，协助执行人还会面临罚款、拘留的妨害执行的责任，情节严重的，还可能构成犯罪，例如非法处置查封、扣押、冻结的财产罪。本案中，协助执行人在没有接到法院可以支付被冻结款项的情况下，直接向被执行人支付了款项，显然构成擅自处分，该擅自处分行为也导致了申请执行人原本可以获得的执行款项全部落空。协助执行人对该行为具有完全的过错，其关于对法律知识不了解、遇到其他法院强制执行的辩解，不能成立。由于法院冻结的金额为350万元，故虽然协助执行人支付了4550800元，但法院责令协助执行人追回财产的范围仍为350万元及利息损失。

最后，在这里还需要考虑第三人是否应当承担责任的问题。与前述规定有关的是《最高人民法院关于人民法院民事执行中查封、扣押、冻结财产的规定》第二十四条规定，“被执行人就已经查封、扣押、冻结的财产所作的移转、设定权利负担或者其他有碍执行的行为，不得对抗申请执行人。第三人未经人民法院准许占有查封、扣押、冻结的财产或者实施其他有碍执行的行为的，人民法院可以依据申请执行人的申请或者依职权解除其占有或者排除其妨害。人民法院的查封、扣押、冻结没有公示的，其效力不得对抗善意第三人”。本条对擅自处分行为的相对人是否应承担责任进行了规定，一方面明确了财产控制行为对第三人的对抗效力，另一方面也规定了未经公示不得对抗善意第三人。本案的特殊之处在于协助执行人将被冻结的款项支付给了被执行人，就不需要考虑善意与否的问题了。协助执行人异议时主张法院可以责令被执行人退回款项，将被执行人移送公安机关追究拒执罪。这个问题的确是法院需要考虑的执行措施，但仍不是免除协助执行人责任的理由。

编写人：北京市顺义区人民法院　康占北　刘霞

39

申请执行人接受以物抵债需具备受让案涉财产的法定资格

——泰某集团有限公司执行异议案

【案件基本信息】

1. 裁判书字号

北京市高级人民法院（2022）京执复185号执行裁定书

2. 事由：执行异议

3. 当事人

复议申请人（异议人、被执行人）：泰某集团有限公司（以下简称泰某公司）

申请执行人：农某国际企业管理有限公司（以下简称农某公司）

被执行人：泰某海洋工程装备（天津）有限公司、泰某重工制造有限公司、泰某国际工程有限公司、张某、黄某

【基本案情】

农某公司依据北京市第四中级人民法院（以下简称北京四中院）（2018）京04民初325号民事判决（以下简称325号民事判决）对泰某公司等申请强制执行，执行过程中，对泰某公司持有的华运金融租赁股份有限公司（以下简称华运金租公司）的股权（以下简称案涉股权）两次拍卖未果，农某公司申请以二拍保留价接受案涉股权抵债。2021年12月16日，北京四中院作出（2021）京04执恢116号之二执行裁定（以下简称116号之二执行裁定）：1. 将案涉股权作价交付农某公司抵偿325号民事判决所确定的债务；上述财产所有权自裁定送达农某公司时起转移。2. 农某公司可持裁定书到登记机构办理相关产权过户登记手续。当日19时，该院向农某公司送达上述裁定。

同日，湖南省湘潭市中级人民法院（以下简称湘潭中院）作出湘7号民事裁定，受理案外人对泰某公司提出的破产清算申请。次日，泰某公司向北京四中院提交上述裁定等材料，要求停止处置案涉股权。

2021年12月30日，市场监管部门根据北京四中院协助执行通知书，将案涉股权的登记出资人由泰某公司变更为农某公司。2022年1月12日，中国银行保险监督管理委员会天津监管局致函北京四中院称，根据《中华人民共和国银行业监督管理法》第十七条及《中国银保监会非银行金融机构行政许可事项实施办法》第一百一十条的相关规定，非银行金融机构变更股权或调整股权结构，须经银保监会及其派出机构行政许可，拟投资入股非银行金融机构的出资人的资格以及非银行金融机构变更股权或调整股权结构均应经过审批。截至目前，该局未审批核准农某公司股东资格或相关股权变更行政许可事项。该局认为北京四中院在未确认农某公司具备金融租赁公司股东资质且未获银保监会及

其派出机构核准的情况下，即将泰某公司所持华运金租公司股权的所有权裁定给农某公司，并在登记机构办理相关产权过户登记手续的行为存在司法程序瑕疵。提请法院对上述行为予以调整。

2022年6月10日，泰某公司以人民法院受理破产申请后有关债务人财产的执行程序应当中止、116号之二执行裁定书送达农某公司的时间晚于湘7号民事裁定作出时间为由，向北京四中院提出执行异议，请求撤销116号之二执行裁定。

【案件焦点】

1. 人民法院在执行程序中处置财产是否受相关财产转让规定的约束；2. 相关行政规章是否属于案涉股权转让的效力性规定。

【法院裁判要旨】

北京四中院异议审查认为：该院在不知悉湘7号民事裁定已受理对被执行人破产申请的情况下作出116号之二执行裁定并无不当，故裁定驳回泰某公司的异议请求。

该公司申请复议，请求支持其异议请求，并增加关于农某公司受让案涉股权不符合法定资质要求且未经行政审批程序的复议理由。

北京市高级人民法院复议审查认为：华运金租公司作为金融租赁公司，依据《中华人民共和国银行业监督管理法》第二条，适用该法对银行业金融机构监督管理的规定。该法第十七条授权国务院银行业监督管理机构（即银保监会），在银行业金融机构变更持有资本总额或者股份总额达到规定比例以上的股东时，对股东的资金来源、财务状况、资本补充能力和诚信状况进行审查。为履行法律赋予的上述职权，银保监会先后制定《金融租赁公司管理办法》《非银行金融机构行政许可事项实施办法》，规定了金融租赁公司股权变动比例达到5%以上时应事先报银保监会或其派出机构核准。银保监会的前述规定事关金融安全稳定，理应得到严格遵守。案涉股权在华运金租公司的全部股权中占比21%，依据前述规定，在其转让时，不仅受让人的资金来源、财务状况、资本补充能力和诚信状况等须符合法定条件，而且须事先得到银行业监督管理机构的核准。人民法院在执行程序中裁定“以物抵债”，属于一种特殊的财产转让形式，仍需遵守相关转让规定。在116号之二执行裁定作出之时，农某公司既不具备取得案涉股权的实质性要件，也未履行相关核准手续，故依据该裁定不能发生案涉股权变动的法律效果。市场监管部门系依据该裁定进行了案涉股权的变更登记，同样不能对抗银行业监管规定，故不应据此认定案涉股权已归农某公司享有。鉴于现湘7号民事裁定已经生效且送达北京四中院，该院已无权继续处置案涉股权。116号之二执行裁定已无补正可能，故应当予以撤销。综上，北京市高级人民法院作出复议裁定：

撤销北京四中院原审异议裁定及116号之二执行裁定。

【法官后语】

本案中有两项法律适用问题值得探讨：一是人民法院在执行程序中处置财产是否受相关财产转让规定的约束；二是相关行政规章是否属于案涉股权转让的效力性规定。现分述如下：

关于第一个问题。“财产处置难”是导致“执行难”的重要原因之一，其主要表现是被执行人可供执行财产（如特殊性质的房屋、土地使用权、车辆、股权等）的转让在法律上存在持有年限、受让人资格、行政审批程序等方面的限制。有人认为，为了缓解“执行难”、尽快实现胜诉债权人权益，人民法院在执行程序中处置财产可以不受相关限制性规定的约束。但此种观点并不妥当：首先，人民法院对被执行人财产的强制处分（包括拍卖、变卖、以物抵债等）虽有其特殊性，但仍属于财权权利变动的一种特殊形式；突破法律规定强行处置转让受限的财产，欠缺法律依据，有司法权侵犯立法权和行政权之嫌，无其他部门配合也不可能达到处置目的。其次，法律限制某类财产转让通常出于一定的政策考量和维护某种社会公共利益的需要，申请执行人的权利固然值得保护，但也不能凌驾于相关法律意图实现的社会公共秩序之上（具体限制性规定的妥当性应从立法层面讨论）。最后，人民法院通过强制执行使通常情形下不能转让的财产发生权利变动，必将诱发更多“虚假诉讼”。

2022年1月1日起施行的《最高人民法院关于人民法院强制执行股权若干

问题的规定》第十五条规定："股权变更应当由相关部门批准的，人民法院应当在拍卖公告中载明法律、行政法规或者国务院决定规定的竞买人应当具备的资格或者条件。必要时，人民法院可以就竞买资格或者条件征询相关部门意见。拍卖成交后，人民法院应当通知买受人持成交确认书向相关部门申请办理股权变更批准手续。买受人取得批准手续的，人民法院作出拍卖成交裁定书；买受人未在合理期限内取得批准手续的，应当重新对股权进行拍卖。重新拍卖的，原买受人不得参加竞买。"该条规定虽未涉及"以物抵债"，在时间效力上也不能适用于本案，但是其中已经体现人民法院执行处置财产应当受到相关财产转让规定约束的精神。

关于第二个问题。现行《中华人民共和国民法典》以及原先的《合同法司法解释一》均规定，确认民事法律行为（合同）无效应当以法律、行政法规的强制性规定为依据。对此的正确理解是，人民法院不能仅以违反地方性法规、行政规章的强制性规定为由认定民事法律行为无效；但不能由此推论，违反地方性法规和行政规章强制性规定的民事法律行为一律有效，因为《中华人民共和国民法典》第一百五十三条及原《中华人民共和国合同法》第五十二条还分别将"违背公序良俗""损害社会公共利益"作为民事法律行为无效的法定事由。在地方性法规或行政规章的强制性规定关涉公共秩序和公共利益的情况下，具体民事法律行为对此如有违反，人民法院应当参照该强制性规定并依据上述抽象法律条款认定该行为无效。本案中，《中华人民共和国银行业监督管理法》第十七条授权银保监会在金融机构变更持有资本总额或者股份总额达到规定比例以上的股东时，对股东的资金来源、财务状况、资本补充能力和诚信状况进行审查；但鉴于相关问题的高度专业性，该条并未规定具体的审查标准和审查程序。银保监会基于法律授权制定《金融租赁公司管理办法》《非银行金融机构行政许可事项实施办法》，明确了相关标准和程序；两个《办法》虽然在立法位阶上属于行政规章，但其内容事关金融安全稳定，体现公共秩序和公共利益，应当作为判断案涉股权转让行为效力的依据。

编写人：北京市高级人民法院　杨林

四、对债权的执行

40

未届期股权转让后原股东对外担责的审查认定

——刘某诉某投资有限公司等执行异议之诉案

【案件基本信息】

1. 裁判书字号

北京市第三中级人民法院（2021）京03民终12926号民事判决书

2. 案由：执行异议之诉

3. 当事人

原告（上诉人）：刘某

被告（被上诉人）：某投资有限公司（以下简称某投资公司）、某集成房屋有限公司（以下简称某集成房屋公司）、周某

【基本案情】

刘某诉某集成房屋公司、周某民间借贷纠纷一案，北京市顺义区人民法院作出（2017）京0113民初2768号民事判决书，判决某集成房屋公司偿还刘某借款500万元及相应利息，该判决已生效。因某集成房屋公司未履行生效判决，刘某申请强制执行，北京市顺义区人民法院受理案号为（2018）京0113执3941号。强制执行中，法院未查找到某集成房屋公司可供执行的财产，裁定终

结本次执行程序。某投资公司原为某集成房屋公司的股东，出资500万元，其中300万元出资系实缴，200万元出资为认缴，认缴期限截至2031年11月25日。某投资公司于2018年12月23日将200万元认缴出资对应的股权转让给周某，于2020年3月19日将300万元出资对应的股权转让给某集成房屋公司。刘某主张，某投资公司作为某集成房屋公司的原股东，未实际履行出资义务即转让股权，侵害了刘某的利益，故诉请追加某投资公司为被执行人。诉讼中，各方当事人均不申请某集成房屋公司破产。

【案件焦点】

在公司财产不足以清偿债权人的情形下，股东转让未届出资期限的股权后，是否仍应就公司债务向债权人承担补充赔偿责任。

【法院裁判要旨】

北京市顺义区人民法院经审理认为：根据法律规定，我国公司注册资本制度采用认缴制，即股东负有按期足额缴纳公司章程中规定的各自所认缴的出资额的义务。公司章程可以就认缴期限作出规定，认缴期限不但对股东具有约束力，对外亦产生公示效力。因此，《最高人民法院关于民事执行中变更、追加当事人若干问题的规定》第十九条规定的“股东未依法履行出资义务”应理解为没有按照公司章程规定的金额、方式、时间等全面履行出资义务的股东，未到认缴期限不属于未依法履行出资义务的情形。某投资公司转让股权时其认缴出资期限尚未到期，不符合未履行出资义务即转让股权的情形。刘某提交的证据不足以证明某投资公司存在将应当加速到期的股权转让给他人的情况。北京市顺义区人民法院依照《最高人民法院关于民事执行中变更、追加当事人若干问题的规定》第十九条、《中华人民共和国民事诉讼法》第一百四十四条规定，作出如下判决：

驳回刘某的全部诉讼请求。

刘某不服一审判决，提起上诉。北京市第三中级人民法院经审理认为：关于某投资公司500万元出资的情况。首先，对于300万元的实缴出资，某投资公司已经完成出资义务，不符合法律规定的未全面履行出资义务情形。故对刘某要求某投资公司在实缴300万元出资范围内承担补充赔偿责任，不予采纳。其次，关于200万元出资是否已经实缴的问题。某投资公司提交2018年5月8日某集成房屋公司的股东会决议和债转股协议及债权依据，以此证明其认缴的200万元增资已实际出资完毕。但根据工商档案记载，周某受让的200万元股权系认缴出资，且某投资公司提供的证据，不足以证明其主张的该200万元转账系某投资公司或其唯一股东向某集成房屋公司提供的"借款"，亦无法证明该200万元"借款"属于双方之间尚未清偿的款项，故对某投资公司的该项主张，法院不予采信。

关于某投资公司是否应当被追加为被执行人。在注册资本认缴制下，股东依法享有期限利益。债权人以公司不能清偿到期债务为由，请求未届出资期限的股东在出资范围内对公司不能清偿的债务承担补充赔偿责任的，人民法院不予支持。但是，下列情形除外：（1）公司作为被执行人的案件，人民法院穷尽执行措施无财产可供执行，已具备破产原因，但不申请破产的；（2）在公司债务产生后，公司股东（大）会决议或以其他方式延长股东出资期限的。但股东不得滥用其出资期限利益以逃避债务、损害公司债权人权益。股东在明知公司对外负债且无力清偿的情况下恶意转让未届出资期限的股权、增加公司注册资本实缴到位的风险，其行为损害债权人利益，不应得到法律保护。因法院未能查到被执行人某集成房屋公司、周某可供执行的财产，裁定"终结本次执行程序"，某集成房屋公司已具备破产原因，而各方当事人均表示不申请某集成房屋公司破产，股东出资加速到期的条件已成就。如果某投资公司未将案涉200万元股权转让，则其应当在未缴纳出资的范围内承担补充赔偿责任，同时，亦符合《最高人民法院关于民事执行中变更、追加当事人若干问题的规定》第十九条规定的适用情形。案涉借款发生于某投资公司担任某集成房屋公司股东期间，某投资公司转让股权时，生效判决已确认债权，且刘某已申请强制执行。周某作为债务人、被执行人，在其与某集成房屋公司、刘某的借款纠纷中，始终未履行任何还款义务，某投资公司将其200万元认缴出资于执行中转让给周某，系在明知公司对外负债且无力清偿的情况下转让未届出资期限的股权、增加公司注册资本实缴到位的风险，损害了债权人利益，不应受到法律保护。

综上，在某投资公司未能提供证据证明其股权转让时某集成房屋公司、周某具备清偿能力的情况下，其应当在200万元出资范围内对某集成房屋公司不能偿还债务部分承担补充赔偿责任。需要指出的是，未履行或者未全面履行出资义务的股东已经承担上述责任，其他债权人提出相同请求的，人民法院不予支持。

北京市第三中级人民法院依照《中华人民共和国公司法》第三条，《最高人民法院关于适用〈中华人民共和国公司法〉若干问题的规定（三）》第十三条第二款，《最高人民法院关于民事执行中变更、追加当事人若干问题的规定》第十九条、第三十四条规定，作出如下判决：

一、撤销北京市顺义区人民法院（2021）京0113民初7929号民事判决；

二、追加某投资公司为（2018）京0113执3941号执行案件的被执行人，在未缴纳出资200万元范围内对（2017）京0113民初2768号民事判决书确定的某集成房屋公司所负刘某的债务承担补充赔偿责任；

三、驳回刘某的其他诉讼请求。

【法官后语】

本案系典型的出资未届期即转让股权背景下，转让股东向公司外部债权人担责的案件。股东对债权人直接担责的特殊救济制度，源于股东严重违反出资义务导致公司资本“空心化”。从债的角度，股东认缴出资额是以公司对股东享有债权的形式成为公司的责任财产。公司未能清偿债务时，根据债权代位原理，债权人可请求瑕疵出资股东及股权转让方承担相应责任，理论界和实务界已无分歧。但出资未届期即发生股权转让能否直接适用现行的瑕疵出资责任规则，需结合具体情况分析。

（一）未届期股权转让发生于公司债务产生前，原股东对公司债务不承担出资加速到期的补充赔偿责任

当股权转让先于公司债务发生，因股权变更登记已对外公示，债权人对于

原股东已转让股权或退出公司经营应为明知，对原股东并不产生期待和信赖利益。股权转让后产生的公司债务与原股东是否具有股东身份、是否实际出资并无关联，若仍要求原股东担责，则剥夺了股权转让的自由，也显失公平。如债权人不能证明股权转让中存在双方恶意串通，或存在一方欺诈、故意隐瞒事实等情形，则转让股东对公司债务不承担出资加速到期的补充清偿责任。

（二）未届期股权转让发生于公司债务产生后，一般认定股转非善意，转让股东应承担出资义务“加速到期”的补充赔偿责任

股权转让方应否对外担责，应从股权转让行为是否影响债权的实现、是否损害债权人信赖利益的角度分析，综合股东认缴期限、公司债务产生时间、股权转让时间及价格、转让价款是否实际支付、交易双方是否具有特殊身份（利益）关系、受让方是否有出资能力等方面考虑。认定股权转让非善意，一般基于以下考量：

1. 根据股东对公司债权人的信义义务，债权人通过工商登记公示，取得对原股东实力和信用的了解及信赖，并与公司发生交易。当公司财产不足以清偿债务时，股东不经债权人同意或在根本不通知债权人的情况下即将股权转让他人，导致债权人对原股东的信赖利益受损。该股转行为仅对股转双方及公司产生约束力，不能对抗基于股东特定身份和出资额度产生信赖利益的债权人。

2. 根据债务消灭理论，债务消灭的方式包括债务清偿、债务抵销、债务免除、债务提存、债务混同等。股东认缴出资取得股东地位后，有权查阅公司财务账簿、参与公司重大经营决策，其对于公司经营状况、负债情况、公司资产是否足以清偿债务应当明知或可预知。在认缴出资应该加速到期的情况下，如果没有证据证明股东已通过特定方式清偿债务或债权人免除其债务的，股东的出资义务并不因股权转让而消灭。

3. 根据债的相对性原理，认缴出资本质系股东对公司的负债，股权转让则是交易股东之间的债权债务关系。公司或股东基于股转行为进行股权变更登记仅是在履行法定登记公示义务，但股权转让行为并不能当然涤除股东对公司所负的出资债务。

4. 根据诚实信用原则，股东不得滥用其决策权、管理权、信息通畅等优势

地位转嫁经营风险，危及与公司正常交易的债权人的合法权益。股东在公司资产不足以清偿债务的情况下，将认缴出资进行转让，实际是利用认缴制和公司制度，逃避出资加速到期义务，其行为可视为对其出资义务的预期违约，故应当加速到期，即加速至其转让股权之前。

关于公司债务产生时间，应区分债产生的原因，根据相关法律行为和法律事实综合确定债务产生的时间，不宜机械地以法律文书生效的时间作为债务产生的时间。只需确定债权人对债务人享有债务即可确定债务产生，不必以债权债务金额准确无误为要件。

编写人：北京金融法院　王思思

北京市顺义区人民法院　王丽蓉

41

被追加为被执行人的第三人的利益在破产程序与执行程序并行中的保护

——鹿某水泥有限公司诉韦某执行异议之诉案

【案件基本信息】

1. 裁判书字号

广西壮族自治区高级人民法院（2021）桂民再784号民事判决书

2. 案由：执行异议之诉

3. 当事人

原告（二审上诉人、再审申请人）：鹿某水泥有限公司（以下简称鹿某水泥公司）

被告（二审被上诉人、被申请人）：韦某

【基本案情】

韦某与金秀瑶族自治县通某水泥有限公司（以下简称通某公司）建设工程施工合同纠纷一案，2015 年 12 月 11 日，经法院调解作出的生效民事调解书，确认韦某对通某公司享有债权。此后，韦某向法院申请强制执行，因通某公司无财产可供执行，于 2016 年 6 月 2 日裁定终结本次执行程序。2020 年 6 月 10 日，韦某以通某公司为一人有限责任公司，注册资本为 6000 万元，鹿某水泥公司作为通某公司的唯一股东，未缴纳出资，应在尚未缴纳出资的范围内对通某公司的债务承担连带责任为由，向法院申请恢复执行，并请求追加鹿某水泥公司为被执行人。金秀瑶族自治县人民法院作出（2020）桂 1324 执恢 51 号裁定，追加鹿某水泥公司为被执行人，并冻结了鹿某水泥公司的银行账户。对此，鹿某水泥公司向法院提出异议，请求撤销前述裁定书，终止对鹿某水泥公司的执行行为，并解除对鹿某水泥公司银行账户的冻结措施。金秀瑶族自治县人民法院作出裁定驳回鹿某水泥公司的异议申请。鹿某水泥公司不服，提起本案诉讼。

另查明，2018 年 11 月 5 日，柳州市中级人民法院作出（2017）桂 02 破 3 号之四民事裁定，裁定批准鹿某水泥公司重整计划；终止鹿某水泥公司重整程序。该裁定所附的《鹿某水泥有限公司重整计划》中，载明“十、其他说明事项……（二）尚未申报债权以及尚未依法得到确认债权的清偿未在债权申报期限内申报但仍受法律保护的债权，以及申报后暂未得到管理人确认的债权，在重整计划执行过程中和执行完毕后，因诉讼未决、未申报等原因待定的债权，待其经法院生效判决确认后，按同类债权的清偿条件受偿，但不予债转股……”

【案件焦点】

鹿某水泥公司诉请撤销金秀瑶族自治县人民法院作出的（2020）1324 执恢 51 号执行裁定，有无事实和法律依据。

【法院裁判要旨】

广西壮族自治区金秀瑶族自治县人民法院经审理认为：通某公司为一人有限公司，在执行过程中无可供执行的财产，鹿某水泥公司作为通某公司的唯一股东，且未能提供其与通某公司财产相互独立，或通某公司有财产可供执行的证据，追加鹿某水泥公司作为被执行人符合法律规定。判决如下：驳回鹿某水泥公司的诉讼请求。

鹿某水泥公司不服，向广西壮族自治区来宾市中级人民法院上诉。广西壮族自治区来宾市中级人民法院经审理认为：一审法院依法追加鹿某水泥公司作为被执行人符合法律规定。上诉人认为资产管理人对通某公司未缴纳的出资之债务未处置未披露，鱼某集团参与上诉人重整投资时对该风险不知情，且通某公司有财产可供执行的情况下，一审法院判决上诉人对通某公司债务承担连带责任不合理，但上诉人未提供证据证实。本院不予采信。故一审法院对上诉人的诉请主张不予支持，是正确的。上诉人上诉缺乏事实和法律依据，本院依法应不予支持。综上所述，鹿某水泥公司的上诉请求不能成立，应予驳回；一审判决认定事实清楚，适用法律正确，应予维持。依照《中华人民共和国民事诉讼法》第一百七十条第一款第一项规定，判决如下：

驳回上诉，维持原判。

鹿某水泥公司向广西壮族自治区高级法院申请再审，再审法院认为，原审未考虑鹿某水泥公司破产重整的事实，在鹿某水泥公司已进入破产程序的情况下，裁定将鹿某水泥公司追加为（2015）金民初字第431号案件的被执行人，无异于赋予韦某的债权受偿有别于鹿某水泥公司破产债权人的特殊地位，不符合破产程序债权公平受偿的原则。判决如下：

一、撤销来宾市中级人民法院（2021）桂13民终243号民事判决及金秀瑶族自治县人民法院（2020）桂1324民初588号民事判决；

二、不得追加鹿某水泥有限公司为金秀瑶族自治县人民法院（2015）金民初字第431号案件的被执行人。

【法官后语】

变更、追加被执行人异议之诉，是司法解释创设的一种新的诉讼类型。执行程序中因被执行人不能继续清偿债务的情形出现时，债权人债权的清偿会受到阻碍。此时，在执行程序中变更案外人以替代原被执行人履行债务的法律制度就显得尤为重要。2016年12月1日起施行的《最高人民法院关于民事执行中变更、追加当事人若干问题的规定》（以下简称《变更、追加规定》），对在执行程序中变更、追加被执行人的法定事由、程序及其救济路径进行了规定，有利于确保执行程序更规范合法。执行实践中，在强调对债权人保护的同时，亦不能忽略对被执行人，特别是被变更、追加的股东作为执行当事人的适格性审查。本案例着重分析民事执行追加被执行人程序中的相关法定事由的扩展性解释，进一步完善执行程序与破产程序的转换衔接，以明确案外第三人合法利益在两种程序并行中如何得以有效保护，努力实现当事人合法权益、提高执行效率、节约司法资源、维护法律权威的有机统一。

执行程序与破产程序都属于债务清偿程序，均是为了债权人的合法权益能够通过法律的形式得以保护这一终极目标的实现，但执行程序是对债务人财产进行个别执行，实现特定债权人债权的程序。而破产程序是对债务人全部财产进行的概括执行，实现对所有登记债权人债权的程序，注重对所有债权的公平清偿，具有对特定债务清偿（包括执行程序）的排他性。虽然《变更、追加规定》中对于执行程序与破产程序如何衔接没有作出规定，但根据《最高人民法院关于适用〈中华人民共和国民事诉讼法〉的解释》（以下简称《民诉法解释》）第五百一十三条第一款“被执行人住所地人民法院裁定受理破产案件的，执行法院应当解除对被执行人财产的保全措施。被执行人住所地人民法院裁定宣告被执行人破产的，执行法院应当裁定终结对该被执行人的执行”以及《中华人民共和国企业破产法》（以下简称《企业破产法》）“人民法院受理破产申请后，有关债务人财产的保全措施应当解除，执行程序应当中止”的规定，已经协调了执行程序与破产程序的关系，即一旦被执行人进入破产程序，则应以“相应债权债务关系均在破产程序中解决”为原则。同时，根据《企业破产法》第九十二条“经人民法院裁定批准的重整计划，对债务人和全体债权人均有约束力。债权人未依照本法规定申报债权的，在重整计划执行期间不得行使权利；在重整计划执行完毕后，可以按照重整计划规定的同类债权的清偿条件行使权利。债权人对债务人的保证人和其他连带债务人所享有的权利，不受重整计划的影响”，以及《全国法院民商事审判工作会议纪要》第一百一十条关于受理后有关债务人诉讼的处理规定，司法实践上都要求体现保护全体债权人平等受偿、一体化解决的原则。根据上述规定，人民法院受理破产申请后，有关对债务人的保全措施应当解除，对被执行人的执行程序应当中止。

本案中，鹿某水泥公司并不是（2015）金民初字第431号民事调解书的被执行人。柳州市中级人民法院于2018年11月5日作出（2017）桂02破3号之四民事裁定，批准鹿某水泥公司重整计划。该重整计划经过人民法院裁定批准，对债务人和全体债权人均有约束力。该裁定所附的《鹿某水泥有限公司重整计划》，明确针对鹿某水泥公司的债权求偿，只能按照同类债权的清偿条件受偿。根据《企业破产法》的规定，申请执行人韦某所提出的鹿某水泥公司应对通某公司所负债务承担执行责任的请求，应通过破产程序主张。但一、二审法院均忽略了韦某向法院申请将鹿某水泥公司追加作为本案被执行人之前，鹿某水泥公司早已进入破产程序中，申请执行人申请追加被执行人的对象处在破产程序中这一重要事实，因而裁定追加鹿某水泥公司作为被执行人、冻结其银行账户。这一裁定违反《企业破产法》的规定，使处于破产重整期间的鹿某水泥公司恢复了对单一特定民事债务的执行，直接赋予了韦某对其债权的受偿权区别于鹿某水泥公司其他众多破产债权人的特殊地位，如支持韦某的追加申请，则其享有的一般债权无需参与申报和按比例清偿，债务清偿率可达100%，明显高于其他众多破产债权人25%的清偿率。其结果与破产程序的立法目的完全相反，这不仅严重损害鹿某水泥公司其他债权人的合法权益，还会造成司法不公，降低执行效率，浪费司法资源。

人民法院在对此类案件的审查中，应当注意变更、追加被执行人不仅需要符合《变更、追加规定》的相关规定，同时也应当符合《企业破产法》的规定。经审查，如有证据证明债权人申请追加的被执行人处于破产程序中，包括破产和解、重整、破产清算，基于该公司全部债权债务的管理、变价、分配等事务均应当通过破产程序处理，人民法院依法不能追加其作为被执行人。

编写人：广西壮族自治区高级人民法院　李延　曾亦桦

五、特殊情况下的执行

42

案外人执行异议之诉中隐名股东不可对抗执行

——渡某投诉陈某执行异议之诉案

【案件基本信息】

1. 裁判书字号

福建省福州市中级人民法院（2022）闽01民终3514号民事判决书

2. 案由：执行异议之诉

3. 当事人

原告（上诉人、案外人）：渡某

被告（被上诉人、申请执行）：陈某

第三人（被执行人）：毛某（日本名：渡某美）、陈甲

【基本案情】

2002年11月15日福州市对外贸易经济合作局向福清市外经贸局作出《关于同意设立福清清某楼茶业有限公司的批复》，清某楼公司总投资85万美元，注册资本60万美元，注册资本在营业执照签发之日起三个月内到资15%，其余在一年内全部缴清并经验资。公开企业信用档案资料显示，清某楼公司成立于2003年2月28日，企业类型为有限责任公司（外国自然人独资），由渡某美

（毛某）申请设立，大股东与实际控制人均为渡某美，持股比例100%。

渡某义系陈甲与渡某美之子，申请执行人陈某与被执行人毛某、陈甲民间借贷纠纷一案，执行中，一审法院冻结了毛某（渡某美）持有的清某楼公司100%的股权。渡某义向一审法院提出书面异议，一审法院于2021年1月26日以（2021）闽0181执异6号执行裁定书，裁定驳回渡某义的异议请求。

【案件焦点】

1. 渡某义对清某楼公司案涉股权是否享有权利；2. 若渡某义对清某楼公司案涉股权享有权利，是否可以阻却强制执行中作为被执行人的股东毛某的普通债权人陈某的申请执行行为。

【法院裁判要旨】

福建省福清市人民法院经审理认为：根据《中华人民共和国民法典》第六十五条规定："法人的实际情况与登记的事项不一致的，不得对抗善意相对人。"《中华人民共和国公司法》第三十二条规定："有限责任公司应当置备股东名册，记载下列事项：（一）股东的姓名或者名称及住所；（二）股东的出资额；（三）出资证明书编号。记载于股东名册的股东，可以依股东名册主张行使股东权利。公司应当将股东的姓名或者名称向公司登记机关登记；登记事项发生变更的，应当办理变更登记。未经登记或者变更登记的，不得对抗第三人。"《中华人民共和国公司法》第三十二条第三款所称的第三人，并不限缩于与显名股东存在股权交易关系的债权人。根据商事外观主义原则，有关公示体现出来的权利外观，导致第三人对该权利外观产生信赖，即使真实状况与第三人的信赖不符，只要第三人的信赖合理，第三人的民事法律行为效力即应受到法律的优先保护。债权人对名义股东的财产判断只能通过外部公示的股权信息查询获得，对内部代持关系却较难知悉，属于债权人无法预见的风险。从常理上，实际出资人对将股权登记在他人名下的法律风险亦有相应的预期。本案仅凭渡某义提交的在案证据并不足以证明清某楼公司33.5%的股权系由其出资，其亦认可其与渡某美之间并不存在书面的股权代持协议，在案证据并不能证明双方存在股权代持关系。退一步说，即使渡某义所述清某楼公司33.5%的股权均由渡某义出资，且渡某义与渡某美双方存在书面股权代持协议，但股权代持协议本质属于一种债权债务关系，仅具有内部效力，对于外部第三人而言，股权登记具有公信力，隐名股东对外不具有公示股东的法律地位，不得以内部股权代持协议对抗外部债权人对显名股东的正当权利。综上，渡某义的证据不足以证明其主张，其诉讼请求缺乏事实和法律依据，本院不予支持。若相关当事人之间存在股权代持关系，实际权利人可另行向合同相对人主张权利。被告陈某、第三人渡某美、陈甲经本院合法传唤，无正当理由拒不到庭参加诉讼，本院依法缺席判决。据此，依照《中华人民共和国民法典》第六十五条，《中华人民共和国公司法》第三十二条，《最高人民法院关于人民法院办理执行异议和复议案件若干问题的规定》第二十五条，《中华人民共和国民事诉讼法》第六十四条、第一百四十四条，《最高人民法院关于适用〈中华人民共和国民事诉讼法〉的解释》第三百一十二条规定，判决如下：

驳回原告渡某义的诉讼请求。

渡某义不服，提起上诉。福建省福州市中级人民法院认为，本案系异议人对执行标的主张实体权利而提出的异议，旨在排除法院对毛某所持清某楼公司100%股权的强制执行。《最高人民法院关于人民法院办理执行异议和复议案件若干问题的规定》第二十四条规定："对案外人提出的排除执行异议，人民法院应当审查下列内容：（一）案外人是否系权利人；（二）该权利的合法性与真实性；（三）该权利能否排除执行。"故本案争议焦点是渡某义对清某楼公司案涉股权是否享有权利；若享有权利，是否可以阻却强制执行中作为被执行人的股东毛某的普通债权人陈某的申请执行行为。福州市中级人民法院认为渡某义尚不享有足够排除法院强制执行的民事权利，分析如下：一、渡某义并未取得案涉清某楼公司的股东地位。《中华人民共和国公司法》第三十一条第一款规定："有限责任公司成立后，应当向股东签发出资证明书。"第三十二条规定："有限责任公司应当置备股东名册，记载下列事项：（一）股东的姓名或者名称及住所；（二）股东的出资额；（三）出资证明书编号。记载于股东名册的股东，可以依股东名册主张行使股东权利。公司应当将股东的姓名或者名称向公司登记机关登记；登记事项发生变更的，应当办理变更登记。未经登记或者变更登记的，不得对抗第三人。”《最高人民法院关于适用〈中华人民共和国公司法〉若干问题的规定（三）》第二十五条第一款、第二款规定：“有限责任公司的实际出资人与名义出资人订立合同，约定由实际出资人出资并享有投资权益，以名义出资人为名义股东，实际出资人与名义股东对该合同效力发生争议的，如无合同法第五十二条规定的情形，人民法院应当认定该合同有效。前款规定的实际出资人与名义股东因投资权益的归属发生争议，实际出资人以其实际履行了出资义务为由向名义股东主张权利的，人民法院应予支持。名义股东以公司股东名册记载、公司登记机关登记为由否认实际出资人权利的，人民法院不予支持。”第二十六条第二款规定：“名义股东处分股权造成实际出资人损失，实际出资人请求名义股东承担赔偿责任的，人民法院应予支持。”根据前述法律规定，在认定名义出资人与实际出资人关系这一问题上，应区分内部关系与外部关系。在内部关系上，实际出资人可依照《最高人民法院关于适用〈中华人民共和国公司法〉若干问题的规定（三）》第二十五条第二款主张投资权益，或者依照该解释第二十六条第二款主张名义出资人承担赔偿责任。而在外部关系上，实际出资人是否具有股东的法律地位，则应按公司法规定根据其是否取得出资证明书、是否记载于股东名册、是否记载于公司章程、是否符合股东条件等规则进行判断。仅以其实际出资为由，并不足以认定其股东身份。

二、渡某义享有的权利并不优先于普通债权人陈某。渡某义未能提供清某楼公司签发的出资证明书，未能提供其作为股东记载于股东名册或记载于公司章程，更未办理公司登记机关登记手续，不能认定其已取得清某楼公司股东身份。即使渡某义与毛某之间可以依据股权代持关系主张权利，渡某义也仅可向毛某主张分配投资权益，属普通债权的权利性质，在性质上属于请求权范畴，本质上仍为债权债务关系，并不因此享有股东地位。在执行中，渡某义的债权并不优先于陈某的债权，故渡某义不能以其与毛某之间的代持关系来对抗毛某的债权人陈某。

三、股东登记信息对外具有公示公信力，应当保护执行程序中债权人的信赖利益。从信赖利益角度分析，公司公示的对外效力具有一定强制性，应当保护执行程序中债权人的信赖利益。就本案而言，陈某作为毛某的债权人，对毛某名下的财产均存有信赖利益。股权代持的风险不应由债权人负担，债权人对名义股东的财产判断只能通过外部信息，股权信息是可获得的，但代持关系无从得知，属于债权人无法预见的风险，不能苛求债权人尽此查询义务，风险分担上应向保护债权人倾斜。此外，实际出资人既然选择隐名，固有其商业利益或其他因素考虑，既然通过代持关系获得此种利益，也应承担代持所带来的固有风险。一审判决认定渡某义即便是案涉股权实际出资人亦不能排除执行，驳回渡某义的诉讼请求，是合法正确的。

综上所述，渡某义的上诉请求不能成立，应予驳回。依照《中华人民共和国民事诉讼法》第一百七十七条第一款第一项规定，判决如下：

驳回上诉，维持原判。

【法官后语】

在由代持股权引发的案外人异议之诉中，名义股东的债权人申请对登记在名义股东名下的股权进行强制执行，隐名股东以其系该股权的真实权利人而提出排除执行的异议，此时隐名股东与名义股东债权人的关系如何协调、权益如何均衡保护，司法实务对这一问题的处理意见存在较大的分歧。

案外人执行异议之诉设立的目的在于解决错将他人财产作为被执行人所有的财产而进行执行的问题，本质要求在于判断案外人对执行标的是否享有某种正当的民事权益，该权益是否足以对抗债权人发动的强制执行程序。

隐名股东在案外人异议之诉中提出代持股权合同等证据证明自己是真实的股东，其能否对抗名义股东债权人的执行请求，首先应从隐名股东享有的权利性质考虑。司法实践中，法院普遍坚持“内外分别说”的观点，认为显名股东与名义股东之间代持股权的约定仅在二人内部有效，隐名股东可以要求名义股东将代持股权过户到自己名下，其享有的是债权请求权，而非股权。无论申请执行人申请执行的是金钱债权还是非金钱债权，与隐名股东之间都是“债权对抗债权”的关系，尽管隐名股东是股权投资利益最终归属者，但并不得因此就当然获得优先于名义股东的一般债权人获得保护。按照债权平等的原则，隐名股东的债权并不具有优先于执行债权的效力。因此在案外人执行异议之诉中，面对两个平等的债权如何确定何者优先保护，就需要在效力等级比较规则之外另寻标准进行判断。

《中华人民共和国公司法》第三十二条规定：“有限责任公司应当置备股东名册，记载下列事项：（一）股东的姓名或者名称及住所；（二）股东的出资额；（三）出资证明书编号。记载于股东名册的股东，可以依股东名册主张行使股东权利。公司应当将股东的姓名或者名称向公司登记机关登记；登记事项发生变更的，应当办理变更登记。未经登记或者变更登记的，不得对抗第三人。”实践中的分歧主要集中于申请执行人是否属于此条规定中的“第三人”，这实则是外观主义原则的适用范围问题。一种观点认为，无论申请执行人基于何种债权申请执行，都适用外观主义优先保护。另一种观点认为，外观主义原则的适用范围不包括非交易第三人，与名义股东从事股权交易的申请执行人的信赖利益受优先保护，名义股东不能阻却执行；金钱债权的申请执行人并未与名义股东进行股权交易，无信赖利益保护的需要，适用外观主义原则将严重侵犯隐名股东的合法权益。

上述两种观点应当如何判断取舍，在本质上是一个利益衡量和价值判断的问题。外观主义原则实际上是一项利益衡量规则，是在实际权利人与外部第三人权利发生冲突时对两方利益所作出的权衡与取舍，即以权利外观决定法律效果，以外观真实替代实质真实。之所以作出此种妥协与选择，是为了保护信赖利益和维护交易安全，因此而不得已地牺牲实际权利人的利益。所以，持反对意见的观点认为外观主义原则所适用的领域须严格限制，这一原则只能运用于交易行为领域，执行非属于交易，因而不符合外观主义的适用条件。

对此，应当正确认识外观主义的适用范围及其存在的内在机理。外观主义原则旨在维护交易安全稳定，应当是宏观的，着眼于整个商事交易的安全、效率的大环境，第三人因信赖登记而选择与名义股东进行交易是这个大环境中的重要组成部分但并非全部，非交易领域并非被绝对排除在外观主义原则适用领域之外。外观主义形成一项基本法理原则，让虚假外观凌驾真实权属之上成为正义推定基础，根本原因是实际权利人本人行为的可归责性，既然因隐名股东的原因导致权属公示错误，自然要为自身错误承担不利后果。名义股东的债权人若善意信赖股权登记进行司法程序且执行程序已启动，则善意债权人和司法执行机构的信赖利益并不亚于交易相对人可能付出的代价及受损利益。可见，依外观主义法理原则内在机理，非交易第三人的信赖利益同样需尊重和保护。

此外，一方面隐名股东作为具有完全民事行为能力的自然人，应当具有预知法律风险的能力，其选择股权代持的方式系对自身权利的处分，且通常具有其商业利益或其他因素考虑，既然通过代持关系获得此种利益，也应承担代持所带来的固有风险。在股权锁定期届满至股权被查封前，不存在不能显名的客观障碍。隐名股东自愿选择代持股这种存在一定风险的持股方式以及未及时主张权利的行为，存在一定过错，应自行承担相应法律风险。另一方面，股权代持的风险不应由债权人负担，债权人对名义股东的财产判断只能通过外部信息，股权信息是可获得的，但代持关系无从得知，属于债权人无法预见的风险，不能苛求债权人尽此查询义务，风险分担上应向保护债权人倾斜。

本案中隐名股东渡某义并未取得案涉清某楼公司的股东地位，其未能提供清某楼公司签发的出资证明书、作为股东记载于股东名册或记载于公司章程，更未办理公司登记机关登记手续。即使渡某义与毛某之间可以依据股权代持关系主张权利，也仅可向毛某主张分配投资权益，属普通债权的权利性质，所享有的权利并不优先于毛某的债权人陈某。申请执行人陈某作为善意债权人，属于《中华人民共和国公司法》第三十二条第二款中的“第三人”，包含在商事外观主义所保护的范围，其有权信赖工商登记的显名股东毛某的股权情况，并据此作出判断。

编写人：福建省福州市中级人民法院　林智远

43

当事人达成和解撤回执行仍需承担执行费

——赵某与孙某执行复议案

【案件基本信息】

1. 裁判书字号

重庆市第三中级人民法院（2022）渝03执复9号执行裁定书

2. 事由：执行复议

3. 当事人

复议申请人（被执行人）：赵某

申请执行人：孙某

【基本案情】

重庆市涪陵区人民法院（以下简称执行法院）在执行申请执行人孙某与被执行人赵某借款合同纠纷一案中，赵某对执行法院执行其28400元执行费不服，向执行法院提出书面异议。

赵某称，申请执行人孙某与异议人民间借贷纠纷一案，执行法院于2022年1月13日立案执行，孙某于2022年1月28日向贵院申请撤销执行，但执行法院收取了异议人执行费28400元。执行法院收取异议人执行费不符合相关规定，特请求执行法院退还异议人已缴纳的执行费28400元。执行法院经审查后作出（2022）渝0102执异23号执行裁定，裁定：驳回异议人赵某的异议请求。

复议申请人赵某不服该裁定，向重庆市第三中级人民法院申请复议，请求撤销执行法院做出的（2022）渝0102执异23号执行裁定。

【案件焦点】

在执行过程中，申请执行人与被执行人自行达成和解协议并履行部分义务后，申请执行人撤回执行申请，被执行人是否还需负担执行申请费。

【法院裁判要旨】

重庆市涪陵区人民法院经审查认为：本案争议焦点是赵某是否应当缴纳执行申请费。《诉讼费用交纳办法》（国务院令第481号）第十条规定："当事人依法向人民法院申请下列事项，应当交纳申请费：（一）申请执行人民法院发生法律效力的判决、裁定、调解书，仲裁机构依法作出的裁决和调解书，公证机构依法赋予强制执行效力的债权文书……"第三十八条规定："本办法第十条第（一）项、第（八）项规定的申请费由被执行人负担。执行中当事人达成和解协议的，申请费的负担由双方当事人协商解决；协商不成的，由人民法院决定……"从上述规定可以看出，执行法院决定向赵某收取申请费符合前述规定，并无不当。重庆市涪陵区人民法院依照《中华人民共和国民事诉讼法》第二百三十二条、《最高人民法院关于人民法院办理执行异议和复议案件若干问题的规定》第十七条第一项之规定，裁定：

驳回异议人赵某的异议请求。

赵某不服，向重庆市第三中级人民法院申请复议。重庆市第三中级人民法院经审理认为：执行法院2022年1月13日立案执行（2022）渝0102执226号案件时，该院核定的执行申请费28400元，在2022年1月17日发送给被执行人赵某的《执行通知书》中已经载明，但申请执行人孙某与被执行人赵某在该案执行过程中于2022年1月28日自行达成和解协议时，对前述执行申请费的负担问题未作约定。根据《诉讼费用交纳办法》（国务院令第481号）第十条、第三十八条之规定，执行法院决定由被执行人赵某负担相关执行申请费，并无不当。且赵某于2022年1月29日向执行法院缴纳了该笔执行申请费，执行法院出具了诉讼收费专用票据一张，载明了执行申请费收费金额。复议申请人赵某关于申请执行人孙某已撤回执行申请，执行法院收取执行申请费错误，要求退还已收取的执行申请费28400元的主张没有事实和法律依据，法院不予支持。

重庆市第三中级人民法院依照《中华人民共和国民事诉讼法》第二百三十二条、最高人民法院《关于人民法院办理执行异议和复议案件若干问题的规定》第二十三条第一款第一项规定，裁定如下：

驳回赵某的复议申请，维持重庆市涪陵区人民法院（2022）渝0102执异23号异议裁定。

【法官后语】

本案争议焦点是：在执行过程中，申请执行人与被执行人自行达成和解协议并履行部分义务后，申请执行人撤回执行申请，被执行人是否还需负担执行申请费的问题。执行费收取系人民法院做出的执行行为。执行费的收取源于国家强制性，以确保国家投入的司法资源得到合理补偿。执行费是法律明确规定的原则上由被执行人承担的费用，其收取后缴纳财政，是国家财政收入的一部分，具有法定性、严肃性，凡是应该收取的必须坚持收取，不得随意减免，以造成国家财政损失。

《诉讼费用交纳办法》（国务院令第481号）第三十八条规定："第十条第（一）项、第（八）项规定的申请费由被执行人负担。执行中当事人达成和解协议的，申请费的负担由双方当事人协商解决；协商不成的，由人民法院决定……"可以看出，执行费用原则上由被执行人承担，执行双方当事人另有约定按约定处理，但不能排除法院对执行费用的收取。关于执行费承担一事，部分当事人错误认为：执行立案后，双方当事人在短时间内达成执行和解，法院在执行过程未过多参与，执行双方当事人没有或很少占用司法资源，应减免收取执行费。由于执行法院投入司法资源难以精准量化，假如贸然采纳前述部分执行当事人观点，将导致几方面问题。一是因无法明确是否收取执行费，以及收取执行费具体金额，易导致收取执行费管理混乱不堪。二是收取执行费随意性过强，执行法院干警确定执行费任意权过大，容易诱发执行相关的司法腐败。

执行费的立法本意：一方面，体现执行当事人对司法成本的适当补偿原则。执行当事人为维护自己的合法权益而参与民事执行，其产生的司法成本不应当全部由全体纳税人承担。适当收取执行费用，由执行当事人对国家承担的司法成本给予适当补偿，对全体纳税人来说更显公平。另一方面，执行费用的承担具有对经济活动不诚信一方给予惩戒的作用。公民或组织参与经济活动，如果不能遵循诚信、公平原则，必将损害其经济活动相对方的利益。执行费用在无约定情况下由被执行人承担，有利于促进经济活动参与者遵循经济规则、履行民事义务。

编写人：重庆市第三中级人民法院　汤智纲

44

消极行为给付判决的执行力与禁止令的适用性

——张某波、蔡某生与刘某苑、钟某珍执行异议案

【案件基本信息】

1. 裁判书字号

广东省广州市中级人民法院（2021）粤01执复1176号执行裁定书

2. 事由：执行异议

3. 当事人

复议申请人（申请执行人）：张某波、蔡某生

被执行人：刘某苑、钟某珍

【基本案情】

某5号大楼业主从2018年1月开始筹备增设电梯，在取得《建设工程规划许可证》准备施工时，该大楼的某房的住户刘某苑、钟某珍以补偿不能满足其要求为由阻挠施工。经诉讼后，法院作出民事判决书，判决：一、被告刘某苑、钟某珍不得对某5号的电梯施工进行阻挠和破坏。二、驳回原告张某波、蔡某生的其他诉讼请求。

判决生效后，权利人张某波、蔡某生于2021年7月5日向广州市海珠区人民法院申请强制执行，要求制止刘某苑、钟某珍对施工的阻挠和破坏。广州市海珠区人民法院受理执行申请后，经审查认为，上述生效判决没有给付内容，申请执行人的执行申请不符合人民法院受理执行案件的条件，于2022年7月19日作出（2021）粤0105执19201号《执行裁定书》，裁定驳回申请执行人张某波、蔡某生的执行申请。申请执行人不服，向广州市中级人民法院申请复议。认为案涉楼宇加装电梯全部施工手续已办妥，但遭到该楼某住户钟某珍、刘某苑通过用车堵、冲进施工场地等方式阻挠及破坏施工。判决生效后钟某珍、刘某苑仍然进入施工现场阻挠，致使施工再次中断，故依法申请执行，要求法院制止钟某珍、刘某苑对电梯施工的阻挠和破坏行为，请求法院撤销（2021）粤0105执19201号《执行裁定书》。广州市中级人民法院于2022年2月28日作出（2022）粤01执复1176号《执行裁定书》，裁定：撤销广州市海珠区人民法院（2021）粤0105执19201号执行裁定。

其后，广州市海珠区人民法院以（2022）粤0105执恢441号对该案恢复执行。2022年4月22日，被执行人经过教育后作出书面《保证书》，保证不再阻挠和破坏施工。2022年7月27日，广州市海珠区人民法院在案涉楼宇显著位置发布（2022）粤0105执恢441号《禁止令》，载明："现申请人已于2022年7月27日开始加装电梯施工，根据上述生效判决，责令：被执行人刘某苑、钟某珍及任何组织和个人不得以任何形式妨害、阻挠某5号的电梯施工，如有违反者法院将依法进行罚款、拘留，符合条件的，依法追究刑事责任"等内容，采取上述执行措施后，被执行人未采取任何阻挠破坏行为，案涉楼宇加装电梯施工顺利完成。2022年12月12日，经申请执行人确认，（2022）粤0105执恢441号案执行完毕结案。

【案件焦点】

消极行为给付判决是否具有执行力；如具有执行力，在具体执行过程中应如何执行。

【法院裁判要旨】

广东省广州市中级人民法院认为，《中华人民共和国民事诉讼法》第二百四十三条第一款规定："发生法律效力的民事判决、裁定，当事人必须履行。一方拒绝履行的，对方当事人可以向人民法院申请执行，也可以由审判员移送执行员执行。"第二百五十九条规定："对判决、裁定和其他法律文书指定的行为，被执行人未按执行通知履行的，人民法院可以强制执行或者委托有关单位或者其他人完成，费用由被执行人承担。"《最高人民法院关于适用〈中华人民共和国民事诉讼法〉的解释》第五百零五条规定："被执行人不履行法律文书指定的行为，且该项行为只能由被执行人完成的，人民法院可以依照民事诉讼法第一百一十一条第一款第六项规定处理。"本案的执行依据为（2020）粤0105民初30044民事判决，该判决已经发生法律效力，当事人依法必须履行。由于该案被告未履行生效判决，原告可以向法院申请执行。上述判决的具体内容是不得对案涉楼宇电梯施工进行阻挠和破坏，属于行为的执行，被执行人违反判决内容的，执行法院可以依照上述法律及司法解释的规定予以处理。因此，执行法院驳回复议申请人的执行申请不当，法院予以纠正。复议申请人要求撤销（2021）粤0105执19201号执行裁定书的复议请求成立，法院予以支持。故裁定撤销广州市海珠区人民法院（2021）粤0105执19201号执行裁定。

在执行实施过程中，法院查明，被执行人刘某苑未将车牌号码为粤某号的小型汽车移走，且被执行人刘某苑、钟某珍在判决书生效后仍存在采取进入施工现场静坐等方式阻挠电梯加装施工的行为。考虑到本案判决为消极行为给付判决，依据《中华人民共和国民事诉讼法》第二百五十九条规定，被执行人未按执行通知履行的，人民法院可以强制执行；依据《最高人民法院关于人民法院执行工作若干问题的规定（试行）》第四十四条第三款规定，对于只能由被执行人完成的行为，经教育，被执行人仍拒不履行的，人民法院应当按照妨害执行行为的有关规定处理。为正确执行消极行为给付判决，人民法院在发出执行通知之后、采取制裁类强制措施之前，需采取带警示教育性质的执行措施。本着依法执行、妥善做好群众工作的精神，本案在案涉楼宇显著位置张贴禁止令，并责令被执行人签署保证书，以此对被执行人进行教育警示。实践证明，上述措施对推动案结事了起到较好的效果。

【法官后语】

一、消极行为给付判决的执行力

生效法律文书的执行力，是指在债务人不履行义务的情况下，债权人依法申请人民法院强制执行，迫使债务人履行的效力。我国民事诉讼法尚未就生效法律文书执行力问题作出具体规定，相关规则主要体现在司法解释和审判规范性文件中。《最高人民法院关于人民法院执行工作若干问题的规定（试行）》（2020 年修正）（以下简称《执行工作规定》）第十六条规定，“人民法院受理执行案件应当符合下列条件：(1) 申请或移送执行的法律文书已经生效；(2) 申请执行人是生效法律文书确定的权利人或其继承人、权利承受人；(3) 申请执行人在法定期限内提出申请；(4) 申请执行的法律文书有给付内容，且执行标的和被执行人明确；(5) 义务人在生效法律文书确定的期限内未履行义务；(6) 属于受申请执行的人民法院管辖。人民法院对符合上述条件的申请，应当在七日内予以立案；不符合上述条件之一的，应当在七日内裁定不予受理。”从执行案件立案角度对生效法律文书执行力确立了审查标准和处置规则。《最高人民法院关于适用〈中华人民共和国民事诉讼法〉的解释》（2022 年修正）第四百六十三条规定，“当事人申请人民法院执行的生效法律文书应当具备下列条件：（一）权利义务主体明确；（二）给付内容明确”，对生效法律文书执行力作出进一步规定。《最高人民法院关于执行案件立案、结案若干问题的意见》（法发〔2014〕26 号）第二十条规定，“执行实施案件立案后，经审查发现不符合《最高人民法院关于人民法院执行工作若干问题的规定（试行）》第十八条规定的受理条件，裁定驳回申请的，以‘驳回申请’方式结案”，将生效法律文书执行力作为执行实施程序中依职权审查事项，并赋予执行法院对不具有执行力的生效法律文书驳回执行申请的权力。综上可知，生效法律文书是否具有执行力，是关系到执行实施案件是否成立、应否进行的基础性问题，应当认真严格把握。

具体到本案，首次执行法院和复议法院针对本案生效判决是否具有执行力，产生了截然相反的意见。核心点在于本案判决是否具有给付内容、本案判决内容是否具体明确，可从以下角度分析：消极行为给付判决属于“有给付内容”的法律文书；满足“三个具体”标准的消极行为给付判决符合“给付内容明确”的要求。

1. 消极行为给付判决属于“有给付内容”的法律文书。

本案生效判决规定义务人“不得对某5号的电梯施工进行阻挠和破坏”，此判决是否符合《执行工作规定》第十六条第一款第三项“申请执行的法律文书有给付内容，且执行标的和被执行人明确”的规定，是本案争议的重大问题。

随着经济社会的高度发展，民事纠纷呈现出日渐复杂的态势，当事人要求实现的权利不单单局限于金钱债权等，还包括要求义务人为一定行为或不为一定行为。判决中给付的内容可以是财产，也可以是行为；作为给付内容的行为，既可以是积极的行为给付（即作为），也可以是消极行为给付（即不作为）。规定消极行为给付义务的判决同样可以是《执行工作规定》第十六条所规定的“有给付内容”的生效法律文书。

2. 满足“三个具体”标准的消极行为给付判决符合“给付内容明确”的要求。

本案生效判决是否具有执行力，需要审查判项规定是否符合《最高人民法院关于适用〈中华人民共和国民事诉讼法〉的解释》（2022年修正）第四百六十三条规定的“给付内容明确”的要求。

本案中判决要求义务人承担消极行为给付义务，以债务人不为一定行为（不阻挠、不破坏）为内容。具体执行过程中，执行法院综合判决主文、判决查明事实、执行中现场调查情况，厘清了本案消极行为给付义务的具体的行为模式、时空条件和秩序状态，由此确定执行实施方向。

——具体的作为模式。本案判决主文要求被执行人承担“不阻挠、不破坏”的义务，仅就文义看存在一定模糊性，但结合判决查明事实和执行现场调查可知，被执行人在案涉楼栋门口停放汽车未移走、进入电梯施工现场静坐，对电梯施工造成了影响，由此不作为的义务可以转化为具体的行为模式，如被执行人移走停放在案涉楼栋门口的小汽车、退出电梯施工现场等。

——具体的时空条件。综合判决主文和事实查明部分，可以明确被执行人承担“不阻挠、不破坏”义务的具体时空条件，即被执行人在特定时空范围内应对电梯施工工程承担容忍义务。具体说来，空间范围是“广州市海珠区××街5号”，具体是指案涉楼宇取得的《建设工程规划许可证》等证件所核准的加装电梯工程的施工范围。时间范围是指电梯施工的期间。考虑到电梯加装工程往往跨度多日，每天施工前需要准备，完成当天施工任务后需要整理现场、收拾作业工具等，每天当中施工工人需要休息等，故逻辑上看“施工期间”除直接施工的时间外，还应当包括施工前的准备阶段、施工工人的工间休息阶段、每日完工后的收尾整理阶段等。

——具体的秩序状态。本案判决指向的秩序状态是“案涉楼栋业主集体申请的加装电梯工程可以顺利施工”，在明确了判决所保障的秩序状态后，我们可以对义务人的行为是否触犯判决规定进行识别。如果妨害了判决所保障的秩序状态，比如设置障碍物妨碍施工工人进场、在施工现场制造噪声、辱骂威胁施工人员、干扰施工工人工间休息，妨害了判决所指向的秩序状态，则触犯了判决规定。在符合施工安全要求的情况下路过施工现场，没有妨害判决所指向的秩序状态，则不能视为“阻挠或破坏”。

综上，本案生效判决具备“三个具体”的特征，符合“给付内容明确”的标准，可付诸强制执行。推而论之，满足“三个具体”的消极行为给付判决应认定为“给付内容明确”。

二、禁止令在消极行为给付类执行实施案件中的适用性

本案在恢复执行过程中，创新地采取了发布禁止令的执行措施。禁止令的执行措施，在消极行为给付类的执行实施案件中有其具体的适用性。理由如下：1. 禁止令的执行措施，符合强制执行与说服教育结合以及全面保护当事人合法权益的民事执行基本原则。本案在执行过程中通过在案涉楼栋显著位置发布禁止令，载明被执行人承担的消极行为给付义务及不履行义务的法律后果，是落

实“教育”的可行手段。2. 禁止令作为警示性质的间接执行措施的合法性及制度构建。(1) 执行禁止令，与行为保全有部分涵义相重合，只是行为保全一般见于诉前和诉中，执行禁止令在诉后的强制执行阶段，其使用符合《中华人民共和国民事诉讼法》第一百零三条、第二百五十九条、第二百六十二条，《执行工作规定》第四十四条等相关法律规定。(2) 禁止令制度的构建，可以从以下几个方面考虑：首先，严格把关适用条件。禁止令在适用条件上，必须是义务人正在以积极行为违反消极行为义务或者是其违反义务具有较大的可能性。其次，在适用程序上，应当采取既可以由权利人向法院提出禁令申请，也可以由法院根据案件情况依职权作出的方式。最后，在适用效果上，禁令应该明确载明义务人在一定期限内不得为一定行为，期限届满后，如义务人没有违反，禁止令应自动解除，如义务人在期限内违反，则可以对其采取罚款、拘留等强制措施，以此实现禁止令与其他执行措施之间的衔接。3. 禁止令作为法院面向群众普法的载体，有利于推动案结事了。本案在执行过程中发现被执行人有触犯判决规定的行为，但没有直接采取制裁类的执行措施，而是在案涉楼栋显著位置发布禁止令予以警示教育，不仅推动案件结案，而且推动了小区住户化解矛盾，取得了良好的法律效果和社会效果。

编写人：广东省广州市海珠区人民法院　龚锋

45

债务人与全体债权人在破产宣告之后自行达成和解协议的处理

——广东省珠海市拱某宾馆破产自行和解案

【案件基本信息】

1. 裁判书字号

广东省珠海市中级人民法院（2004）珠中法破字第1号之十一民事裁定书

2. 事由：破产重整

3. 当事人

申请人：广东省珠海市横某贸易有限公司

被申请人：广东省珠海市拱某宾馆

【基本案情】

广东省珠海市拱某宾馆（以下简称拱某宾馆）于1983年获准注册登记，注册时系中外合资企业。1994年改由外商独资经营。工商登记资料显示，拱某宾馆由澳门新某发展有限公司（该公司属于在澳门特别行政区注册登记的企业，以下简称澳门新某公司）独资经营。

拱某宾馆在经营过程中，出现严重亏损，根据债权人的申请，法院于2004年7月12日受理债务人拱某宾馆破产还债一案。其后，于2005年7月22日作出民事裁定：宣告拱某宾馆破产还债；由法院指定的拱某宾馆破产清算组接管破产企业。

拱某宾馆的主要资产为房屋建筑物及附属设备，拱某宾馆项目占有的土地为国有划拨用地，在法院宣告破产之后，国土部门作出收回土地使用权的决定，因收地补偿协调未成，该项目至今没有支付收地补偿款。

在破产案件审理过程中，原有十八名债权人申报债权，其后广东省珠海市宝某贸有限公司（以下简称宝某贸公司）、广东省珠海市骏某投资有限公司（以下简称骏某投资公司）、澳门新某公司等三个主体通过债权受让的方式取得了拱某宾馆的全部债权。2021年3月24日，法院作出（2004）珠中法破字第1号之十民事裁定，确认广东省珠海市宝某贸有限公司、广东省珠海市骏某投资有限公司、澳门新某公司的债权。

2021年8月19日，三名债权人（宝某贸公司、骏某投资公司、澳门新某公司）与拱某宾馆（由拱某宾馆清算组作为代表人）、拱某宾馆投资者澳门新某公司签订了《广东省珠海市拱某宾馆自行和解协议》，协议中明确约定了债权数额的组成、债务的豁免、债权文件的移交、破产费用的承担、剩余财产的处置等内容。协议各方主体均在该协议上加盖公章并由法定代表人或负责人签名。债务人与全体债权人向法院提交上述自行达成的和解协议，请求法院予以认可，撤销原破产宣告裁定，并终结破产程序。

【案件焦点】

债务人与全体债权人在破产宣告之后，自行达成和解协议如何处理。

【法院裁判要旨】

广东省珠海市中级人民法院经审理认为：根据法院生效裁判认为：《中华人民共和国企业破产法》（以下简称《企业破产法》）第一百零五条规定："人民法院受理破产申请后，债务人与全体债权人就债权债务的处理自行达成协议的，可以请求人民法院裁定认可，并终结破产程序。"本案中，首先，债务人与全体债权人自行达成的和解协议均系各方真实意思表示，是自愿协商的结果。从自行和解协议的内容来看，对拱某宾馆的债权债务已作了结，对剩余财产的处置、破产费用、工作交接、后期经营管理责任等也作出约定。协议内容不违反法律规定，应予以认可。其次，破产程序的主要目的是公平清偿债务，根据自行和解协议的约定，拱某宾馆的债权债务已全部了结，其已无进行破产清算之必要，本案破产程序应当终结。裁定如下：

一、认可广东省珠海市拱某宾馆与广东省珠海市宝某贸有限公司、广东省珠海市骏某投资有限公司、澳门新某发展有限公司达成的《广东省珠海市拱某宾馆自行和解协议》；

二、撤销宣告广东省珠海市拱某宾馆破产裁定，终结广东省珠海市拱某宾馆破产程序。

【法官后语】

拱某宾馆是我国最早的外商投资企业之一，拱某宾馆所在地紧邻拱北口岸，与澳门特别行政区隔街相望，宾馆建筑物于20世纪80年代初建成，是广东省珠海市最早期建设的综合性、多功能园林式宾馆，曾是国家四星级旅游涉外饭店，因其具有见证广东省珠海市改革开放历程的历史价值，被评为广东省珠海市改革开放历史性建筑，是广东省珠海市的一张历史名片。因经营不善，负债11亿多元，通过破产程序全面清理债务，挽救企业并恢复拱某宾馆正常经营，意义重大。

对债务人与全体债权人向法院提交的协议的审查，涉及适用的法律规定是《企业破产法》第一百零五条第一款："人民法院受理破产申请后，债务人与全体债权人就债权债务的处理自行达成协议的，可以请求人民法院裁定认可，并终结破产程序。"具体在审查中主要涉及三个核心问题：一是破产宣告之后，是否允许当事人自行和解？二是和解协议的内容是否为各方当事人真实意思表示，有无损害他人合法权益？和解协议的履行有无保障？三是对原破产宣告裁定应作如何处理？由于上述法律条文并无明确规定，实务中颇有争议。因此，需要通过文义解释、学理解释、目的解释、社会学解释等多种方法探求法律文字背后的真意，从而准确适用法律。

一、法律适用之困境：破产宣告之后，是否允许当事人自行和解

有观点认为，破产宣告后，程序不可逆，不能再进行自行和解。理由是：最高人民法院在《全国法院破产审判工作会议纪要》（2018年3月14日公布并实施，以下简称《破产会议纪要》）第二十四条规定了破产程序转换限制，指出"债务人被宣告破产后，不得再转入重整程序或和解程序"。最高人民法院起草人员对《破产会议纪要》上述条文进行了解读：一是《企业破产法》没有规定破产宣告后的程序转换，而是在允许清算程序转入重整或和解的条文中明确限定应在破产宣告前进行。二是在《企业破产法》规定的相关主体应当充分利用破产受理后至宣告破产前的期间，积极对债务人进行挽救，如果仍然允许在破产宣告后转入重整或和解程序，在一定程度上也会增加程序适用的不确定性，加大债权人通过破产清算程序获得清偿的成本。所以《破产会议纪要》第二十四条就没有突破法律规定，即限定了债务人被宣告破产后的程序转换以明确破产程序的适用阶段及程序的稳定性。

我们认为，破产宣告后，可以允许当事人自行和解。

首先，从法律规定来看。《企业破产法》第一百零五条的规定是人民法院

受理破产申请后，债务人与全体债权人就债权债务的处理自行达成协议的，可以请求人民法院裁定认可，这与《企业破产法》第九十五条的规定不同。《企业破产法》第九十五条规定：“债务人可以依照本法规定，直接向人民法院申请和解；也可以在人民法院受理破产申请后、宣告债务人破产前，向人民法院申请和解。”《企业破产法》第九十五条将可以向人民法院申请和解的时间限定在宣告破产之前，而第一百零五条没有破产宣告之前的时间限制。

其次，区分破产强制和解与民事和解。《企业破产法》在第九十五条至第一百零四条中规定的是破产强制和解，《企业破产法》第一百零五条规定的自行和解实质上是民事和解。破产强制和解实行少数服从多数的原则，破产强制和解协议达成后不能履行时由法院裁定终止和解协议的执行，并宣告债务人破产。破产中民事和解的达成是全体一致同意，一经法院认可即终结破产程序。强制和解只能在债务人被宣告破产前适用，而民事和解可以在受理破产申请后至破产程序终结前全程适用，法律没有规定在破产程序中的截止适用期限。据此，民事和解不受破产宣告后不得适用的限制，这是其最为重要的特点。从法律后果而言之，破产中的强制和解有破产宣告的后续可能性，因此，破产强制和解必须在破产宣告之前进行。而破产中的民事和解的法律后果则是终结破产程序，自然没有再进行破产宣告的后续，因此，不必受破产宣告的约束。

第三，从社会效果进行衡量。《破产会议纪要》第二十四条制定的目的主要是防范程序适用的不确定性，以免加大债权人通过破产清算程序获得清偿的成本。本案中，全体债权人免除了债务人的债务，债务人再获生存的机会，如果仍然强行继续对债务人的破产清算程序，在社会成本的节约上缺乏合理性，也不利于企业的挽救。因此，从目的论解释，破产的本质是债务清偿制度，全体债权人的债权已清理完毕，《破产会议纪要》第二十四条关于程序转换限制的担忧可以排除。正如王欣新教授所言，《企业破产法》第一百零五条规定的立法目的，就是为挽救债务人尤其是已经被宣告破产的企业开辟更多的渠道，鼓励并尊重当事人之间通过意思自治，达成民事和解，更好地市场化解决债权债务纠纷和企业经营发展问题。如果在被宣告破产后，确实需要保留债务人企业的存续，可以适用《企业破产法》第一百零五条规定。综上，在宣告破产之后允许当事人自行和解，不违背《企业破产法》的立法目的，可以尊重当事人的意思自治，更好地挽救企业，从而优化市场营商环境。

二、法律适用之深化：协议内容的审查

协议各方主体均在该协议上加盖公章并由法定代表人或负责人签名。由于拱某宾馆系外商独资企业，仅有一名投资人，即澳门新某公司。在和解协议中，债务人一方拱某宾馆由清算组代表，投资人澳门新某公司也表示同意，可以视为债务人已作出真实意思表示。

（一）债务人与全体债权人自行达成的和解协议有无损害他人合法权益？《最高人民法院关于破产企业国有划拨土地使用权应否列入破产财产等问题的批复》（法释〔2003〕6号），载明：破产企业以划拨方式取得的国有土地使用权不属于破产财产，在企业破产时，有关人民政府可以予以收回，并依法处置。《中华人民共和国民法典》第一百五十四条规定："行为人与相对人恶意串通，损害他人合法权益的民事法律行为无效。"此处的"他人合法权益"包括国家利益、社会公共利益及当事人之外的第三人的利益。

本案中，由于拱某宾馆所占有的土地为划拨用地，法院认可债务人与全体债权人自行达成的和解协议，终结破产程序，不再对拱某宾馆进行清算，是否会造成划拨土地"应收不收"，从而导致国有资产流失？为此，法院向各方当事人进行了释明，从提交的和解协议文本看，各方当事人国土部门作出收地决定的事实有明确的认知，和解协议约定在终结破产程序之后"关于拱某宾馆经营场地及土地问题，由拱某宾馆按照法律程序向政府有关部门申请解决"。在审查和解协议过程中，法院与国土部门进行了协调，国土部门将结合该土地的实际情况依法作出处理，做好"府院联动"，切实防范风险。

（二）审查当事人自行达成的和解协议，还需要关注和解协议的后续履行。根据《企业破产法》第一百零五条规定，只要法院认可当事人自行达成的和解协议就终结破产程序。但是，若自行达成的和解协议不能履行，债权人如何救济？《企业破产法》没有作出规定。本案中，经释明，债务人与全体债权人对债权债务进行了彻底的清理，全体债权人免除了债务人的债务，排除了和解协议执行过程中的问题。债务人的债务在破产程序全部处理完毕，也无继续处理债务人财产的必要。

综上分析，经审查债务人与全体债权人自行达成的和解协议均系各方真实意思表示，协议内容不违反法律规定，故应予以认可，破产程序应当终结。

三、法律适用之余绪：是否撤销原破产宣告裁定

法院依照《企业破产法》第一百零五条的规定裁定认可债务人与全体债权人自行达成协议，并终结破产程序。在终结破产程序同时，是否需要撤销原破产宣告裁定，亦是需要思考的问题。

有观点认为：1. 从民法典的规定来看。依照民法典第六十八条第一款第二项的规定，法人被宣告破产是法人终止的原因之一，法人被宣告破产并依法完成清算、注销登记的，法人终止。由此可见，虽然法人被宣告破产，但因为债务人与全体债权人达成和解协议而终结破产程序，没有继续进行清算与注销，法人是没有终止的。因此，不撤销破产宣告裁定，也不会影响企业继续经营。2. 从法律风险的防控角度，法院作出的裁定书发生法律效力后，具有公信力和安定性，程序可以往前推，对根据当时法律规定和实际情况作出的裁定是否必须撤销，不无商榷余地。

但是，依照《企业破产法》第一百零七条的规定，债务人被宣告破产后，债务人称为破产人，债务人财产称为破产财产，人民法院受理破产申请时对债务人享有的债权称为破产债权。破产宣告，标志着通过对债务人进行破产清算从而最终导致使债务人消亡程序的开始。如不撤销宣告破产的裁定，则债务人称为破产人，债务人财产称为破产财产的状况没有改变，虽然企业没有终止，但其主体资格受限。再则，最高人民法院的法律文书样式中亦有一并撤销原破产宣告裁定的表述要求。考虑到以上情况，在本案中，法院认可债务人与全体债权人自行达成的协议，终结破产程序时一并撤销了原破产宣告裁定。

编写人：广东省珠海市中级人民法院　陈永成　胡莹

46

实现探视权应以有利于被探视人健康成长、双方当事人协商一致为前提

——刘某诉王某某等探视权执行案

【案件基本信息】

1. 裁判书字号

北京市丰台区人民法院（2022）京 0106 执异 19 号执行裁定书

2. 事由：探视权执行

3. 当事人

异议人：王某某

申请执行人：刘某

【基本案情】

王某某与刘某离婚纠纷一案，法院于 2020 年 7 月 31 日作出（2020）京 0106 民初 14711 号民事调解书。调解书生效后，申请执行人多次向我院申请执行。在前几次执行中，因双方矛盾较深，申请执行人拒绝被执行人单独探视、要求探视方式变更为视频探视和法院见证探视。执行法官组织双方到法院进行探视，案件均执行完毕。

在（2021）京 0106 执 8283 号案的执行过程中，法院于 2021 年 7 月 8 日电话联系王某某，告知其刘某已依据生效法律文书申请执行王某某协助刘某探视刘某某，询问王某某能否配合刘某进行探视。王某某表示，因自己之前配合刘某进行探视时，刘某在自己家里吵闹、推搡老人，后报警解决。现在比较害怕刘某，无法配合刘某单独对刘某某进行探视。如果法院的工作人员在场，王某

某可以配合刘某进行探视，并表示2021年7月13日有时间，可以带刘某某到法院。后法院与刘某联系，刘某亦向法院表示希望到法院进行探视。后法院于2021年7月14日组织双方到院进行探视。后刘某主张此次仅为谈话，并非探视刘某某，法院认为刘某已完成此次探视。刘某主张并非探望，提起执行异议。法院作出（2021）京0106执异1078号执行裁定，认定此次探视执行完毕，驳回刘某的异议申请。

在（2021）京0106执9423号案件的执行过程中，法院于2021年8月19日与王某某代理人谈话，要求其履行协助探视义务。其表示：希望法院裁定中止探视。如果非要配合探视，希望变更探视方式，以视频探视或者在法院内探视方式进行。前提是王某某陪同，探视时间控制在一小时之内，每一个月或半个月探视一次。2021年9月18日，法院组织双方到院进行探视，刘某完成此次探视。法院于案件执行完毕后告知双方，本着有利于孩子成长的角度，希望双方对下一步刘某如何行使探视权明确方式。刘某表示，探视时间为每周日早8时至晚8时，探视方式可以协商。王某某表示，愿意配合探视，前提是有公职人员保障其人身安全。因此前王某某自行履行协助探视义务的过程中，双方在王某某家中产生过两次激烈矛盾，故不愿意接受刘某到家中探视刘某某。刘某表示亦不愿意到王某某家中探视，希望能将刘某某接走再送回来。王某某表示不同意刘某将刘某某接走，希望在强制执行的时候法院保障其人身安全，其将配合执行。

在（2021）京0106执10883号案件的执行过程中，2021年11月17日法院组织双方到院进行探视，刘某完成此次探视。在本案执行完毕后，法院组织双方谈话，就今后刘某探视刘某某方式进行协商时，王某某向法院提交《法定监护人王某某同意继续配合刘某探望女儿刘某某的申明》。

（2021）京0106执8283号案的执行法官曾于2021年7月20日联系（2020）京0106民初14711号民事调解书的审判法官。就刘某探视刘某某的时间、地点、方式如何确定，刘某能否接走刘某某等事项进行沟通确认。审判法官表示，关于探视刘某某一项的内容，是根据王某某和刘某在诉讼时双方达成的调解协议制作的。具体的探视时间、地点、方式仍需双方协商解决。审判机构无法作出明确具体规范。目前刘某某刚满两岁，尚无法作出有效的意思表示。只能待刘某某长大后，再根据刘某某的意见去调整探视的时间和方式。

2021年11月17日，刘某向法院申请执行，请求法院强制执行王某某协助刘某于每周日早8时至20时探视刘某某。法院予以受理，执行案号为（2021）京0106执14603号。案件执行完毕后，法院组织双方谈话，就今后刘某探视刘某某方式进行协商，王某某提交了《法定监护人王某某同意继续配合刘某探望女儿刘某某的申明》，该申明载明了探视时间、地点、探望人、注意事项等，比如王某某同意在家中配合刘某探视，不同意刘某带走刘某某；探望时刘某不得录音、照相、录像；刘某的父母不得探望；每次探望时应提前约定时间等。

后王某某向法院提出执行异议，请求法院停止（2021）京0106执14603号案件的执行程序。事实和理由为：王某某已多次表示可以按照民事调解书确定的内容在刘某某户籍所在地配合探望，不应继续接受强制执行。王某某认为，其已多次表示可以按照民事调解书确定的内容在刘某某户籍所在地配合探望，不应继续接受强制执行，故提起执行异议，要求中止执行。在案件审查过程中，王某某表示会按照调解书全力配合探视，但是必须在刘某某居住地探视，刘某认为王某某单方面确定探视地点，设置前提条件，致使其无法行使探望权。双方对探视地点和方式均无法协商达成一致。

【案件焦点】

探视权纠纷案件执行过程中，双方对探视地点和方式均无法协商达成一致时，如何继续实现探视权。本案中，王某某已多次表示可以按照民事调解书确定的内容在刘某某户籍所在地配合探望，而刘某拒绝在刘某某户籍所在地探望，此时，王某某是否已履行协助探视义务？

【法院裁判要旨】

北京市丰台区人民法院审理认为，探视权是授予无生活监护权的父母一方的、对其子女进行经常性看望的权利。离婚后，不直接抚养子女的父或者母，有探望子女的权利，另一方有协助的义务。（2020）京 0106 民初 14711 号民事调解书确定刘某于每周日早 8 时至 20 时探望刘某某，王某某予以协助。本案的争议焦点为，王某某是否已履行协助探视义务。探视权的实现，应当以刘某在一定时间内与刘某某共处并交流为最终目的。而探视权的实现方式，根据（2020）京 0106 民初 14711 号民事调解书确定的内容，应当以双方协商达成一致后，王某某予以协助为宜。虽然王某某主张其在向法院提交的《法定监护人王某某同意继续配合刘某探望女儿刘某某的申明》中明确表示同意刘某到刘某某住所地探视，并明确了探视协商的方式及家中探视的注意事项。但该申明仅能证明王某某有协助探视的意思表示，（2020）京 0106 民初 14711 号民事调解书并未明确必须在刘某某住所地进行探视。实现探视权仍应以有利于刘某某健康成长、刘某与刘某某良好交流、双方协商一致为前提。现刘某提出了其他探视地点和方式，双方应积极沟通协商，并非必须以在刘某某住所地探视作为唯一途径。虽然在 2021 年 4 月之前，刘某一直在刘某某住所地进行探视，王某某亦予以协助。但后来双方多次发生争执并报警处理，刘某后未再去刘某某住所地进行探视。在此前的三次强制执行过程中，双方亦均表示希望到法院探视，并在法院组织下有效实现了探视目的。因此，在刘某某住所地探视，并非唯一有利于刘某某健康成长、有效实现探视目的的地点和方式。在双方协商不成、刘某尚未实现探视权的情况下，刘某通过申请强制执行的方式实现其探视目的，法院在执行过程中结合此前的执行内容和双方当事人情况合理确定执行地点和方式，并督促王某某履行协助探视义务，包括继续在法院组织探视、组织刘某前去刘某某住所地探视或者采取其他方式等，符合规定，并无不当。在刘某未有效实现探视权的情况下，王某某关于其已履行完毕此次协助探视义务的主张，缺乏事实依据，法院不予支持。

【法官后语】

引发思考：一则执行探望权案件

实践中，实现探望权一般可分为看望式探望和逗留式探望。看望式探望是指非抚养一方父或母以看望的方式探望子女。而逗留式探望在约定或判决确定的探望时间内，由探望人领走并按时送回被探望子女。两种探望方式各有其优点和缺点。看望式探望一般时间较短、方式灵活，但不利于探望人和子女的深入交流。而逗留式探望时间较长，有利于探望人和子女的深入了解和交流，如果探望人存在酗酒、赌博、吸毒等不良嗜好，或者居住、生活条件差，不利于子女的身心健康发展，则应避免适用逗留式探望。

本案中，刘某依据民事调解书第三项“刘某于每周日早8时至20时探望刘某某，王某某予以协助。如国务院发布周日为上班日，则该周探视时间调整为本周周六早8时至20时”向法院申请执行。在前几次的强制执行中，双方在执行法官的协调下在法院执行局完成了探视，但是双方仍然存在很大分歧。执行案件面临以下难题：一是调解书只规定了探望时间，但是双方对于探望地点、方式存在分歧；二是孩子年龄较小，法官无法与其沟通，且申请人将孩子接走探望确实存在客观上的不便；三是孩子的爷爷奶奶也想探望孩子，但是孩子母亲不同意其探望；四是母亲是孩子的抚养人，对其采取强制措施存在很多顾虑。这个案件所反映的问题是执行探望权案件经常要面临的问题。

确立原则：保障子女利益最大化

探望权纠纷的矛盾一般具有次生性和延续性的特点，有的抚养人把子女当作感情筹码，通过设置层层障碍阻止对方行使探望权，有的抚养人害怕子女与对方接触培养起感情而被对方抢走，从而拒不协助执行以淡化亲子感情。这些离婚夫妻间存在的心结，也是实践中阻碍探望权执行的一大原因。从案件执行情况和本案审理中了解的事实来看，刘某和王某某双方的矛盾并非在行使探望权的过程中形成的，而是在婚姻关系存续期间产生的，矛盾冲突爆发感情破裂导致离婚，并且在离婚过程中进一步深化，进而延续到探望孩子上。实际上，父母的矛盾不应延续到对未成年子女应尽的法定义务。

离婚后，不直接抚养子女的父或者母，有探望子女的权利，另一方有协助的义务。行使探望权利的方式、时间由当事人协议；协议不成的，由人民法院判决。无论根据《中华人民共和国民法典》第一千零八十六条之规定，还是《中华人民共和国未成年人保护法》第十九条、第二十四条之规定可知探望权的行使应当以子女利益为中心。虽然探望权作为未直接抚养子女的父或母一方的法定权利，但是探望权立法的原意是从保障子女利益最大化的角度出发的，因此双方就子女探望权问题进行协商时也应当从保障子女利益最大化角度考量。

离婚并非割裂父母与子女间的关系，而是对婚姻解除条件下子女生活的安排。在孩子的人生成长中，父母都是不可或缺的角色。父爱缺位、缺少父亲陪伴可能导致孩子出现缺乏安全感等性格缺陷。刘某、王某某均为高级知识分子，均从事受社会尊重的职业，刘某并不存在吸烟、酗酒、赌博等不良嗜好，不存在带走孩子会产生影响其身心健康的风险。

所以在这个案件的处理上，合议庭成员表示一致应改变以解决父母双方原有矛盾为中心的传统思路，坚持以未成年人利益最大化为基本原则，以有利子女身心健康为立足点，以孩子成长健康需求为出发点，进行考量。虽然能够理解母亲对年幼孩子的保护，但是不能给父亲实现探望权设立前置条件。故认为被执行人王某某应当继续协助刘某实现探望权，且到孩子的现住处实现探望权并非唯一选择。

预期效果：通过执行裁决达到倡导优良家风、传承家庭美德、弘扬社会公德的终极目的

探望权的意义在于保证离婚后不直接抚养子女的一方能够定期与子女团聚，有利于弥合家庭解体给父母子女之间造成的感情伤害，有利于未成年子女的健康成长。父母双方均有义务为子女健康成长提供条件和便利，王某某亦有义务保障、协助刘某行使探视孩子的权利，从而降低离婚对未成年子女成长所造成的影响及伤害。探望权案件有着较强的身份性、伦理性、社会性，在作出司法裁判时，执行法官要引导当事人正确认识婚姻、家庭关系，充分保护子女最大利益，同时要充分发挥司法的能动性，在作出司法行为时不能仅仅满足眼前纠纷的解决，更要注重倡导优良家风、传承家庭美德、弘扬社会公德，保持强制执行应有的司法温度和法院司法为民的人文关怀，育德于社会主义核心价值观，实现社会效果与法律效果的统一。

编写人：北京市丰台区人民法院　郑莉

47

当事人除非举证证明其对身份被“冒用或盗用”为股东无过错，否则应承担股东责任

——徐某诉黄某执行异议之诉案

【案件基本信息】

1. 裁判书字号

北京市第三中级人民法院（2022）京03民终6464号民事判决书

2. 案由：执行异议之诉

3. 当事人

原告（被上诉人）：徐某

被告（上诉人）：黄某

第三人（被上诉人）：众某物业管理有限公司（以下简称众某公司）

【基本案情】

徐某与众某公司劳动争议一案，北京市顺义区劳动人事争议仲裁委员会于2019年12月18日作出京顺劳人仲字（2019）第6064号裁决书，裁决：众某公司与徐某自2018年12月11日至2019年8月23日存在劳动关系；众某公司支付徐某医疗费等共计242122.58元。双方均未提起诉讼。因众某公司未履行义务，徐某向法院申请执行，执行案号为（2020）京0113执2814号。执行过程中，因被执行人无可供执行的财产，法院依法裁定终结本次执行程序。徐某以众某公司财产不足以清偿生效判决确认的债务，黄某作为股东未足额缴纳出资为由，向法院请求追加黄某为执行案件的被执行人。法院作出（2021）京0113执异299号执行裁定书，裁定驳回徐某的申请。徐某不服提起本案诉讼。

经查，众某公司成立于2013年8月6日，2015年11月增加注册资本150万元，2017年4月增加注册资本至500万元，其中贺某华出资250万元（其中50万元已经验资），许某出资200万元，王某威出资25万元，李某然出资25万元，认缴出资时间均为2043年8月4日。2017年8月，贺某华将其持有的50万元股权转让给黄某，李某然将其持有的25万元股权转让给黄某，王某威将其持有的25万元股权转让给黄某，许某将其持有的55万元转让给黄某，新的股权、股东构成为：黄某出资155万元（其中50万元已经验资），许某出资145万元，黄升出资100万元，李嘉出资100万元，认缴出资时间均为2043年8月4日。

黄某称对成为众某公司股东一事并不知情，其与众某公司法定代表人、原股东许某曾是同事，其是许某的上级领导，之前因办理相关业务需要，其曾经将身份证交给过许某几次，但是从未授权许某去办理股权转让变更事宜，工商登记档案中的材料有关“黄某”签字的部分均非其本人所签，其从未针对股权转让以及众某公司的相关决议进行过签字，也从未参与该公司的管理经营，未享有股东权益，其已于2021年11月就此事向工商登记部门提出异议，异议内容是身份信息被冒用，但尚未得到工商登记部门的反馈。

【案件焦点】

是否应追加黄某为黄某的股东身份认定，以及被执行人。

【法院裁判要旨】

北京市顺义区人民法院经审理认为：本案争议焦点为黄某的股东身份认定及黄某的出资是否加速到期。

对于黄某的股东身份，《中华人民共和国公司法》第三十二条第三款规定：“公司应当将股东的姓名或者名称向公司登记机关登记；登记事项发生变更的，应当办理变更登记。未经登记或者变更登记的，不得对抗第三人。”本案中，黄某虽主张工商登记档案中的相关签字并非其本人所签，其身份信息系被冒用，但实践中股东工商登记由别人代签的情况大量存在，法律也未明文禁止此种做法，“代签”并不等同于被“冒用”或“盗用身份”签名。因黄某自认与众某公司法定代表人许某曾系上下级关系，也曾将身份证交给许某办理业务，故即便众某公司工商登记档案材料中的“黄某”签名均非其本人所签，在黄某也未提出证据证明“代签者”未经其同意“冒用或盗用”其身份的情况下，法院对其主张难以采信。

对于黄某的出资是否加速到期，公司作为被执行人的案件，人民法院穷尽执行措施无财产可供执行，已具备破产原因，但不申请破产的，股东出资可以加速到期。因众某公司不能清偿到期债务且缺乏清偿能力，已具备破产原因，故黄某的出资应加速到期。

综上，北京市顺义区人民法院判决如下：

一、追加黄某为（2020）京 0113 执 2814 号执行案件的被执行人；

二、黄某在未缴纳出资 105 万元的范围内对京顺劳人仲字（2019）第 6064 号裁决书确定的众某公司的债务承担补充赔偿责任。

黄某不服一审判决，提起上诉。北京市第三中级人民法院经审理认为：本案中，工商登记信息显示黄某是众某公司现有股东之一，工商登记具有公示公信效力。黄某主张其系被冒用身份注册为众某公司股东，但未提交相反的证据推翻工商登记信息，法院对其主张不予采信。黄某主张其未行使股东权利、未实际出资、未参与公司管理等，但该部分因素对黄某的股东身份均不能构成否定性影响。本着保护善意第三人的合理信赖利益、维护交易安全的目的，一审法院认定黄某具有众某公司股东身份并无不当。众某公司不能清偿到期债务、明显缺乏偿债能力，具备破产原因，但未申请破产，符合股东出资加速到期情形。据此，黄某的上诉请求不能成立，应予驳回。北京市第三中级人民法院依照《中华人民共和国民事诉讼法》第一百七十七条第一款第一项之规定，作出如下判决：

驳回上诉，维持原判。

【法官后语】

本案的争议焦点在于黄某的股东身份认定。《中华人民共和国公司法》第三十二条第三款规定：“公司应当将股东的姓名或者名称向公司登记机关登记；登记事项发生变更的，应当办理变更登记。未经登记或者变更登记的，不得对抗第三人。

本案中，黄某系工商登记的股东，但其坚称工商登记档案中的相关签字并非其本人所签，系身份信息系被冒用，故而抗辩其不具有众某公司股东的身份，无需承担股东责任。因为实践中不排除存在自然人身份信息被窃取或者被冒用的情况，那么，根据上述《中华人民共和国公司法》第三十二条第三款的规定，能否得出这样的结论：无论登记的股东是否存在身份被冒用的情况，均不得对抗第三人？对此不能一概而论。因为《中华人民共和国公司法》第三十二条第三款的规定着重点在于股东未经登记或未经变更登记的情况，而对于被冒名登记或者被冒名变更登记的，被登记成为股东的主体在身份信息和权益已然受到侵犯的情况下，如果不加区别地让其承担股东责任，对于不存在任何过错的主体，显然是不公平的。但不可否认，工商登记具有公示公信力，如果权利人无法信赖公权力机关登记的信息，则不利于市场交易的稳定，那么，该如何平衡债权人与身份被冒用而成为股东的无辜自然人的权益呢？

考虑到公示公信力是保证和稳定市场交易秩序的重要基石，而被冒用的主体也可以通过行政途径撤销其登记信息，故在民商事纠纷案件中，仍应坚持以公示登记为准，但对于工商登记的股东能够提交充分证据证明身份被冒用且对身份被冒用一事不存在过错的情况下，应中止审理，并要求其在一定期限内申请撤销工商登记，如果在一定期限内不申请撤销工商登记的，应对此承担不利后果，即法院仍以工商登记为依据认定其股东身份。

具体到本案，实践中工商登记由别人代签的情况大量存在，法律也未明文禁止此种做法。“代签”并不等同于被“冒用”或“盗用身份”签名。因黄某自认与众某公司法定代表人许某曾系上下级关系，也曾将身份证交给许某办理业务，故即便众某公司工商登记档案材料中的“黄某”签名均非其本人所签，在黄某未提出证据证明“代签者”未经其同意“冒用或盗用”其身份的情况下，应对此承担不利后果。黄某虽要求法院中止审理此案，但其在2017年11月即被登记为该公司股东，2021年初已明确知晓工商登记信息，但直至本案2022年1月开庭，其并未诉诸法律途径进行权利救济。故法院认为，仅凭黄某的陈述不足以否认工商登记部门对外公示的股东身份，其应承担股东责任。

编写人：北京市顺义区人民法院　张锐

六、执行期限

48

超过申请执行时效的认定

——王某昆、世某电器销售有限公司与杨某执行异议案

【案件基本信息】

1. 裁判书字号

福建省永安市人民法院（2022）闽0481执异19号执行裁定书

2. 事由：执行异议

3. 当事人

异议人（被执行人）：王某昆、世某电器销售有限公司

申请执行人：杨某

【基本案情】

本案被执行人作为异议人王某昆、世某电器销售有限公司提出执行异议称依照《中华人民共和国民事诉讼法》第二百四十六条关于“申请执行的期间为二年。申请执行时效的中止、中断，适用法律有关诉讼时效中止、中断的规定。前款规定的期间，从法律文书规定履行期间的最后一日起计算；法律文书规定分期履行的，从规定的每次履行期间的最后一日起计算；法律文书未规定履行期间的，从法律文书生效之日起计算”之规定，本案生效的申请执行时效从

2014年2月25日起算，至2016年2月24日申请执行时效届满。杨某于2018年1月才向法院申请强制执行，明显超过两年的执行期间。请求驳回杨某的强制执行申请，并提供了居民身份证、授权委托书、户口簿复印件、（2013）永民初字第2745号民事判决书、（2018）闽0481执15号执行裁定书、诉讼法律文书生效证明等证据。

【案件焦点】

王某昆的申请执行是否已过申请执行失效。

【法院裁判要旨】

福建省永安市人民法院经审理认为：杨某与王某昆、世某电器销售有限公司民间借贷纠纷一案，法院于2013年11月16日作出（2013）永民初字第2745号民事判决书，判决确定的履行期间为判决生效后三日内。该判决书于2014年2月21日发生法律效力。杨某于2018年1月2日向法院申请强制执行。

法院认为，（2013）永民初字第2745号民事判决书于2014年2月21日发生法律效力，加之该判决确定的3日履行期限。本案王某昆、世某电器销售有限公司的履行期限为2014年2月24日之前。依照《中华人民共和国民事诉讼法》第二百四十六条第一款关于“申请执行的期间为二年。申请执行时效的中止、中断，适用法律有关诉讼时效中止、中断的规定”之规定，本案申请执行期间为2014年2月25日至2016年2月24日。杨某于2018年1月2日向法院申请强制执行，已超过申请执行期间，且杨某不能向法院提交申请执行时效中止、中断的相关证据。据此，王某昆、世某电器销售有限公司主张本案执行申请时效已过，理由成立，法院予以支持。依照《中华人民共和国民事诉讼法》第二百二十五条，《最高人民法院关于适用〈中华人民共和国民事诉讼法〉的解释》第四百八十一条规定，裁定如下：

不予执行（2013）永民初字第2745号民事判决书。

【法官后语】

申请执行人超过申请执行失效期间向人民法院申请强制执行的，人民法院应予受理，被执行人对申请执行失效期间提出异议，人民法院经查异议成立的，裁定不予执行。被执行人未对申请执行失效提出异议的，人民法院不应对申请失效问题进行释明及主动适用申请执行失效的规定裁定不予执行。

申请执行的期间为二年。申请执行时效的中止中断，适用法律有关诉讼时效中止、中断的规定。此处规定的期间，从法律文书规定履行期间的最后一日起计算；法律文书规定分期履行的，从规定的每次履行期间的最后一日起计算；法律文书未规定履行期间的，从法律文书生效之日起计算。生效法律文书规定债务人负有不作为义务的，申请执行时效期间从债务人违反不作为义务之日起计算。

在申请执行时效期间的最后六个月内，因不可抗力或者其他障碍不能行使请求权的，申请执行时效中止。从中止时效的原因消除之日起，申请执行时效期间继续计算。具有下列情形之一的，可以认定为前款规定的“其他障碍”，申请执行时效中止：（一）权利被侵害的无民事行为能力人、限制民事行为能力人没有法定代理人，或者法定代理人死亡、丧失代理权、丧失行为能力；（二）继承开始后未确定继承人或者遗产管理人；（三）权利人被义务人或者其他人控制无法行使请求权；（四）其他导致权利人不能行使请求权的客观情形。申请执行时效因申请执行、当事人双方达成和解协议、当事人一方提出履行要求或者同意履行义务而中断。从中断时起，申请执行时效期间重新计算。法律文书规定分期履行的，对某一期债权的申请执行不能导致其他期债权申请执行时效的中断。

此处，值得注意的是申请执行时效因申请执行、当事人双方达成和解协议、当事人一方提出履行要求或者同意履行义务而中断。从中断时起，申请执行时效期间重新计算。法律文书规定分期履行的，对某一期债权的申请执行不能导致其他期债权申请执行时效的中断。具有下列情形之一的，可以认定为本规范第二十四条规定的“当事人一方提出履行要求”，产生申请执行时效中断的效力：(一) 当事人一方直接向对方当事人送交提出履行要求的文书，对方当事人在文书上签字、盖章或者虽未签字、盖章但能够以其他方式证明该文书到达对方当事人的；(二) 当事人一方以发送信件或者数据电文方式要求履行义务，信件或者数据电文到达或者应当到达对方当事人的；(三) 当事人一方为金融机构，依照法律规定或者当事人约定从对方当事人账户中扣收欠款本息的；(四) 当事人一方下落不明，对方当事人在国家级或者下落不明的当事人一方住所地的省级有影响的媒体上刊登具有提出履行要求的公告的，但法律和司法解释另有特别规定的，适用其规定。上述第一项情形中，对方当事人为法人或者其他组织的，签收人可以是其法定代表人、主要负责人、负责收发信件的部门或者被授权主体；对方当事人为自然人的，签收人可以是自然人本人、同住的具有完全行为能力的亲属或者被授权主体。债务人作出分期履行、部分履行、提供担保、请求延期履行、制定清偿债务计划等承诺或行为的，应当认定为“当事人同意履行义务”，产生申请执行时效中断的效力。被执行人作出同意履行义务的意思表示后，又以超过申请执行时效为由提出异议的，人民法院不予支持。被执行人履行全部或者部分义务后，又以不知道申请执行时效期间届满为由请求执行回转的，人民法院不予支持。

本案中福建省永安市人民法院作出的（2013）永民初字第2745号民事判决书于2014年2月21日发生法律效力，加之该判决确定的3日履行期限，本案王某昆、世某电器销售有限公司的履行期限为2014年2月24日之前。杨某作为该案申请执行人理应在本案申请执行的二年期间（2014年2月25日至2016年2月24日）向法院申请强制执行。本案中杨某没有向法院提交前述的申请执行时效的中止、中断情形的相关证据，又于2018年1月2日才向法院申请强制执行，明显超过两年的申请执行期间。故王某昆、世某电器销售有限公司主张本案执行申请时效已过，理由成立，法院裁定不予执行。

编写人：福建省永安市人民法院　郑世杰

49

执行程序中申请参与分配截止时间的认定

——洪某凤与王某清执行异议案

【案件基本信息】

1. 裁判书字号

福建省泉州市中级人民法院（2022）闽 05 执复 61 号执行裁定书

2. 事由：执行异议

3. 当事人

异议人（案外人）：洪某凤

复议申请人（申请执行人）：王某清

被执行人：洪某闻、杨某红

【基本案情】

王某清与洪某闻、杨某红民间借贷纠纷一案，福建省南安市人民法院作出（2018）闽 0583 民初 5862 号民事判决，判决洪某闻、杨某红应偿还王某清借款本金 1200 万元及利息。洪某闻、杨某红不服该判决，上诉于福建省泉州市中级人民法院，该院作出（2019）闽 05 民终 1574 号民事判决，判决驳回上诉，维持原判。该判决发生法律效力后，王某清申请强制执行。执行中，福建省南安市人民法院依法在网络司法拍卖平台公开拍卖杨某红所有的地址在厦门市某区湖某路 529 号 1302 室的房产及厦门市某区湖某路 529 号 521 号地下一层 92 号车位。买受人于 2021 年 1 月 2 日以 19669100 元最高价竞得。买受人于 2021 年 2 月 4 日签收成交裁定书。

福建省泉州市中级人民法院于 2021 年 1 月 4 日立案执行洪某凤与洪某闻、

杨某红民间借贷纠纷一案，该院于2021年1月6日向福建省南安市人民法院发出参与分配函。福建省南安市人民法院于2021年1月8日函复福建省泉州市中级人民法院，因该院执行的拍卖标的已于2021年1月2日拍卖成交，执行对象已经执行完毕，异议人的申请不符合本次拍卖所得款项的分配条件，不予分配。福建省南安市人民法院于2021年3月5日作出《〈关于被执行人杨某红执行款的分配方案〉（第一次）》。洪某凤对此不服，提出执行异议，请求参与19669100元拍卖款的分配。福建省南安市人民法院于2021年6月29日作出（2021）闽0583执异74号执行裁定，裁定驳回洪某凤的异议请求。洪某凤不服，向福建省泉州市中级人民法院申请复议，该院于2021年9月27日作出（2021）闽05执复135号执行裁定，裁定撤销福建省南安市人民法院（2021）闽0583执异74号异议裁定；发回福建省南安市人民法院重新审查。

【案件焦点】

执行程序中申请参与分配截止时间的认定，洪某凤能否参与本次杨某红财产的分配。

【法院裁判要旨】

福建省南安市人民法院经审理认为：根据《最高人民法院关于适用〈中华人民共和国民事诉讼法〉的解释》（2020年修正）第五百零九条规定，参与分配申请应当在执行程序开始后，被执行人的财产执行终结前提出。关于被执行人的财产执行终结，应理解为被执行人的财产被依法处置且处置所形成的款项已作出分配，拍卖成交和拍卖对象产权转移是财产处置的行为执行完毕，非财产执行终结，拍卖对象变现为执行款虽脱离被执行人控制转由执行法院管理，但执行案款登记在被执行人名下，仍需对被执行人名下的执行案款作出分配处理，方为执行终结。因此，本案中对杨某红财产执行终结的时点界定为拍卖成交之日2021年1月2日，把财产执行终结的时间节点理解拍卖成交之日，应予更正。

福建省南安市人民法院依照《最高人民法院关于适用〈中华人民共和国民事诉讼法〉的解释》（2020年修正）第五百零九条、《最高人民法院关于人民法院办理执行异议和复议案件若干问题的规定》第十七条的规定，作出如下裁定：

撤销福建省南安市人民法院于2021年3月5日作出的《〈关于被执行人杨某红执行款的分配方案〉（第一次）》。

王某清不服执行异议，向福建省泉州市中级人民法院申请复议。

福建省泉州市中级人民法院经审理认为：《最高人民法院关于适用〈中华人民共和国民事诉讼法〉的解释》第五百零九条第二款规定："参与分配申请应当在执行程序开始后，被执行人的财产执行终结前提出。"财产执行终结不同于特定财产的所有权移转，财产经拍卖处置后变现，形态上由特定财产转变为拍卖价款，该价款仍属于被执行人的财产，下一步执行法院需对价款予以分配，执行程序并未终结。福建省南安市人民法院认定本案财产执行并未终结，并裁定撤销该院于2021年3月5日作出的《〈关于被执行人杨某红执行款的分配方案〉（第一次）》，并无不当，应予维持。复议申请人王某清请求维持福建省南安市人民法院于2021年3月5日作出的第一次分配方案，理由不能成立，本院不予支持。复议申请人王某清主张洪某凤与洪某闻、杨某红的民间借贷纠纷仲裁案存在虚假诉讼重大嫌疑，并不属于本案审查范围，其可通过其他途径处理。王某清对洪某凤实际债权数额提出异议，实质属于对参与分配方案中的债权数额这一实体权利的异议，应待福建省南安市人民法院对案涉执行款作出新的分配方案后再行主张，由福建省南安市人民法院依照《最高人民法院关于适用〈中华人民共和国民事诉讼法〉的解释》第五百一十二条的规定进行审查。依照《最高人民法院关于人民法院办理执行异议和复议案件若干问题的规定》第二十三条第一款第一项的规定，裁定如下：

驳回王某清的复议申请，维持福建省南安市人民法院（2022）闽0583执异12号执行裁定。

【法官后语】

参与分配制度的立法初衷在于利用强制执行程序解决公民和其他组织资不抵债时的财产分配问题，这其中申请参与分配的截止时间很是关键，直接成为各债权人利益冲突的博弈点。

关于其他债权人申请参与分配的截止时间，经历了从“被清偿前”到“被执行完毕前”，再到如今的“执行终结前”。《最高人民法院关于适用〈中华人民共和国民事诉讼法〉的解释》（2022年修正）第五百零七条第二款规定“参与分配申请应当在执行程序开始后，被执行人的财产执行终结前提出”，由于“执行终结前”如何理解存在很大模糊性。

就本案而言，被执行人杨某红的房产已被拍卖，买受人付清拍卖价款，拍卖物的所有权已发生转移，无论是“网络拍卖成交日前”“案款到账日前”还是“成交裁定或抵债裁定送达之日前”，时间节点都相对客观，避免人为因素的干扰，同时避免因不断有新债权人加入导致分配方案反复制作修改，但财产执行终结不同于特定财产的拍卖成交和所有权移转，财产经拍卖处置后变现，形态上由特定财产转变为拍卖价款，该价款仍属于被执行人的财产，下一步执行法院需对价款予以分配，执行程序并未终结，故三种截止时间的设置均不合适。

那么，以案款发放之日前作为截止时间如何？这虽有利于最大限度地满足其他债权人实现债权的平等诉求，但从长远来看，由于追求所谓的公平所产生的过高成本大大增加执行工作的负担，牺牲了执行的效率，最终会损害全体债权人的合法权益，故该截止时间的设置也不合适。

笔者建议，以分配方案送达第一个当事人之日前为截止时间更为合理，法院制作的分配方案系发放案款的依据，具有一定的法律效力，在其作出并送达当事人后，当事人已对分配方案产生较强的司法信赖，如因此后新债权人的加入导致重新制作分配方案，会破坏司法文书的公信力，也是对原有分配方案中全体债权人的不公平。

综上所述，在现行法律规定下，关于被执行人的财产执行终结，应理解为被执行人的财产被依法处置且处置所形成的款项已作出分配。本案中被执行人的房产虽已拍卖成交，所有权已移转，但案款尚未分配，此时，其他债权人提出参与分配的申请并不逾期。

编写人：福建省南安市人民法院　李晓琳

ISBN 978-7-5216-4364-0

图书在版编目（CIP）数据

中国法院2024年度案例. 执行案例 / 国家法官学院，最高人民法院司法案例研究院编. —北京：中国法制出版社，2024. 5

ISBN 978-7-5216-4364-0

Ⅰ. ①中… Ⅱ. ①国… ②最… Ⅲ. ①案例-汇编-中国 Ⅳ. ①D920. 5

中国国家版本馆CIP数据核字（2024）第054852号

策划编辑：李小草　韩璐玮（hanluwei666@163. com）
责任编辑：黄会丽　　封面设计：李宁

中国法院2024年度案例. 执行案例

ZHONGGUO FAYUAN 2024 NIANDU ANLI. ZHIXING ANLI

编者/国家法官学院，最高人民法院司法案例研究院
经销/新华书店
印刷/三河市紫恒印装有限公司
开本/730毫米×1030毫米　16开　　印张/16　字数/201千
版次/2024年5月第1版　　2024年5月第1次印刷

中国法制出版社出版
书号 ISBN 978-7-5216-4364-0　　定价：69.00元

北京市西城区西便门西里甲16号西便门办公区
邮政编码：100053　　传真：010-63141600
网址：http：//www. zgfzs. com　　编辑部电话：010-63141785
市场营销部电话：010-63141612　　印务部电话：010-63141606

（如有印装质量问题，请与本社印务部联系。）